· 陕西省财政研究院2020年重点研究项目
· “打造关中装备制造业与科技融合发展新高地战略研究”
和陕西省普通高校哲学社会科学特色学科建设项目的阶段性成果

“双循环”新格局下关中地区装备制造业与科技融合发展研究

On the Integrated Development of
Equipment Manufacturing and Technology in Guanzhong Region
under the New Pattern of "Dual Circulation"

王满仓　韩锦绵　刘希章　等◎著

中国经济出版社
CHINA ECONOMIC PUBLISHING HOUSE
北 京

图书在版编目（CIP）数据

“双循环”新格局下关中地区装备制造业与科技融合发展研究／王满仓等著．--北京：中国经济出版社，2022.4

ISBN 978-7-5136-6885-9

Ⅰ．①双… Ⅱ．①王… Ⅲ．①装备制造业-技术革新-研究-陕西 Ⅳ．①F426.4

中国版本图书馆 CIP 数据核字（2022）第 061229 号

责任编辑　贺　静
责任印制　巢新强
封面设计　华子设计

出版发行　中国经济出版社
印 刷 者　北京艾普海德印刷有限公司
经 销 者　各地新华书店
开　　本　710mm×1000mm　1/16
印　　张　18.75
字　　数　307 千字
版　　次　2022 年 4 月第 1 版
印　　次　2022 年 4 月第 1 次
定　　价　88.00 元
广告经营许可证　京西工商广字第 8179 号

中国经济出版社　网址 www.economyph.com　社址 北京市东城区安定门外大街 58 号　邮编 100011
本版图书如存在印装质量问题，请与本社销售中心联系调换（联系电话：010-57512564）

序

习近平总书记多次强调“装备制造业是国之重器，是实体经济的重要组成部分，要把握优势，乘势而为，做强、做优、做大”。装备制造业也是关中地区的支柱产业之一，对地区经济和财政收入的贡献巨大，贡献率仅次于能源化工行业，其发展水平业已成为衡量关中地区现代化程度、科技进步和综合竞争力的重要标志。

装备制造业作为科技创新的主要平台，是制造企业科技投入成果转化的桥梁，也是科技创新成果从理论阶段转变为经济效益的重要手段。关中地区高校资源丰富，科技创新能力较强，但技术研发和成果转化机制仍未有效建立，科技资源就地转化率不高，科技研发创新与装备制造业的关联度还比较低，因此当前加速推进关中装备制造业与科技融合发展尤为迫切。

该书聚焦于“双循环”新格局下关中地区装备制造业与科技融合发展问题的深度研究，首先，从理论上系统剖析了“双循环”新格局下关中地区装备制造业与科技融合发展的主要内容、内在机理以及底层逻辑；其次，通过梳理国内外装备制造业与科技融合的经验与模式，总结归纳出可供关中地区装备制造业与科技融合发展参考的可移植可借鉴的先进经验模式；再次，从分析关中地区装备制造业与科技融合发展现状出发，深入挖掘当前关中地区装备制造业与科技融合发展存在的问题，明晰关中地区装备制造业与科技融合发展“病因”，并依据关中地区装备制造业与科技发展的实际数据，采用灰色关联度等方法实证检验了关中地区装备制造业与科技融合发展的状况；复次，结合关中地区实际，并依据前文研究结论，提出关中地区装备制造业与科技融合的发展思路、目标定位以及政策建议；最后，该书还分专题进行了系统性研究，具体包括关中地区国有装备制造业企业与科技融合发展的路径研究、关中地区民营装备制造业企业与科技融合发展的路径研究、关中地区装备制造业与现代服务业融合发展新路径研究、关中地区装备制造业军民融合发展的路径研究以及数字经济助推关中地区装备制造业新发展的路径研究五大专题。总体上看，该书体系完备、论证严密充分，具有较高的学术价值以及极强的实践指导价值，特别是该书关于关中地区装备制造业与科技融合发展的目标定位、发展思路以及实现路径方面的研究成果，对于未来很长一段时间内陕西制定关中地区装备制造业与科技融合发展方面的政策具有很强的持续性的现实参考价值，极其有助于形成“双循环”背景下关中地区装备制造业与科技融合发展的新格局。

郭立宏

西北大学校长

西北大学经济管理学院教授、博士生导师

目　录

0 引　言

装备制造业作为我国的基础产业，为经济建设和国防安全提供各种技术装备，习近平总书记曾在会议上多次指出“装备制造业是我国之重器，是实体经济发展最重要的一部分”。作为关中地区的支柱产业之一，装备制造业对地区经济和财政收入的贡献在工业方面位列第二，其发展水平是衡量关中地区现代化程度、科技进步和综合竞争力的重要标志。

当前，关中地区装备制造业面临重大发展机遇：一是习近平总书记来陕考察的重大发展机遇。2020 年 4 月，习近平总书记来陕考察时指出“制造业是国家经济命脉所系”，关中地区装备制造业正处在前所未有的最好发展关口，要抢抓习近平总书记来陕考察的重大发展机遇，推进装备制造业做大做强和高质量发展。二是深度融入共建“一带一路”大格局的重大现实机遇。随着“一带一路”建设深入推进，关中地区的区位交通等优势不断凸显，已成为中国向西开放最重要的窗口和前沿阵地，关中地区装备制造业必须紧抓这一重大现实机遇，统筹利用国际、国内两个市场，强化与丝路沿线国家战略对接、人文交流和产能合作。三是把握新时代推进西部大开发形成新格局的重大历史机遇。关中地区作为内陆地区，应利用好区位优势，鼓励西安打造开放高地，加快国际化建设。关中地区必须抓住这一重大历史机遇，推动装备制造业高质量发展，为国家扩大向西开放战略做出贡献。

我国进入高质量发展阶段后，国民经济快速发展，装备制造业为进一步的技术创新提供了平台，使得制造企业的技术成果从理论转化为可以产生经济效益的商业化模式。其发展水平决定了与科技融合的程度，同时，装备制造业也体现了各省份的经济和科技实力。关中地区科技创新能力较强，但技术研发和成果转化机制仍未有效建立，科技研发创新与产业发展的关联度还比较低，科技资源就地转化率不高，企业研发投入占比与全国水平差距较大。因此，高效完成装备制造业与科技的融合，提升关中装备制造业的整体实力，促进其与科技创新能力协同发展，对于建立良好的装备制造业科技创新体系、构建关中地区装备制造业高质量发展的格局具有重要意义。

1 文献综述

1998年12月召开的中央经济工作会议第一次明确提出“要大力发展装备制造业”，装备制造业的概念就是在这时出现的，当时的装备制造业发展方式是传统的数量型增长模式，技术创新模式以“引进、消化、吸收”为主，在此模式下逐渐出现了创新能力不足、创新体系不完整等问题，致使我国装备制造业发展严重不平衡。因此，传统的发展模式已不再适应新形势，传统粗放的发展理念急需转变。科技创新作为生产的动力，会不断提高装备制造业的生产水平，促进装备制造业升级转型，于是更多的装备制造业企业开始注重与技术创新融合发展，专家、学者们也将研究的关注点集中在装备制造业技术创新上。

1.1 装备制造业发展思路研究

装备制造业作为我国的基础性产业，国内关于装备制造业的发展可以分为传统发展模式以及转变传统发展思路的新模式。

1.1.1 传统的装备制造业发展思路

在改革初期，我国装备制造业技术落后，并且存在诸多问题。姜红（2004）指出我国装备制造业技术落后、自主研发能力较低以及重引进却忽略消化创新，其落后水平已经阻碍了我国整个产业结构的调整速度。邵慰（2014）指出中国装备制造业存在着缺陷，制度设计不完善，缺少对区域分工的制度引导，制造业扩张模式违背了低碳低消耗的理念。吕铁、刘丹（2019）认为，中国制造业追求数量优势，在质量上尚有不足，创新能力不强，缺乏优势和竞争力。

改革开放以来，中国制造业逐渐发展壮大，但是，丁文珺和杜志明（2018）认为中国制造业水平与发达国家相比仍然有较大差距，甚至低于部分新兴经济体，传统制造业尤其是能源制造业高污染与高能耗的粗放式发展模式给中国经济发展带来了巨大压力。具体到省份，谭秀阁（2021）指出陕西省的装备制造业发展同样面临诸多挑战，比如专业人才不足，行业发展以及布局不均衡，优势行业不突出，地理位置受限等。由此可见，这种传统的发展模式亟须转变。

回顾我国装备制造业发展的历程，行业的发展更多利用低价资源，以牺牲资源和环境为代价进行产业链低端生产，侧重于产量的提升和规模的扩张，而在自主创新、基础研究方面的投入严重不足。整个产业核心技术的比例过低、创新能力不足、创新体系不完整，致使我国装备制造业发展严重不平衡。

1.1.2 装备制造业发展思路转变

中国经历了改革开放后，经济高速发展，但同时面对复杂多变的国际环境，传统的制造业发展模式已不再适应新形势，因此，必须转变传统的发展理念，利用科技指导制造业发展，着重发展处于技术链高端的制造业，促使制造业向技术密集型转变。

金华斌（2016）依据“中国制造 2025”的相关内容，分析高端装备制造业面临的机遇和挑战，提出转型升级的路径。吕铁、刘丹（2019）认为，中国制造业在国际市场上遭到挤压，传统产业模式已不再适应现有的国际形势。在此背景下，不少专家学者将研究的关注点集中在装备制造业技术创新上。

1.2 装备制造业技术创新研究

1.2.1 技术创新

创新作为经济学中的一个重要概念，一直都是国内外学者关注的热点问题。熊彼特第一个将创新的概念应用在经济上。他认为生产要素会通过不同的排列组合，形成不同的创新形式，并且将其概括为五点：①新产品的出现；②新技术的应用；③新市场的开辟；④垄断；⑤形成新的组织。随着经济的发展以及科技的进步，创新理论不断发生变化。1962 年，技术创新的概念第一次被提出，当时学者们认为技术创新是各种行动的集合，组成这个集合的行动包括研发新产品、创建新组织、测试新技术、制定新计划、开辟新市场等。之后，其他学者在此基础上不断拓展技术创新的概念，认为技术创新是一个非常复杂的过程，其中包含基础技术、工艺改造等。以 Romer 和 Lucas 为代表，这些经济学家试图使用内生经济增长的理论来解释技术创新对经济增长的关键作用。

在罗斯托看来，技术创新是由先进部门开始的，先进部门的技术创新会提升自身的竞争力，使得该部门相比于其他部门成本降低，得以拓展市场空间、增加收益，进而带动地区的经济增长。

20 世纪 80 年代，在众多学者研究的基础上，另有学者对技术创新的概念重新加以界定，认为技术创新是“具有新的构思以及以能否实现为条件的非连续事件”。具体来说，可以分为两方面：一是技术创新必须具有新颖性而且是非连续的；二是技术创新必须能够得以实现。1976 年，美国国家科学基金会给出了技术创新的概念，认为技术创新是设计新产品、研发新工艺、提供新服务等一系列活动的集合。1981 年，OECD 又重新将技术创新概括为两方面内容，一是科技创新，二是升级改造。1999 年，国务院对技术创新的概念进行了拓展，认为技术创新是使用创新的理念，发明新产品、设计新工艺、创造新技术以及提供新服务的过程，在这个过程中最终占据市场，提升企业价值。

新时期背景下，无论是国内传统经济增长模式，还是国际关系的变化，都要求我们进行技术创新，Gallagher 和 Shafaeddin（2010）对中国和墨西哥的一些产业情况及相关政策进行了分析，他们认为技术创新使两国制造业产业链价值向更上游攀升，这其中离不开政府对制造业企业技术创新的支持。刘冰等（2012）对比分析中国台湾地区 LED 产业链内以及产业链外的技术创新水平，认为技术创新是提升产业价值的关键，应加强技术创新进而推动产业链价值向上游攀升。陆斌（2012）发现企业之间的技术竞争是提升企业价值的基本途径之一，这种竞争会促进企业进行技术创新。Alvarez 和 Marin（2013）认为跨国公司进行技术创新，有利于发展中国家发挥比较优势。Ruey Jer（2014）总结了影响功能性升级的原因，即企业间的产品交换及流通、B2B 电子市场的存在、产品的质量和企业技术水平。研究发现，企业拥有的技术水平越高，推进企业进行功能升级的能力越强。

赵树宽等（2012）构建了包含技术标准、技术创新以及经济增长三个指标的理论模型，在动态情况下，分别分析三者之间的长期作用关系，在分析技术创新与经济增长之间的关系时发现技术创新会驱动经济增长，而经济增长对技术创新的作用并不显著。彭福扬等（2012）研究发现知识产权保护会间接促进经济增长，其通过影响技术创新进而推动经济增长，由此可见，知识产权保护与技术创新都是实现我国经济增长模式转变的重要因素，要不断加强知识产权保护水平，刺激企业进行技术创新，提高经济增长集约化水平。王海燕和郑秀梅（2017）认为技术创新是引入、改造、优化整合的过程，在这个过程中创新资源得到充分利用，以创新驱动经济增长，实现传统的发展动力优化升级。

1.2.2 技术创新的测度

党的十九大报告指出，我国经济正经历着由“高速发展转向高质量发展的阶段”，为适应这一转变，必须充分发挥“科技是第一生产力”的内在驱动作用，不断强化科学技术水平。随着学者们对创新驱动发展的关注热度提升，国内有关创新能力和创新效率如何测度的相关研究也不断增加。目前来看，对创新效率的测度方法主要包括两种：一种是算数比例法；另一种是生产前沿面理论，包含数据包络分析（DEA）和随机前沿分析（SFA）。数据包络分析（DEA）法是用于评价效率水平的方法，提出不久后便形成了比较完整的效率分析体系，余学林（1992）就将数据包络分析（DEA）方法应用于实际当中。随机前沿分析（SFA）则可以很容易地估计生产函数得到 DMU 的技术效率，但由于其使用具有局限性，仅适用于多投入单产出的情况，而且存在测度的偏差风险，因此同时使用 SFA 和 DEA 分析法测度创新效率较为合适。夏来保（2008）利用 DEA 的两阶段法分析了天津市 20 个有代表性的民营科技企业的资源配置效率以及影响因素，进而以 DEA 评价结果为依据，制定区域投资计划。陈娟（2008）对 2000—2006 年河北省 R&D 经费与人员的投入以及 R&D 活动相关的产出成果现状进行分析，并运用改进后的 DEA 模型对河北省 2002—2006 年 R&D 活动投入与产出效率进行计算。Minghong Zhang（2009）利用 DEA 的 CCR 模型和 BCC 模型进行了区域创新活动的水平分析。刘涛（2017）测度了中国 30 个省份的工业企业在 2012—2015 年的创新效率水平。倪永良（2018）利用 DEA-Malmquist 指数法，对我国西部地区的科技创新效率进行了分析，在分析时发现，传统数据包络分析（DEA）和随机前沿分析（SFA）方法存在缺陷，在测算时未剔除环境因素以及随机误差的干扰，容易导致评价结果出现偏差，因此有待进一步改进。李婉红、刘芳（2019）总结上述经验，采用两种效率评价方法相结合的三阶段 DEA 方法，结合后的方法剔除了环境因素以及随机误差的干扰，在此基础上，测算高技术产业创新效率及影响因素出现偏差的概率更小。

1.2.3 装备制造业技术创新

关于装备制造业技术创新的研究，专家、学者们主要在技术创新内涵的基础上分析装备制造业的发展情况及生产活动，进而拓展出了新的内容。如Varum C. A. 等（2009）从研发、结构变革和生产力等方面对装备制造业进行了整体的分析，研究发现技术创新效率的提升，可以明显促进其在研发方面的能力，提升企业的创新活力，同时也体现了技术创新对于企业发展的重要性。Karahan（2015）选取了欧洲一些有代表性的装备制造业企业，测度其技术创新效率，结果发现研发投入的增加对于企业提高技术创新效率具有显著作用，这种促进作用在高技术以及高增长的制造业行业表现更为明显。Hsu等（2016）在深入研究装备制造业发展的相关政策后，总结出产业技术创新升级才是装备制造业发展的关键，鼓励装备制造业企业进行技术创新。Stock和Seliger（2016）围绕装备制造业的可持续发展问题提出对策建议，认为企业技术创新的过程也即技术改进以及提升创新能力的过程，在此过程中会不断推动装备制造业行业向技术密集型迈进，进而实现企业可持续发展。牟绍波等（2013）分析了产业发展的背景，发现装备制造业是技术密集型和知识密集型产业，其技术创新为两者综合作用的结果，即技术水平和知识积累从行业低水平向高水平迈进，在这个过程中也提升了装备制造业的技术创新能力和企业价值。王章豹、孙陈（2007）测度了中国装备制造业有代表性的7个子行业的技术创新效率，通过定量分析以及排序分析发现装备制造业之间的竞争实际上也是技术创新能力和创新效率的竞争。张志元（2016）分析了中国产业发展的背景，提出通过提高装备制造业的技术创新效率、构建创新系统、建立开放共享的技术创新评价体系，解决技术创新过程中遇到的困境，最终提升企业的核心竞争力。吕富彪（2017）指出，在当前国际形势发生变化的情况下，产业的成长模式以及创新环境都随之改变，装备制造业创新形式已不再是传统的技术创新模式而发展为产业链融合创新，应在原有的基础上，培育产业链上的竞争优势。韩增林（2018）研究了东北地区装备制造业，指出构建创新合作网络是技术创新的重要方式，要加快产学研一体化建设，扩大装备制造业创新合作网络规模，促进政府、产业与高校及科研机构的有效合作，提升自主创新能力，推动经济发展。李伟庆（2019）研究了高端装备制造业核心技术突破机制，认为企业应形成正向研发实施机制、学习机制、人力资源配置机制及示范应用机制，推进高端装备制造业核心技术突破。胡有成（2017）对中国装备制造业技术创新系统中企业主体的能动性问题进行论述，指出在当前发展形势下，技术吸收与引进仍是中国装备制造业技术创新发展的重要途径，同时应该提高外部要素的利用率、内部要素的管控力以及内外部的整合能力，进而改善企业技术创新现状。原毅军（2017）研究了装备制造业价值链升级与技术创新的协调关系，指出我国装备制造业自主创新能力不强，还处在价值链低端，应提高技术创新水平，促进技术创新与价值链升级复合系统的协调发展，加快装备制造业转型升级。任芳慧（2019）在新一轮科技工业革命发展背景下，以秦皇岛环保装备制造业为例，分析了环保装备制造业发展现状，强调要加强不同环保企业间的交流沟通，加强环保科技创新与成果转化的交叉集成，改善当前低端化的不利局面。董景荣（2020）分析了企业所有制类型与装备制造业技术创新的关系，发现不同的技术来源对技术创新的影响因企业所有制的不同而有所差异，并探究了不同所有制企业对外源技术的吸收率。

1.2.4 装备制造业技术创新的测度

制造业在经济中占主体地位，是实体经济的骨架和支撑，在实施创新驱动发展战略、实现经济由高速发展向高质量发展的转型过程中具有重要的战略性意义，因而对制造业行业创新效率的分析就显得尤为重要。俞立平（2007）利用DEA方法分析了中国制造业创新绩效。吕品（2013）等利用SFA方法测度了中国装备制造业的创新效率。綦良群（2017）将中国装备制造业研发过程分为两个阶段，利用SFA方法对中国装备制造业研发过程中两个阶段效率的作用程度以及作用方向进行了实证分析。唐金稳、江金波（2017）利用DEA-Malmquist方法，在静态以及动态情况下，分别对选取的9家有代表性的旅游装备制造业企业的生产效率进行测算，得出了重要结论。杜文忠、胡艳萍（2018）利用聚类分析和超效率BCC模型对中国装备制造业行业的整体效率进行了测度分析，研究发现我国先进装备制造业的发展主要取决于纯技术效率，且东部、中部、西部地区有明显的梯度差异。李士梅（2018）利用DEA-Malmquist方法，选取中国高端装备制造业作为样本，对企业的技术创新效率进行了测度。肖红、郝世锦（2019）构建了技术创新的评价指标体系来测度安徽省装备制造业技术创新效率，结果发现安徽省装备制造业的技术创新效率水平较低，其原因主要在于技术效率和规模效率不高。童纪新、徐倩（2019）选取珠三角、环渤海、长三角、中西部、东北地区这五大区域，利用三阶段数据包络分析方法，测度动态情形下中国装备制造业的技术创新效率，结果显示，不同区域存在明显的差异，规模效率对装备制造业综合技术效率影响显著。梅洪常、马华骏（2019）综合利用 DEA 和 DEA-Malmquist 指数方法，分别在静态情形以及动态情形下测度了重庆市高端装备制造业有代表性的 4 个子行业的技术创新效率。静态分析的结果表明，重庆市高端装备制造业技术创新效率整体较高，但也存在一些问题，比如存在投入过多、资源浪费等问题；而动态分析的结果发现高端装备制造业呈缓慢上升的发展趋势。

1.3 装备制造业与科技融合发展的影响因素及机理研究

1.3.1 装备制造业与科技融合发展的影响因素

对于装备制造业与科技融合发展的影响因素，国内外学者进行了大量的研究，概括下来主要有以下几方面的因素：

1.3.1.1 人力资本

徐叶荣（2021）认为装备制造业作为一种知识人才密集型行业，人力资本素质已成为推动该行业技术创新效率的重要力量。张凯（2021）以包头市现代装备制造业的发展为研究对象，发现高素质技术型和管理型人才的流失严重制约了企业的科技创新能力和科技发展水平的提高。刘春枝等（2019）在研究辽宁省装备制造业的发展时，也强调了人才对于企业突破性发展、创新性发展的重要作用。谢沛（2020）认为人力资本水平的提升对装备制造业企业创新效率、发展效益和成长能力的提高有显著的促进作用，而王智涵等（2018）研究得出了二者之间的数量关系，即研究型人力资本每增加 1 单位，装备制造业产业升级 0.327 单位。而关于人力资本影响装备制造业发展的作用机理，往往是从知识外溢和技术外溢的角度进行解释。高文鞠等（2020）认为科技人才作为制造企业的骨干，是企业实现创新发展的基础。魏晓楠（2017）认为人力资本素质的提升，对我国装备制造业的生产效率产生了正的外部性。高智、鲁志国（2019）拓展了企业自身技术创新的深度，最终发现技术创新的提升会显著提高整个社会的劳动生产效率。

1.3.1.2 外商直接投资

装备制造业在成长时期需要大量的资本投入，在国内资金不能满足其资金需求的情况下，外商直接投资作为补充，逐渐被国内经济发展所吸收。随着外商直接投资的规模不断扩大，其对企业发展的影响也受到越来越多的人的重视，目前国内外学者主要有以下几种观点：有学者认为，跨国投资是先进技术扩散最有效的途径，外商直接投资对企业技术创新，尤其是国有企业的技术创新具有显著的正向促进作用。具体来说，外商直接投资对我国装备制造业有着很大的推动作用，尤其是在行业的技术进步方面，正向溢出效果很显著。崔璨（2018）认为外商直接投资每增加 1 个百分点，就会对行业技术进步产生一定的贡献，装备制造业产业技术进步提升 0.281 个百分点。另有学者张然（2017）认为，外商直接投资加剧了市场竞争，但我国装备制造业发展仍不充分，相比之下缺乏竞争力，从而造成外资垄断的局面。除此之外，黄令（2018）研究发现，随着区域创新能力的提升，装备制造业 FDI 的技术溢出由负向抑制转为正向促进，并呈现出显著的地区差异。刘冬冬等（2017）发现各地区装备制造业的行业特征和要素禀赋结构存在差异，建议东部地区摆脱对技术引进与模仿的依赖，中部地区以外商直接投资与模仿为主，西部地区以国内技术引进与模仿为主。

1.3.1.3 营商环境

近年来，知识产权的重要性逐渐受到政府重视。赵哲骐（2021）认为知识产权作为创新驱动发展战略实施的重要载体，是体现国家竞争力的核心战略资源。袁娜（2021）认为政府对于知识产权的保护可以提升装备制造企业申请专利的动力，激励企业的原始创新能力。相反，徐叶荣（2021）认为企业自身专利知识产出的匮乏，极大地限制了技术创新。郭慧姗（2019）提出加强对装备制造业的知识产权保护已成为促进装备制造业竞争力提升的重要支撑。但是，缪晓朋（2018）发现在基于创新的知识产权保护机制以及知识产权法律体系愈加完善的同时，也产生了知识产权壁垒，极大地阻碍和抑制了我国高端制造业的发展。

1.3.1.4 政府税收或补贴

产业政策是培育新兴产业、推动经济发展的重要手段。其中，高端装备制造业常用的是财政补贴和税收优惠。众多研究表明，政府的财政补贴或者税收优惠对于企业的技术创新有显著的正向推动作用。徐叶荣（2021）指出政府出台的各种补助政策增强了企业进行技术创新的动力，鼓励了企业进行技术创新活动，企业在各种技术创新活动中会不断提高自身的技术创新效率和技术创新能力。但是也有研究表明，政府税收或补贴对企业的影响不可一概而论。李婧（2013）在研究政府在研究与发展方面对国有企业和非国有企业进行资助的影响时发现，R&D 资助两类企业的技术创新影响效果是相反的，对国有企业产生了负向影响，对非国有企业产生了正向影响。余锐（2019）将政府补贴分为技术研发补贴和非技术研发补贴，分别检验了这两种补贴对企业研发投入和创新产出的影响，最终得出结论：技术研发补贴能显著促进我国装备制造业企业研发投入，非技术研发补贴对装备制造业企业研发投入没有直接影响，同时技术研发补贴对装备制造业企业创新产出的影响并不显著，其原因可能是政府和企业的目标不一致。

1.3.1.5 产业集聚

张明之（2003）表示产业集聚是指在某个特定的地理区域内，属于同一产业的企业或机构不断聚集并享受区域内的设施、市场、信息等资源，利用产业内部的协同效应实现规模经济效益以及外部经济效益，从而拥有持续性竞争优势的经济活动。刘文勇（2011）考察了就业集聚、产值集聚以及利润集聚三项指标，指出我国的装备制造业整体呈现出较高的产业集聚水平。而关于产业集聚对装备制造业的影响，国内外学者有着不同的看法。陈柳钦（2005）认为产业集聚可以通过集群内企业间有效合作的加强、企业创新成本的降低、企业创新能力的增加和集聚区内的资源共享提升产业整体竞争力。另有学者焦勇（2015）研究发现，劳动力以及人力资本在地理角度的集聚对产业发展起推进作用，既有利于产业结构合理化，也有利于产业结构高级化水平的提高，但不是所有生产要素的地理集聚都有类似的作用，例如，资源的地理集聚就会对产业结构合理化和高级化进程产生阻碍作用。

焦勇（2015）和孙秋霞（2015）认为制造业是整个国民经济体系的主体和核心，而装备制造业则是制造业的内核所在，同时也是工业发展的基础，因此装备制造业的发展对于国民经济的兴盛至关重要。但是，陈瑾、何宁（2018）表示与传统制造业不同的是装备制造业属于技术密集型产业，而由于我国起步略晚于美日德等制造业强国，“大而不强”的特点尤为突出，故而国内企业在芯片半导体、飞机汽车发动机等精密仪器的装配制造方面经常会被他国限制。在我国经济由“高速发展”向“高质量发展”转型的关键时期，只有克服制造业基础技术和核心技术能力不足的弊病，才能最终实现产业结构转型升级，实现从“三高一低”的粗放式生产模式向“两高两低”的高端制造业的重大跳跃。

当前，中国装备制造业存在诸多问题。第一，自主创新能力相对较差。谢永亮等（2020）认为，发展初期“以市场换技术”的产业政策的实行，导致产业科研萎缩，工业部门过度依赖国外技术的外溢，缺乏支撑可持续发展的内生性技术平台。杨慧等（2021）表示与国外同类型企业相比，我国本土企业呈现出生产效率低、产品附加值低和综合竞争能力弱的显著特征。第二，我国本土产业体系与高校和研究所等科研机构的结合不紧密，学术界和科技界的科技成果一方面存在着实际应用价值低、现实意义弱的弊端，使得其难以迅速有效地市场化；另一方面，由于缺乏业内强有力的资金支持，R&D 人员收入和研究经费过度依赖于财政拨款。因而除个别行业外，大多数研究机构都存在着研究人员收入低和经费短缺的情况，直接导致了科研人员的外流，致使大量持续性研究由于人员短缺、经费不足等最终难以为继。

1.3.2 装备制造业与科研机构融合发展

封凯栋（2020）认为一直以来，产学研的深度合作都被认为是实现科技创新和经济持续性发展一体化的必然要求，是深化技术变革提高企业综合实力的驱动力。王灵等（2011）认为从中国“制造”向“智造”转变的核心在于人才的培养，然而当前我国制造业整体呈现出产学研结合不紧密的结构性问题，学术界和科研界存在着实质性的疏离。玛青、陆胤（2020）认为校企协同培育机制不健全，人才培养方针脱离实际（学校追求学术论文的发表，而企业则相对缺乏应用型人才）。

国内诸多学者例如黄鲁成（2006）、王鹏等（2009）、王章豹等（2007）、段婕等（2012）等采用 DEA-Malmquist 方法测度了我国对外开放三十年 R&D 人员、经费指数对制造业创新效率的影响，发现国内一直存在着技术效率总体水平偏低、产学研缺乏有效联动、申请专利数不足等问题，而这也成为一直以来制约高新技术产业发展、限制国内企业生产效率提升的重要原因。

傅天嫦等（2020）研究发现大洋彼岸的美国，在高端制造业的发展过程中，立足于实操性技术人员的培养，大力推动 STEM（Science，Technology，Engineering and Mathematics）教育，促进产学研的联动发展，最终实现高新技术产业的持续性发展，让其在全球化的产业链中居于控制性地位。根据《国际专利分类与国民经济行业分类参照关系表（2018）》数据，中国专利申请者相较于美国而言存在明显的结构性差异，相比于美国九成以上的竞争性专利由企业申请，我国科研机构申请比例高于1/4，而企业申请比例仍不足3/4，这也说明了国内产学研的结构性失衡，各体系圈层分散，缺乏有效联动。

谢园园等（2011）认为产学研的联动发展需要形成一个以企业、高校和科研机构为核心，以市场为导向，在政府和金融部门的有效支持下集群内企业利益共享、优势互补的循环内生系统。而传统制造业向“高精尖”的装备制造业的成功转型，需要各个部门的协同合作和共同推进，以有机统一的产学研体系搭建的支撑制造业持续健康发展的实践平台来培育适应行业发展的高端技术人才，提高行业内自主创新能力，打造核心技术，突破产业技术瓶颈，以技术破局，从根本上解决国内企业当下所面临的“卡脖子”的重大难题，使得国内制造业突破技术水平不高、产品产能过剩和技术含量过低的现状，实现其迈进高技术含量和高附加值的高新技术产业的重大突破。

1.3.3 装备制造业与高新技术服务业融合发展

曹东坡等（2014）和郑吉昌等（2004）综观经济发展变局，发现服务业和制造业的协同发展趋势愈加明显。正如 A. Penn 所言，在工业化的成熟和服务经济的发展过程中，二者已然进入密切相关和互为补充的阶段。陈建军、陈菁菁（2011）表示脱离了服务业的支持，制造业的发展便会遇到瓶颈，出现产业结构调整升级缓慢的状况。沈蕾、靳礼伟（2015）表示科技服务业已经成为技术进步与经济发展之间关联最为紧密的行业部门，是实现传统制造业向“高精尖”的装备制造业转型升级的重要纽带，已然成为衡量国民经济现代化程度的一个关键指标。曹东坡等（2014）和陈建军、陈菁菁（2011）表示在第三次工业革命的浪潮中，以知识经济为支撑的高新技术服务业和装备制造业正在不断推动着生产方式的变革，逐步形成一种协同共进、合作共生的新型产业体系，对我国产业结构的优化升级有着重要的意义。

然而，唐守廉、徐嘉玮（2013）认为相比于美国的科技服务业，作为“制造业大国”的中国在产业结构、就业人数和工资水平等方面均存在着不同程度的差距。江小涓、李辉（2004）认为这是由国内目前供给能力的制约所导致的；江静、刘志彪（2010）则表示国内消费性需求一直以来都受到抑制，与此同时，生产性服务业缺乏制造业的中间需求市场的支撑。因此，我国必须立足于本国国情，并借鉴西方发达国家推动科技服务业和先进制造业协同发展的经验，走出一条制造业服务化的光明大道，以实现经济的持续健康发展。陈建军、陈菁菁（2011）和姚小远（2014）认为需要从以下几个方面出发：第一，利用政策引导企业增加研发的投入，以提高企业自身的自主创新能力，以科技服务业为制造业提供技术支撑；第二，打造优势品牌，提高国内制造业产品的品牌溢价和附加值，为研发投入和产品创新进行资本积累；第三，提高第三产业在国民经济中的占比，转变经济发展方式，打造与先进制造业相衔接的科技服务业。

1.3.4 装备制造业与科技金融融合发展

赵昌文（2012）认为科技金融是促进科技水平发展和科研成果转换的重要金融工具，是国家科技创新体系和金融体系的重要组成部分。钱水土、张宇（2017）经过分析推理得出，开发性金融机构可以缓解企业的融资约束。King R. G. 和 Levine R.（1993），George G. 和 Prabhu G. N.（2003），Weber B. 和 Weber C.（2007），Sasidharan S. 和 Lukose P. J. J.、Komera S.（2015）等认为金融机构对企业的创新能力的提高具有显著的推动作用。郭燕青、李海铭（2019）运用 DEA 方法对我国各省数据进行研究，发现科技金融通过企业信贷对企业的技术创新效率产生重要影响，但在这一过程中区位因素的影响也不容忽视，东部、中部、西部地区显示出的创新效率有一定程度的差异，科技金融发展越快越好的地区，制造业的创新效率也越高。陈瑞雪（2014）认为作为战略性支柱产业的装备制造业，具有高投入高风险的特征，科技金融由此应运而生，并成为推动经济可持续发展和制造业转型升级的必然选择。因此，路启梅等（2019）认为必须发挥金融对实体制造业的哺育和带动作用，推进科技银行等开发性和政策性金融机构发展，开发针对高端制造业的金融产品，发挥其在资源配置中的优势。与此同时，李晓丹、杨峙林（2018）认为应积极发挥政策的引导作用，营造出适合企业技术变革的政策环境，推动“有为政府”和“有效市场”的有机统一，将政策指导和市场激励相结合，激发企业创新活力。

此外，应推动产学研的有效融合，构建出以技术和人才为核心的高新技术产业园，提高科研团队创新能力和科研成果的实用性，以此来保证前期投资的正常甚至更高的收益率，激发资本市场的投资热度，以形成金融激发制造业创新能力、用创新成果回馈金融行业的良性循环，使得科技金融机构最终摆脱政策依赖，实现具有内生性动力的持续健康发展。张玉华、张涛（2018）从生产性服务与制造业协同发展的角度进行研究，发现生产性服务与制造业具备空间聚集性，并且科技金融对二者的协同发展有促进作用，因此需要从供给侧结构性改革入手，充分发挥科技金融的作用，推动制造业发展。丁日佳、刘瑞凝（2020）认为制造业是我国经济发展的重中之重，因此制造业的发展能够有效推动产业结构转型升级，而科技金融对制造业结构的合理化程度影响显著，还能够进一步推动沿海地区制造业的高级化，因此科技金融的重要作用是不言而喻的。

综上所述，无论是对于装备制造业，还是对于科技创新，都有大量的研究，但是对装备制造业和科技创新融合发展的研究却并不充足。因此在进行这部分文献分析时，主要从影响因素和三个机理方面进行分析，对于装备制造业和科技创新融合发展的测度研究很少。已有学者对装备制造业与科技产业融合度测定方法比较单一，大多是使用投入产出表来做测度，所使用到的主要指标也只有直接和间接消耗系数。本书在二者融合发展的测度上做出了较为详细和深入的研究，运用灰色关联度分析来测度关中地区装备制造业与科技发展的融合程度，并在实证分析中基于科技发展指标体系与装备制造业发展指标体系构建了关中地区装备制造业与科技融合的指标体系。本书的测度与实证分析一方面对装备制造业和科技创新的融合发展进行了创新性的测度，另一方面能更好地了解关中地区装备制造业与科技融合发展现状以及融合情况，根据现状中体现的发展优势和不足之处，有针对性地进行研究，从而为二者的融合发展提出有效的政策建议。

2 装备制造业与科技融合的理论分析

2.1 装备制造业与科技融合发展的内涵

2.1.1 装备制造业在高质量发展中的重要地位

装备制造业作为我国发展经济过程中的基础性产业，在生产、国防、经济等方面都有很大的作用，其发展实力在一定程度上影响了我国的经济水平。因而，装备制造业企业相对于一般制造业企业更注重知识创新与技术创新，在高质量发展中占有举足轻重的地位。习近平总书记曾多次强调“装备制造业作为我国经济发展之利器，是实体经济建设的重要环节，要顺势而为，继续秉持做强、做优、做大的理念”。

尽管近年来陕西省关中地区的装备制造业取得了长足的发展，尤其是行业种类与产业规模不断丰富与壮大，但其与科技融合发展的程度仍然有限，导致产业技术创新效率不高、竞争力不足等问题始终得不到实质解决。因此，如何加速装备制造业与科技融合发展从而提升装备制造业技术创新水平是陕西省关中地区现阶段转变经济发展方式、实现高质量增长的关键。鉴于此，本章提出陕西省关中地区装备制造业与科技融合发展的“4×3”理论框架（见图2-1）——“三大主体”“三大环节”“三大因素”与“三大路径”，为后文研究提供理论依据。

2.1.2 装备制造业与科技融合发展的本质

装备制造业与科技融合发展的本质在于其科技的创新能力，创新能力的提升会促进装备制造业与科技的深度融合，实现价值链的攀升，而核心是科技成果转化效率的提高。科技成果转化是指一项科技成果从最初被发明到实际应用于企业生产经营之中的全过程，包括基础研究、可行性研究、技术发展、技术论证、系统/子系统开发、系统测试发布和运营等环节。这一过程进行得越顺利，意味着科技成果转化效率越高。而当某一地区的装备制造业企

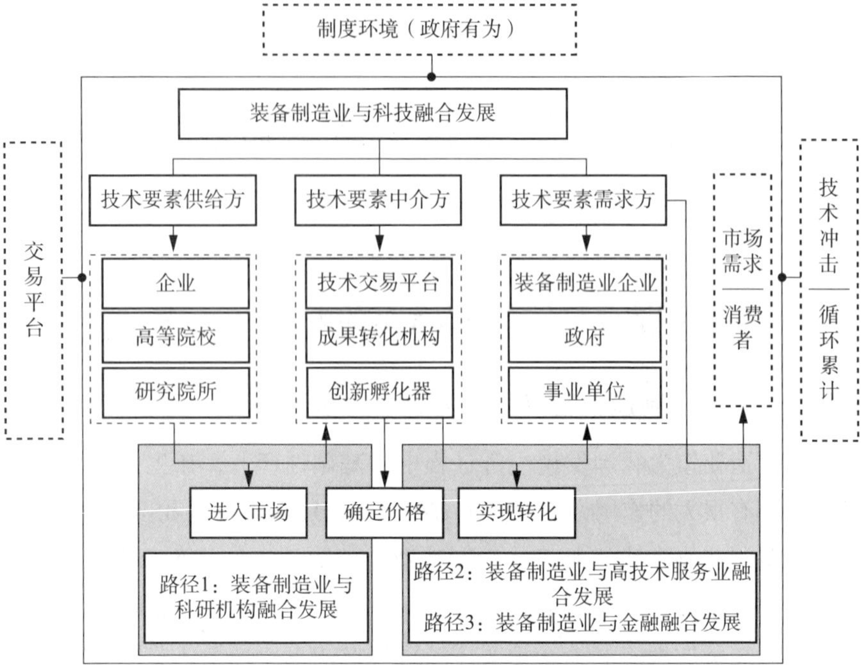

图 2-1　装备制造业与科技融合发展的理论框架

业普遍能够通过科技成果转化，将科技成果高效率地应用于自身生产和经营，从而提高技术创新水平时，便可以认为该地区实现了装备制造业与科技的融合发展。但需要警惕的是，由于技术创新本身的复杂性，这一过程需要完善的顶层设计以及众多机构的支持才能够顺利进行，否则将陷入“达尔文死海”（常用来形容科技成果转化的间隙）。下面通过分析装备制造业与科技融合发展的主要内容，厘清有效路径机制。

2.2　装备制造业与科技融合发展的主要内容

2.2.1　装备制造业与科技融合发展的参与主体

装备制造业与科技融合发展的复杂性决定了依靠单个主体完成整个过程往往是无效率的，因而一般情况下，装备制造业与科技融合发展涉及多个参与主体。根据参与主体所处的环节的不同，可以将其划分为技术要素的供给者、技术要素交易中介机构与需求者三类。第一，技术要素供给者指高等学校、科研院所与科技型企业等①，主要负责技术创新的前端（基础研究）。随着市场化改革的深化，宏观经济体制对高等学校、科研机构自立能力的要求不断提高②，他们从事科研的目的已经不再单纯地局限于学术价值，还有通过技术转移获取一定的商业价值，以便为学科建设提供充足的物质保障，实现自身的持续发展。第二，技术要素的需求者一般是指企业，处于科技成果转化的末端，负责部分应用性开发和技术利用，绝大部分的装备制造业企业均可以视为技术要素的需求者，通过从市场获取技术，并应用于生产经营活动或其他目的，彻底实现技术进步。第三，技术要素交易市场是指技术要素交易中介机构，按服务内容可分为创新服务类、科技资讯服务类和市场服务类。他们或直接参与部分技术应用性开发，或提供技术要素交易过程中的法律、审计、评估、咨询等服务，以帮助克服技术成果转化过程中的信息不对称、资源短缺等问题。技术要素交易中介机构有助于技术创新跨越“达尔文死海”“死亡之谷”，填补了技术创新间隙。整体来看，技术供给者、需求者和中介机构三者交易的过程，也就是科技成果不断成熟，完成商业化，最终实现装备制造业与科技紧密融合的过程。

2.2.2 装备制造业与科技融合发展的重要环节

装备制造业与科技融合发展的形成大致可以分为三个环节：一是技术要素从科研机构进入技术要素市场；二是对技术要素进行定价；三是技术要素从技术交易市场转移到装备制造业的实际生产中，提升装备制造业技术水平，完成装备制造业与科技融合。

第一，技术要素从科研机构进入技术要素市场，是装备制造业与科技融合的前提。装备制造业技术的进步以科技成果进入市场被企业了解为前提。创造科技成果的过程可以视作一项典型的不完全契约活动，具有很多特殊的性质，包括研发过程的不可观察性、人力资本投入的累进性、产出的不确定性、监督的困难性等。③ 不完全契约理论认为，部分事前权利双方可以通过商讨确定，还有部分无法确定的权利，称剩余控制权。剩余控制权主要取决于

① 下文统称为“科研机构”。

② 1995 年，中共中央、国务院要求把政府的宏观调控和市场机制的推动结合起来，深化改革，推动科研机构与市场的结合，用市场机制推动科技发展。1999 年、2006 年中共中央、国务院多次强调了市场机制在技术发展中的重要作用。

③ 袁志刚．论知识的生产和消费［J］．经济研究，1999（6）：59-65；周波．知识生产的激励：科学制度与市场制度［J］．厦门大学学报（哲学社会科学版），2008（6）：42-48.

缔约双方的资产，一方拥有的资产越多，其在做选择的时候空间越大，剩余控制权就越大，在后续谈判中所处的地位越有利，最终相比对方拿到的剩余也越多，故而事前鼓励其进行专用性投资的动力就越强。[①] 产权理论认为，对所有权或对剩余控制权进行分配，既可以缓解不完全契约环境下敲竹杠问题，也可作为解决外部性的途径，从而有利于提高对资产专用性的投资，确保在次优条件下实现最大化总剩余。[②] 这意味着，不同科研机构配置资产所有权或对剩余控制权分配的弹性，决定了科研人员的人力资本资产专用性投资的激励强弱，也就决定了科研人员是否有足够的动力推动科技成果转化以及装备制造业与科技融合的效率。

第二，技术要素定价环节，是装备制造业与科技融合的核心。由于技术创新间隙、信息不对称等问题，仅依靠技术要素的供需双方往往难以实现科技成果转化，还需要其他参与人承上启下，发挥协调、引导作用。这种市场需求促进了技术要素交易中介机构的产生。在该环节中，一方面，技术要素中介机构需要与技术要素供给者对科技成果进行联合定价，定价原则既包含了技术要素供给方对技术成果的物质投入成本、人力投入成本和必要的利润回报等，又包含了中介机构对同类型技术成果的历史交易价格数据、产业化前景预测、中介费用等方面的考虑[③]，双方经过博弈协商赋予了技术要素成果初步的市场化价格；另一方面，部分基础性研究难以进行合理的定价，此时，技术要素交易中介机构不仅需要发挥价格协商、信息收集和扩散的作用，还需要协助科研机构进行技术应用性开发，通过与科技要素的供给方达成孵化协议，帮助尚未成熟、暂时无法合理定价但具有前景的技术要素进行开发，以较易被市场接受的形式走向最终环节[④]。

第三，技术要素从技术交易市场转移到装备制造业的实际生产中，是装备制造业与科技融合的方向。该环节的推进意味着科技成果真正实现了价值

---

① Grossman, Sanford J., and O. D. Hart. The Costs and Benefits of Ownership: A Theory of Vertical and Lateral Integration [J]. Journal of Political Economy, 1986, 94 (4): 691-719; Hart, Oliver, and J. Moore. Property Rights and the Nature of the Firm [J]. Journal of Political Economy, 1990, 98 (6): 1119-1158; 杨瑞龙，聂辉华. 不完全契约理论：一个综述 [J]. 经济研究，2006 (2): 104-115.

② 杨瑞龙，侯方宇. 产业政策的有效性边界——基于不完全契约的视角 [J]. 管理世界，2019, 35 (10): 82-94, 219-220.

③ 周望军. 技术要素价格形成机制研究 [J]. 价格理论与实践，2006 (11): 9-11.

④ 王康，李逸飞，李静，赵彦云. 孵化器何以促进企业创新？——来自中关村海淀科技园的微观证据 [J]. 管理世界，2019, 35 (11): 102-118.

让渡和转化，并且，装备制造业技术水平的提升又将向市场反馈企业的需求信息，继而引导未来科技创新的方向。该环节中，技术要素交易中介机构首先需要依靠自身的品牌和声誉，大力推广科技成果；其次，为有意愿采购的企业提供专业化服务，帮助其对该技术成果的应用效果、市场前景等作出判断，同时协助企业解决在要素投入等方面的困难，促进装备制造业与科技融合的完成；最后，对市场形成反馈，让科研机构了解到当前企业真正需要的是什么，从而引导科研人员科技创新的方向，激励科研人员研发更加符合市场需求的科技成果①。

2.2.3 装备制造业与科技融合发展的关键因素

装备制造业与科技融合发展受到三大因素影响：

第一，制度环境（法律法规、金融深化等）决定了科技成果转化的速度。制度环境对要素市场化的影响渗透在其各个环节之中。Kornai（2010）详细阐述了完善的市场机制对于技术创新的重要意义②，包括合理的政府干预、有效的激励机制、公平的竞争、多层次的金融体系等③。一方面，有效的激励机制和公平的竞争是促使技术供给者不断提供真正符合实际生产需求的技术、技术需求者有意愿进行技术改造以及技术要素交易中介机构产生的保障；另一方面，合理的政府干预和多层次的金融体系，有利于提升技术要素交易的效率，政府干预将被严格限制在解决“市场失灵”问题这一范畴之内，以确保市场交易主体的自主性④，提高交易主体对市场信息的反应速度，而多层次的金融体系则有利于缓解融资约束，在很大程度上避免了技术需求者因资金短缺而无法进行技术改造的问题，从而提高市场整体活力。

第二，交易平台决定了科技成果转化的广度。如同工作搜寻理论所指出的，个体搜索到高工资工作的概率与其花费的搜寻时间成正比，因而个体需要在工资与时间成本间进行权衡取舍，这种权衡取舍在技术要素市场上体现得更为明显。随着经济发展水平的不断提高，技术创新的专业化与分工程度

---

① 张瑞萍，历军．建立以需求为导向的科技成果转化机制［EB/OL］．光明日报，2019-03-15，https：//epaper. gmw. cn/gmrb/html/2019-03/15/nw. D110000gmrb_ 20190315_ 3-11. htm.

②③ Kornai J. Innovation and Dynamism：Interaction between Systems and Technical Progress［J］. Economics of Transition，2010，18（4）：629-670.

④ Rodrik，Dani. Goodbye Washington Consensus，Hello Washington Confusion? A Review of the World Bank's Economic Growth in the 1990s：Learning from a Decade of Reform［J］. Journal of Economic Literature，2006，44（4）：973-987.

不断加深，使得技术要素市场的信息流越来越庞大，如何在市场中更快地识别有效的信息，加速企业技术改造从而提升生产效率，成为企业家们面临的一个难题。因而构建一个统一的技术要素交易平台，集中进行信息的收集、处理和扩散就十分必要，将有助于降低技术要素市场交易主体，尤其是技术需求者的信息收集成本，从而提高交易效率，扩大技术要素市场化的广度。

第三，技术冲击决定了科技成果转化的深度。技术进步作为人类知识的一种，具有明显的规模效应，一种技术的发明和应用会促进更多技术的产生和应用。例如，“3D 打印”技术有助于企业以更低的成本、更短的时间，观察到一个创意的实际效果，大幅提高了试验效率和次数，从而加速科技成果转化，刺激产生更多的技术进步；技术进步也有助于对科技成果形成更为精确和科学的评判，由于科技成果独特的复杂性，其定价大多依靠相似产品的历史价格信息，所以未来价值的预估可能产生较大的偏误，当交易主体认知水平不同时，一致的合约难以形成，从而抑制了科技创新转化效率，而大数据等技术的产生则会对此有极大的帮助。

2.3 装备制造业与科技融合发展的机理分析

2.3.1 机理 1：供给侧，装备制造业与科研机构融合发展

2.3.1.1 装备制造业与科研机构融合发展的内涵

装备制造业与科研机构融合发展（见图 2-2）是指技术要素的供给方和需求方通过一定的方式强化联系，围绕知识创新开展经济活动。目的在于缩短技术进步周期，弥补技术要素供给双方间的信息不对称、供需结构失衡等问题，从而加速科技成果转化，提高装备制造业企业的技术水平。装备制造业与科研机构融合发展的过程中主要有两大主体，即装备制造业企业和科研机构，但又不限于此，还包括政府、金融机构、中介机构等辅体，各主体之间、辅体之间、主体与辅体之间相互展开合作。

2.3.1.2 装备制造业与科研机构融合发展的动力——政府有为作用

（1）清晰的产权界定——内部动力。产权理论指出，作为市场交易的前

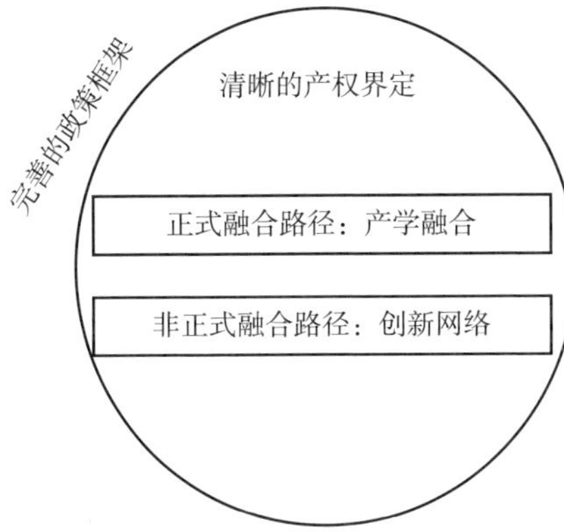

图 2-2 装备制造业与科研机构融合发展

提，清晰的产权界定是必不可少的[①]。只有当交易资源的产权具有明确的定义时，交易主体才有可能达成共同的约定。然而，目前我国技术要素交易市场中，还存在大量产权模糊的情况，突出反映在接受国家资助的高等院校、专职研究机构的科技成果上[②]。由于科研活动投入结构较为复杂，包括有形的物质资本和无形的人力资本，使得各方贡献度辨识不清，难以对科技成果的产权进行清晰的界定，因而科技成果的剩余控制权分配对于组织激励十分重要。

然而，我国科研机构大多具有国有属性[③]，科研成果的产权属于国有，机构本身不具有科研成果的产权以及剩余控制权的配置权，直接发明者只享有成果转化的部分收益，一般情况下甚至仅享有署名权和微薄的奖励收益[④]。在这种情况下，科研机构往往缺乏有效的激励将自己的科研成果进行商业化。另外，科研成果作为国有资产，若想进入市场开始商业化就必须遵循严格的规章制度进行登记备案和前置审查。目前我国科技成果形成了财政部门、主管部门和事业单位的“三级”行政审批体制[⑤]，授权或审批程序十分烦琐。

① Coase, Ronald H. The Institutional Structure of Production [J]. American Economic Review, 1992, 82 (4): 713-719.

② 徐晓阳，李晓轩．成果权属事关科技成果的产出和转化——我国财政资助科技成果权属政策的演进与局限 [J]. 中国科学院院刊，2014，29 (5)：558-563.

③ 部分科研机构为民营企业的附属机构，但比重较小。

④ 孙振嘉，孙放，张晓辉．中日《专利法》比较研究 [J]. 情报科学，2012，30 (11)：1617-1620，1680.

⑤ 张胜，郭英远．破解国有科研事业单位科技成果转化体制机制障碍 [J]. 中国科技论坛，2014 (8)：36-41.

这进一步抑制了科研人员进行科技成果转化的积极性，使得装备制造业与科研机构融合发展受到约束。

因此，为了使科研机构深度参与装备制造业的发展，应该给予其适度的激励，赋予高校等国有科研事业单位法人自主权，使其有权自主做出决策，承认其在技术市场中的主体地位，并鼓励企业单位与科技人员完善科技成果转化为现实收益的利益分配制度，激发科技人员工作的积极性，这是实现装备制造业与科研机构融合发展的必经之路。

（2）完善的政策框架——外部动力。第一，政府科技政策的完善程度或支持装备制造业与科研机构融合的力度强弱直接决定了技术创新系统的形成、演化以及科技成果转化效率。基于协同角度，政府政策的制定需要依据国内外科技发展的现状，是政府对国际形势、市场竞争、环境变化等进行综合考虑的表现。政府根据整个国际环境，有针对性地扶持装备制造业并出台相关的政策，积极促进装备制造业与高校等科研机构融合发展。

第二，政府支持装备制造业与科研机构融合的力度强弱决定了融合由无序走向有序的程度。政府政策的构建只有在接近临界值时才能促进两者融合，所谓临界值，即政府政策的完备。政府在实施政策的过程中不宜过于“强势”地直接参与装备制造业与科研机构的融合，依据协同理论的控制参量原理，对于整个融合创新系统，需要制定科技政策法规来规范。因此，政府对装备制造业与科研机构融合的扶持力度必须控制在合适的范围内，不能强势干预，也不能因前后用力不均而出现“重前期、轻后期”的现象。

2.3.1.3 装备制造业与科研机构融合发展的路径——市场化作用

（1）产学融合路径——一个市场化的正式融合路径。传统的创新模式有两种：一是“前向线性创新模式”，强调从基础的研究出发，通过不断试验、改进，最终转化为新产品或者新工艺；二是“逆向线性创新模式”，强调逆向思维模式，以问题为导向，从实际需求出发，倒逼科学研究①。可以看出，这两种路径实际上是割裂了作为技术要素供给方的科研机构与作为技术要素需求方的制造业企业之间的联系。而随着技术发展，装备制造业的技术进步日趋复杂，传统的创新路径已经无法适应当前的需求。

产学融合路径实际上需要供需双方的匹配，是“前向线性创新模式”和

① 王进富，兰岚．产学研协同创新路径研究——基于知识产权归属视角［J］．科技管理研究，2013，33（21）：123-128.

“逆向线性创新模式”的结合，两种模式相互作用，共同促进融合。科研机构经过科学研究，形成初步的科技成果，但这些科技成果距离真正应用到实际生产中仍具有一定的距离；而企业在实际运作过程中，即使可以发现自身问题或定位市场需求，但由于自身技术能力有限，需要科研机构辅助。然而，企业和科研机构分别是两种性质不同的机构，在组织属性上有着一定的差别，双方在产权界定、管理模式、组织文化等方面差异明显，往往缺乏合适的路径协调双方实现合作与协同。产学融合强调产学研三方以技术创新为导向实现合作，包括技术转让模式、合作参与模式和一体化模式。

如图 2-3 所示，产学融合过程包括 3 条路径，即技术转让、合作开发以及创办企业。其中技术转让路径分为直接转让路径和间接转让路径；合作开发路径分为契约型合作开发路径与股权型合作开发路径；创办企业路径分为学研衍生企业路径与学研入股企业路径。这三条分支路径无论选择哪一条，最终的目的只有一个，就是创新能力的提高。

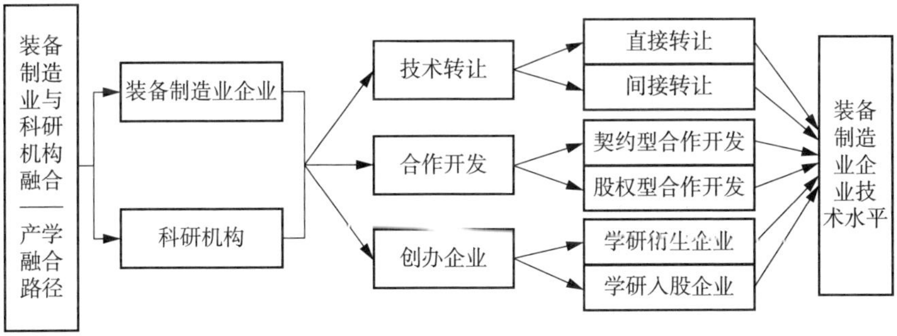

图 2-3 产学融合路径

（2）创新网络路径——一个市场化的非正式融合路径。创新网络指在一定的空间范围内，装备制造业通过与科研机构、政府以及中介机构交流合作、协同创新，进而建立起错综复杂但相对稳定，又能促进创新的网络关系，形成具有区域集聚效应的网络系统①。装备制造业与科研机构通过网络连接，使得科研机构的基础科研成果更容易通过网络进行扩散和转移，并能够进一步推动其他微观主体的技术进步，实现高质量发展。在创新网络路径中，装备制造业与科研机构的融合发展为科技创新成果商业化提供了平台，而科研机

① 翟天任，李源．高校科技成果转化的协同管理路径研究［J］．科技进步与对策，2012，29（22）：44-47.

构与政府、金融机构、其他企业等合作，则进一步推动了科研机构科技成果的商业化生产，例如，政府对相关产业的扶持政策、其他科研机构的技术支持以及社会资金帮助等。

知识在创新网络中的交流、传导促进了科技成果的持续创新，而科技成果的创新以及有效转变反过来又促进了对创新网络的整合，从而加速了知识的流动与传导，降低了网络内部的操作成本和不确定性，提高了科研机构对科学成果转化复杂性的适应力，从而实现装备制造业与科研机构的融合发展。

2.3.2 机理2：中介侧，装备制造业与高技术服务业融合发展

2.3.2.1 装备制造业与高技术服务业融合发展的内涵

高技术服务业是融合知识和技术的现代服务业，从目前发展状况来看，装备制造业的转型和现代化都离不开高技术服务业，与它的融合也是发展的重要途径。装备制造业和生产性服务业的融合可以看作基于技术创新（技术融合），两产业边界变得模糊（产品融合），两者业务相互渗透，并且创造出融合两种产业特点的新产品和新组织结构（管理融合），从而形成新业态的过程。

2.3.2.2 装备制造业与高技术服务业融合发展的路径

如图2-4所示，装备制造业与高技术服务业的融合发展，正在逐渐打破传统的产业模式，业务互相渗透，产业边界逐渐模糊，新产品、新技术层出不穷。

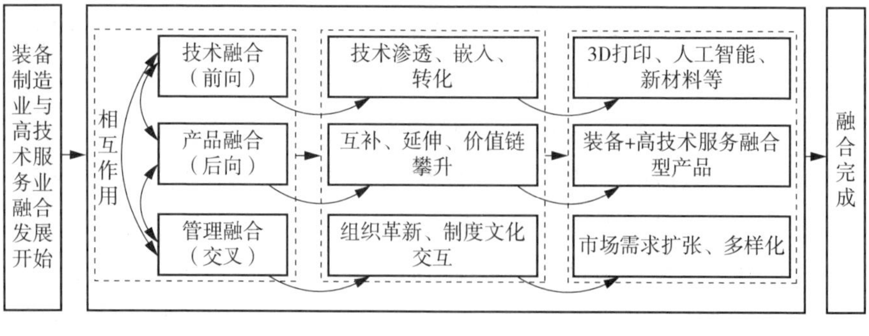

图2-4 装备制造业与高技术服务业融合发展路径

（1）技术融合（前向融合）。装备制造业与高技术服务业之间的业态融

合可以从两个方面来分析：一是技术在两产业之间的转移、共享；二是两产业技术边界处的融合创新。由于不同产业的技术存在着差异，有高有低，在不同产业之间往往存在技术由高技术水平产业向低技术水平产业流动的“势差”效应①。之所以称之为“前向融合”，是因为技术融合本质上仍然是填补基础研发与技术应用之间的间隙。

但是，技术融合不局限于加速基础研发的应用，还可能带来新的技术分支。装备制造业与高技术服务业之间的技术融合，最初主要表现为高技术服务业向装备制造业的渗透性融合，这便是我们通常所称的高技术服务业带动传统装备制造业进行技术升级。随着装备制造业现代化的改进，其整体的效率、技术水平不断提升，自主研发能力不断增长。而随着技术融合的深化，在两个产业的共同技术领域集合内部就可能出现新的技术路径和发展方向，从而产生新的技术分支。

（2）产品融合（后向融合）。产业融合中的“产品”是一个广义的概念，不只包含实物产品，也包含非实物的服务以及其他经营业务等。因此，产品融合是指某一产业开始生产原本属于其他产业的产品，或开始提供原本属于其他产业的服务，是不同产业的业务范围之间界限的打破，从而降低市场的信息不对称程度和交易费用。装备制造业与高技术服务业之间的产品融合，是两大产业之间实物产品与服务业务一体化的过程。之所以称之为“后向融合”，是因为产品融合本质上缩小了制造业企业与市场需求（消费者）之间的距离。

产品和服务都是技术的载体，技术在两大产业间的扩散，构成了两大产业的共同技术基础。在市场需求和竞争压力等外部环境的推动下，两大产业便有可能在共同技术的基础上涉足对方产业的业务，从而引发两大产业之间的产品融合。市场需求日益多样化、高端化和定制化会对两个产业的经营方向产生影响，装备制造业方面主要表现为越来越重视与自身产品相关的技术服务业务配套。在自身及定制产品的基础上，一方面向前接受顾客个性化定制需求，提供技术咨询、可能性分析、定制化方案等系统服务；另一方面向后完善产品的售后服务，包括设备维护、技术咨询、技术培训、拓展研发等。

① 例如，“美国先进制造业伙伴项目”（Advanced Manufacturing Partnership program，AMP）便是一个较为成功的装备制造业与高技术服务业融合案例，通过围绕纳米制造、3D 打印、柔性电子设备制造、生物制造、工业机器人和增材制造等先进领域成立研究所，为制造业企业提供共享设施，方便企业使用这些先进设备进行试验，以适应和开拓新的技术。

高技术服务业方面主要表现为开始涉足装备产品的生产。但是，由于装备产品生产的进入门槛较高，产品融合仍然以装备制造业向服务业延伸为主导方式。

在产品融合初期，装备制造业可能独立开展技术服务业务或通过服务外包的方式将技术服务业务外部化，以不断拓展和延伸产业的价值链，引发简单产品融合。简单产品融合更加注重向后服务环节，此时的产品和服务仍然是同一产业内部的两个相对独立的业务，并未形成统一的产品组合。随着产品融合加深，装备制造业将更加重视向前服务，即消费者的具体要求，这使得装备制造业需要不断进行产品的创新、研发，以不断满足消费者的多样化需求。可见，技术融合与产品融合之间不是隔开的，而是具有相互渗透、相互促进的互通关系。

（3）管理融合（交叉融合）。管理融合中的“管理”即产业的管理模式，这是一个包含了产业组织架构、制度文化等方面因素的广义概念。每个产业都有特定的管理特征，因而管理融合可以解释为某一产业开始具备其他产业的管理特征，不同产业之间的组织架构、制度文化等方面的管理边界逐渐消融的过程。两个产业的管理融合是伴随着技术融合和产品融合而产生的，在技术融合和产品融合的过程中，产业之间的交流合作会日益密切，双方制度文化会不断碰撞、博弈，并最终打破产业之间既定的管理边界。

技术融合、产业融合、管理融合三者之间相互促进，技术融合和产业融合会加速管理融合，而管理融合的不断加深又反过来促进技术融合和产品融合。装备制造业与高技术服务业的技术融合和产品融合的广度和深度，一方面受到市场条件等外部环境的影响，另一方面也受到主体内部制度文化的制约。若两个主体之间在管理制度和企业文化上存在着较大差异，则合作过程中发生摩擦的可能性就会增加，不利于两个产业之间的深度融合；相反，若两个主体在管理制度和企业文化上存在着较多相同之处，则容易达成共识和合作。若来自高技术服务业的管理制度能够有效嵌入装备制造业，通过融合管理部门的碰撞和博弈并逐渐向装备制造业内部扩散，形成适应技术和产品变革的相关制度并形成鼓励创新的氛围，则将有利于加深两大产业的制度互信，促进装备制造业做出与高技术服务业融合发展的相应战略决策，进一步强化两大产业间的技术融合和产品融合。

2.3.2.3 装备制造业与高技术服务业融合发展的效应

基于价值链的视角，装备制造业与高技术服务业的融合主要起到了以下几方面的作用：

（1）有利于科技创新，提高自主研发能力，实现价值链的向上攀升。技术创新对于提升产业价值链至关重要，也推动产业进行现代化升级。不同产业的融合发展可以创造出新的技术，特别是高技术服务业通过对产业链前端以及对研发起重要作用的各种行业进行综合性分析，缩小了基础研发与技术商业化之间的间隙，为产品创新提供了平台。总而言之，装备制造业与高技术服务业的融合会促进企业进行技术升级，使得产业链价值不断提升。

（2）有利于提升营销服务水平，按求供应，实现价值链的攀升。消费的需求随着人们生活水平的不断提高而提高，新的消费需求对产业发展提出了新要求，更加凸显了装备制造业与高技术服务业融合发展的重要性，而与此同时，融合发展反过来也进一步激发了消费者需求的个性化。

（3）有利于优化组织结构，提升生产的附加值。我国的装备制造业的重点是制造环节，现代服务业与装备制造业的融合，优化了传统制造业的生产流程，也提高了资源的配置水平，使得组织内部的协调成本降低，附加值增加。

2.3.3 机理3：需求侧，装备制造业与金融融合发展

2.3.3.1 装备制造业与金融融合发展的内涵

装备制造业与金融融合发展，是指利用和依托资本市场，高效率地实现科技成果由基础研发到中试、开发再到彻底商业化的过程。具体来看，装备制造业基于现有的科研成果，逐步进入资本市场，体现在进入非证券化创业资本市场—场外市场—二板市场（证券化创业资本市场）和主板市场，最终提升企业价值，并为装备制造业企业进行下一轮的技术升级提供支持。这一融合过程伴随着技术要素供给方和需求方的壮大，并为进一步的科技创新奠定坚实的基础。

2.3.3.2 装备制造业科研活动投入模式——“举国创新体制”VS“市场化创新体制”

“举国创新体制”与“市场化创新体制”所使用的技术创新类型、依赖的资金投入结构完全不同，因而在阐述装备制造业与金融融合发展路径之前有必要对这两种创新体制进行对比分析。

（1）举国创新体制。举国创新体制是指坚持国家利益为最高目标，以举

国之力研究某项世界前端领域或者国家级特别重大项目。举国创新体制的投入主要依赖大规模的财政投入和银行信贷资金。从历史上来看，“举国创新体制”在美苏冷战时期发挥了突出作用，也为人类技术进步做出了巨大的贡献。面临冷战时期的国防部门的技术需求，苏联和美国都采用了以政府部门为主导、动用大量行政指令进行科研计划和资源调拨的“举国创新体制”，以保证研发部门工作与该阶段国家历史使命相符，正如美国国防创新体系采用的“延伸管道”模式，联邦政府行动几乎贯穿了技术创新的各个阶段。政府主导型的创新模式有利于将资源配置到与政府意志相符的某些领域，通过行政指令和大量投入加速实现目标，但所付出的代价是组织效率的损失①。如果这些领域的技术进步对于国家整体利益是至关重要的（例如国防、基础设施、帮助“重振美国制造业”的先进制造领域），那么政府主导型的模式将是有效的。例如，联邦政府职能部门目前对 15 家研究所进行每年约 2. 25 亿美元的投资，如果考虑到经济效益之外的社会效益和战略意义，这种投入并不算多②。

（2）市场化创新体制。苏联作为 20 世纪“举国创新体制”的代表，其基础研究和与军事相关的应用研究领域的技术创新成就平分秋色，苏联甚至在航天航空、原子能等一些项目上表现出更强劲的竞争力。然而，当我们将视角转向民用产品创新时，苏联的发展却是十分迟缓的。科尔奈在《革新与活力——体制和技术创新的相互作用》一文中列举了 1917 年以来的 87 种与居民生活密切相关的具有革命性意义的创新产品，涉及计算机、信息、日用、健康、办公、交通、娱乐、商业等领域，其中 68 种产品是由美国企业推出的（87 种产品无一例外地由资本主义经济体的公司推出）。对此，科尔奈指出技术创新通常可以分为两个环节：第一个环节是创意和灵感的产生；第二个环节是将创意和灵感转化为创新产品，包括组织生产、技术扩散或再创新等。以苏联为代表的社会主义国家从来不是一个缺乏伟大创意和灵感的国家，他们在基础研发、军事领域的创新成就已经证明了这一点，因而在民用创新领域的迟滞并不是第一个环节出现了问题，而是第二个环节的运行受到了阻碍。

---

① Aghion, Philippe, and Jean Tirole. Formal and Real Authority in Organizations [M]. Journal of Political Economy, 1997, 105 (1): 1-29.

② 威廉姆·邦维利安，彼得·辛格. 先进制造：美国的新创新政策 [M]. 沈开艳，等，译. 上海：上海社会科学院出版社，2019.

2.3.3.3 装备制造业与金融融合发展的路径

装备制造业与金融融合发展的路径如图 2-5 所示。

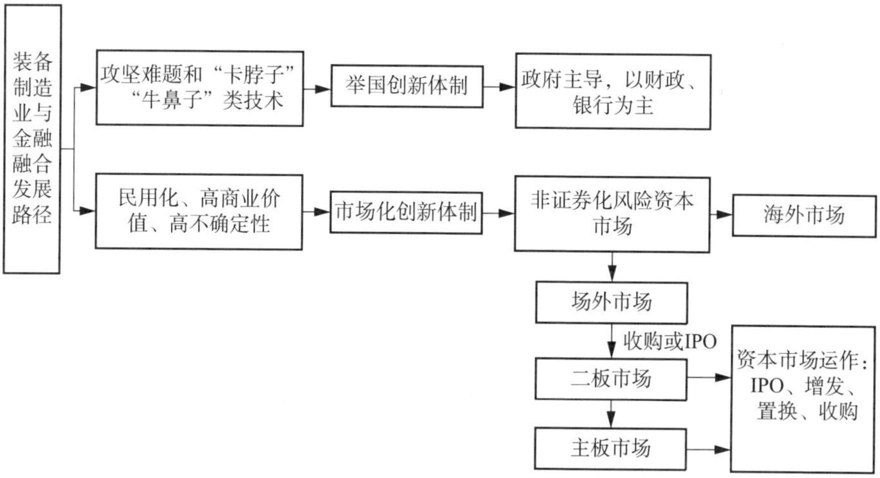

图 2-5 装备制造业与金融融合发展的路径

（1）举国创新体制下装备制造业与金融融合发展的路径——一个技术攻坚路径。

举国创新体制下装备制造业与金融融合发展的路径主要是加快推进新型基础设施和科技安全预警监测平台的建设与应用，全面提高政策投入运用以及承载能力。对于事关产业安全和基础建设的“卡脖子”技术，实施专项计划，精准对接，攻克难点。这一专项计划应满足下列要求①：

第一，更好发挥政府带头作用。一是政府应该引导财政科研体系的整合，改变不同部门之间独立、小规模分散的状态；二是应该建立专门的政策性科技银行，依据“风险共担、利益让渡”原则，不仅应该加强投资和政策风险补偿以尽可能带动商业资本的投资活力，而且应该保障两者的安全性和盈利能力，进一步为技术攻坚路径提供充分稳定的链条支撑。

第二，更好利用社会资本和资本市场优势，设立基金会、成果转化基金等，为企业、社会资金的投入提供窗口，不断吸引资金，并承诺所有投资者按协议规定分享收益；同时，制定专项计划，帮扶各产业的科技型企业进行

① 陈劲，朱子钦．关键核心技术“卡脖子”问题突破路径研究［J］．创新科技，2020，20（7）：1-8.

现代化升级，促进其中各重点产业的科技型企业上市，充分利用多层次资本市场融资发展。

（2）市场化创新体制下装备制造业与金融融合发展的路径——一个再创新路径。

第一，企业要想拥有核心竞争力，可通过科技成果商业化或者资本化的过程来实现。装备制造业以提升企业价值为目标，而科技成果转化是其实现目标的途径之一，装备制造业企业基于科技成果的价值在金融市场寻求资金支持，实现装备制造业企业与金融市场的首次融合，在这一过程中产业投资基金（包括创业投资基金、政府创新基金等）发挥了至关重要的作用①。

第二，在金融市场中介的支撑下，装备制造业企业逐步进入场外资本市场来实现产权的流动，并寻求具有更强实力的战略投资者，这可以看作装备制造业与金融市场的第二次融合。第二次融合相比第一次融合，资金投入力度更大，在这个过程中不仅实现了产权的交换，还吸引了更多实力更强的战略投资者，使得企业的实力不断提升，为进一步深入资本市场、走向二板或主板市场奠定基础。第二次融合也可以看作装备制造业进一步打入主板市场的培育阶段。

第三，在投资银行等金融中介的帮助下，企业实现股票的首次公开发行。首次公开发行后，企业可以根据自身条件进入二板或主板市场，这个阶段可以公开向公众募集资金，资金投入进一步加大，企业进一步将资金投入资本市场，运用增发、并购、资产置换等方式，实现企业业务的升级以及规模的扩大，让企业的科技成果进入资本市场流转，迅速在市场中转移扩散，最终提升企业的价值，为企业下一步的技术创新奠定基础。

以上每一次装备制造业与金融市场的融合都伴随着科技成果原始权益的稀释（要以剩余控制权的合理分配为前提）以及装备制造业企业股本的扩张，也使得科技成果的价值得以不断实现，科技产品不断被市场接纳和使用，企业价值不断增长，具有更大的空间对接市场进行再创新。

2.4 新发展格局下装备制造业与科技融合发展的逻辑

改革开放以来，中国凭借良好的国内外经济环境，在扩大对外开放中推动经济持续高速增长。但是，在 2008 年世界经济危机以后，国际经济发展环

① 杨刚．科技与金融结合的支撑体系研究［J］．工业技术经济，2005（8）：68-70.

境发生显著变化，习近平主席在2015年博鳌亚洲论坛上就明确指出国际形势当前的变化深刻而复杂，因此世界各国应顺应形势及时调整各自的发展战略，加快现代化进程，提升创新能力，转变传统经济发展模式，寻找新的动力源泉。此外，世界经济面临着巨大挑战，经济增长缓慢，存在很大的不确定性。尤其是自2020年新冠肺炎疫情暴发以来，经济低速增长，各国经济都受到重创，产业体系也面临分解的重大压力。受新冠肺炎疫情的影响，国际贸易数量减少，甚至多次出现双向中断的情况，各国间经济及政治风险不断加大，国际环境日益严峻。国际经济格局转变的同时，国内经济发展环境也发生了显著变化。在国内经济步入新常态的大背景下，我国面临的经济形势可以说是瞬息万变、难以预测，一方面要应对世界经济持续低迷且复杂严峻的局面，另一方面要应对我国经济增长"三期叠加"的状况①。在此背景下，2020年5月14日，习近平总书记提出，想要应对当前复杂的国际和国内形势，我们必须不断深化供给侧结构性改革，不仅要极大程度发挥我国的内需潜力，还要推动国家间的互相合作，构建双循环新发展格局。② 面对中国经济向高质量阶段发展过程中出现的一系列矛盾和问题，以习近平同志为核心的党中央高度重视，因此根据变幻莫测的环境和当前发展状况，并联系我国自身特点，提出了最新判断，制定了强国战略，以促进我国经济竞争力的全面提升，最终实现中华民族的伟大复兴。

增强国家经济竞争力，关键在于怎样提升自主创新能力，尤其是在核心技术方面，我们必须要实现自主创造和自我突破。这不仅能有效促进我国产业结构转型升级，进一步拉动内需，推动国内大循环，也能使我国在国际上不受发达国家技术上的限制，增强我国的国际竞争力，进一步推动新发展格局的形成。近些年，中美两国全球竞争战略格局不断转变，科技竞争方面的新战略格局显示，美国仍然在不断遏制中国全面转型升级，不仅对中国一些重要战略性新兴产业的供应链、创新链、产业链进行了全面封锁与遏制，还对部分核心关键技术列出负面清单，通过两国的贸易往来加以限制，因此我国近年来在关键核心技术上的"卡脖子"问题越来越严重。这反映出我国创新方面仍处于大而不强的状态，特别是部分关键产业在发展过程中的核心技术受人限制。通过不断进行实践，我们得知，国家要在生产和未

① 习近平．在中央经济工作会议上的讲话［Z］．2013-12-10.
② 习近平．在中共中央政治局常务委员会会议上的讲话［Z］．2020-05-14.

来发展上取得突破性进展，就必须自己掌握核心技术，实现技术的创新和发展，也只有这样才能有效地保障我们国家的安全①，发挥技术在生产中的引领作用，把握当前的发展机遇，顺应历史趋势快速发展，使我国成为世界上的科技强国。因此，在新发展战略与新发展格局要求下，优化制造业科技创新的体制机制，实现装备制造业与科技创新的融合发展，构建国内国际双循环格局下的供应链、产业链、创新链与价值链，培养创新型企业和能够跻身世界一流的企业，成为我国实现高质量发展这一目标的关键任务。

如图 2-6 所示，本章将从新发展格局下装备制造业与科技融合发展的实质、方向、支撑和目的四个方面阐述其理论逻辑，以期为后文构建装备制造业与科技融合发展战略和提出实施建议提供基础。

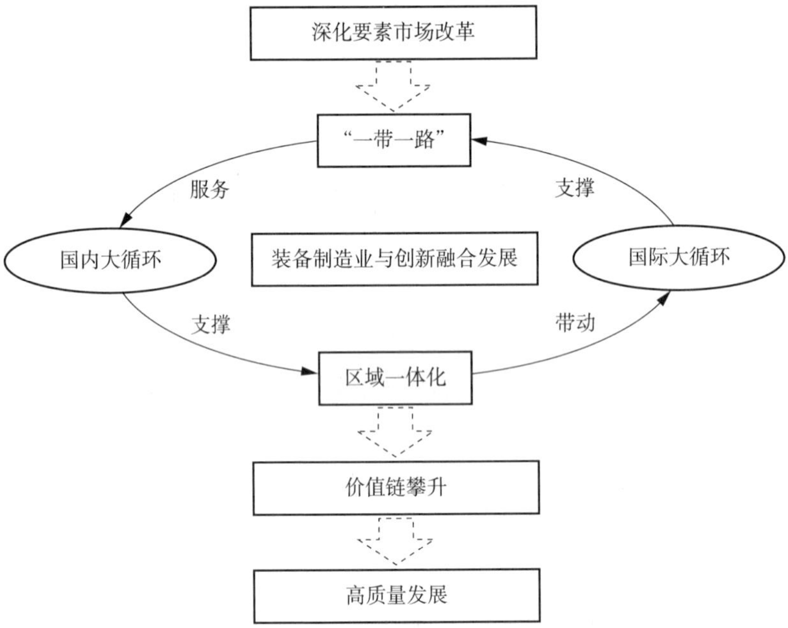

图 2-6　新发展格局下装备制造业与科技融合发展的理论逻辑

2.4.1　新发展格局下装备制造业与科技融合发展的实质是价值链攀升

20 世纪 90 年代后，伴随经济全球化的不断深化，国际分工也出现了新的模式，这种新的模式被称为产品内分工。新模式下的生产主要是将产品生产

① 习近平．在两院院士大会上的讲话［Z］．2018-06-25.

根据空间进行分散，因此这种模式下形成的生产链与体系是跨区域的形式，这是它与以往分工最大的不同之处①。产业链条的工序被分割成许多“块”，在生产过程中每个“块”先进行生产，之后将生产出来的“块”组合在一起，最终实现产品的生产。这一生产过程为模块化生产，产品从生产到营销整个过程呈现为“U”形，也即“微笑曲线”。如图 2-7 所示，“微笑曲线”与产品生产和营销价值链的每个环节都紧密联系，“微笑曲线”的左右两端是某种产品附加值最高的区域，即通常所说的研发环节与销售环节，曲线的中间部分是曲线的最低点，也就是产品的生产制造（或加工组装）环节，这部分区域的附加值最低。在“微笑曲线”中我们可以看到，一个国家在生产中的竞争优势体现在价值链的整个过程，想要提升我国产品的竞争优势，不能只是重视某个或某部分环节，而应该重视从生产到销售的每个环节。

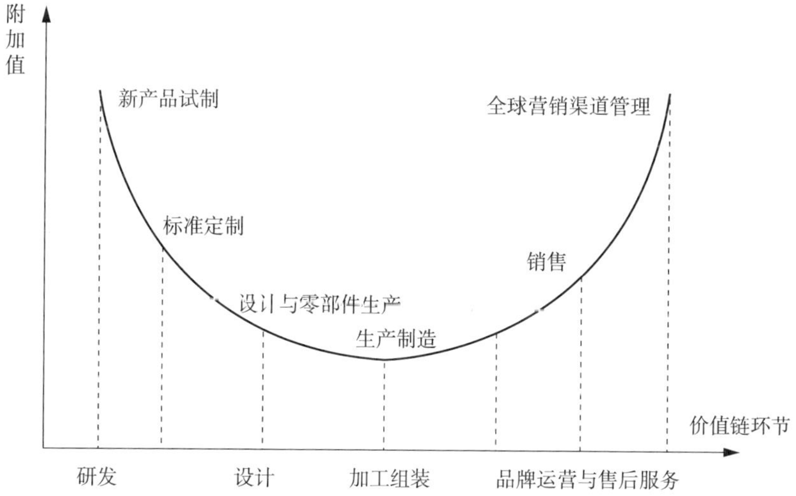

图 2-7 微笑曲线

中国自 2001 年加入 WTO 之后，逐渐融入了全球一体化的发展中，并依靠“人口红利”带来的低廉劳动力价格在全球价值链分工中获得了一席之地，实现了经济高速发展。但在传统增长模式下，我国工业发展中高端制造业占比较低，工业经济的劳动密集型特征明显，总是处于“微笑曲线”的低点，这意味着我们总是在进行产品的生产制造，达不到附加值的高点，无法在研

① 金碚．牢牢把握发展实体经济这一坚实基础［J］．求是，2012（7）：24-26.

发和销售环节取得突破性的进展①。实际上，这种传统增长模式之所以能释放出如此大的能量，是由中国当时的禀赋结构和比较优势所决定的。当时的中国仍然是一个落后的农业国，经济积累有限，而劳动力相对富余，通过承担价值链的中间部分，一方面，可以通过对技术的引进、消化和吸收来实现创新，规避了技术研发带来的风险和成本；另一方面，依靠低廉的劳动力成本，“中国制造”在全球竞争中获得优势。

虽然在发展初期传统的经济增长模式具有一定优势，但随着经济发展水平不断提高，传统经济增长模式的弊端也逐渐暴露。第一，由于近些年来我国资源环境压力不断加大，劳动力成本也急速上升，传统的“中国制造”所具有的低成本优势逐渐消失。出口加工贸易产业逐渐由我国的东南沿海地区转移到了生产成本更低的东南亚国家。尤其近几年，许多发达国家逐渐吸引制造产业回国，因此我国工业发展面临着日益激烈的国际竞争。第二，传统增长模式过于注重数量而忽略了质量，尤其是技术进步长期依赖技术引进，容易形成技术进步的“路径依赖”，不利于自主创新的发展。尤其近年来，国际形势波谲云诡、保护主义抬头、逆全球化趋势加剧，关键核心技术的“卡脖子”问题不断凸显，极大地制约了我国国际竞争力的提升。第三，加工制造无法满足居民日益增长的需求，阻碍国内大循环的构建。当前国内消费需求疲软导致“下行”风险，一方面是消费者的“有效需求”得不到满足，另一方面是生产制造的“无效供给”得不到消化。尤其是我国部分产业的生产产能过剩，国内市场出现了严重的供需不匹配，而且许多产业在生产过程中所必需的技术和装备还高度依赖于从发达国家进口，没有将庞大的国内市场优势完全掌握在自己手中，随时面临被部分发达国家制约的风险。②

对此，习近平总书记在 2014 年就指出，我国经济总量一直居于世界前列。但与此同时，我们必须要看到我国经济目前仍存在的一些问题。经济发展的规模很大，有很强的市场优势，但规模不强；经济发展速度很快，但质量不优。因此我们必须转变粗放型发展方式，不能仅通过资源等要素推动，实现经济增长。立足于中国成为发达国家的长远目标，资源消耗型生产方式是行不通的，我们要在科技创新上下功夫，加快发展方式和发展战略的转变，

① 中共中央文献研究室．习近平关于科技创新论述摘编［M］．北京：中央文献出版社，2016.

② 中共中央宣传部．习近平总书记系列重要讲话读本（2016 年版）［M］．北京：学习出版社，人民出版社，2016.

不转变就不能发展，实现发展依靠创新驱动、发展促进创新驱动①。

2.4.2 新发展格局下装备制造业与科技融合发展的方向是深化要素市场改革

装备制造业与科技融合发展的关键制约因素就是要素配置效率低下，即有创新意愿和能力的部门未能得到充分的要素供给支持，而那些创新意愿不强能力不足的部门却被配置了绝大部分的要素资源。尤其是在新发展格局下，要素市场化改革对于装备制造业与科技融合发展的意义更加明确。双循环发展格局就是要打通循环的阻点，也就是要促使各种要素以更高效率进行流动和配置，消除阻碍市场要素自由流动和高效配置的各种体制障碍。因此，深化要素市场改革，充分发挥市场在要素配置中的主导地位，是新发展格局下装备制造业与科技融合发展的方向。

当前装备制造业与科技融合发展中要素流动的阻点主要出现在两个方面：第一，横向的要素配置。部分行业领域存在严重的价格歧视，使得市场上出现了人为因素干扰，从而形成了要素流动的障碍，严重阻碍了要素价格均等化；另外，要素的配置还未实现市场化，一些生产效率、创新效率较低的企业没有良好的市场退出机制，依靠持续的信贷“输血”不仅破坏了市场竞争环境，而且“拖累”了生产效率、创新效率相对较高的企业。第二，纵向的技术要素转移。主要表现在科技成果转化效率上，这在上文中已经进行了大量论述，由于不具有良好的产权界定机制等，科技成果转化效率低下，大量科技成果停留在专利、论文的层面，无法真正促进社会生产力的提高。通过实现要素配置市场化，可以有效地消除要素价格的扭曲，通过市场机制高效配置资源，打通要素流动的壁垒，释放低效产能占用的要素资源，畅通要素循环通道，促进装备制造业与科技融合发展。

从操作层面来说，深化要素市场改革是新发展格局下装备制造业与科技融合发展的必然选择。新发展格局下装备制造业与科技融合发展的战略意图主要可以分成两个方面：一方面，消费结构升级。目前居民生活水平不断提高，消费需求不断扩大，但仍需要注重消费结构的优化。另一方面，供给侧结构性改革。构建高效的产业发展模式、更加完善的产业链，形成对经济的持续推动。但是，就目前的现实情况而言，受疫情的冲击和国际形势的影响，

---

① 中共中央文献研究室．习近平关于科技创新论述摘编［M］．北京：中央文献出版社，2016.

我国整体经济增速有所放缓，国民收入也相对下降，在这种情况下，需求端很难在短时间内形成较强的牵引力；另外，我国的商品市场已经相当成熟，绝大部分商品和服务价格都是由市场决定的，因此商品市场端能够释放的市场潜力也十分有限。而反观供给侧，首先，由于我国要素市场发展相对滞后，因此其有很大的发展空间，如果实现要素配置市场化改革能够使其在一定的时间段内持续发挥较大作用；其次，通过要素配置市场化改革，很大程度上能够提高要素配置的效率，有利于降低企业获取生产要素的成本，提高企业的生存能力；最后，要素配置市场化能够畅通要素的流通渠道，有助于实现要素的跨区域以及跨行业流动，有助于引进和留住外资，这些对于我国的创新体制机制的完善和优化都有利。因此从操作层面来讲，要素配置市场化机制是新发展格局下装备制造业和科技融合发展的方向。

2.4.3 新发展格局下装备制造业与科技融合发展的支撑是“一带一路”和区域一体化

2.4.3.1 “一带一路”支撑装备制造业与科技融合发展的国际大循环，最终服务于国内大循环

构建双循环新发展格局并不意味着我们要采取自我封闭的方式来发展，而是要在新的更高水平的对外开放下，形成相互促进的双循环新发展格局。习近平总书记在2013年提出了“一带一路”倡议，这一倡议的特点就是使沿线各国互相促进、共同发展，那时就隐约可见双循环新格局的端倪。“一带一路”主要形成了两个产品环流，由于最早由中国提出，所以这两个环流中中国都占据着重要的地位。一个是以出口最终产品、进口原材料和初级产品为特征，在中国与发展中国家之间形成的产品环流；另一个是以出口初级和中间产品、进口最终产品为特征，在中国与发达经济体之间形成的产品环流。在疫情冲击下，一系列产品环流都面临着新的变化，因此想要构建高水平开放下的双循环新格局，必须要将“一带一路”作为重要支撑点。作为推动力，“一带一路”既能促进国家间商贸往来和国际技术交流与合作，让大家更紧密、更积极地参与到国际市场中，亦能在此过程中激发各国市场竞争活力，从而进一步促进国内产业结构升级，促进技术、制度以及管理创新，最终服务于双循环。

新发展格局下的“一带一路”，应注重解决发展内外联动问题，与以往各国间的产业转移有所区别。之前的大多数产业转移，接受产业转移的地区是

发展中国家，因此在全球范围内形成了发达国家占主要和主动地位的格局，这种过程本身就会潜移默化地使得国家间的发展差距变大，发达国家转移产业后也有充分的资源和空间去发展更高端的产业；“一带一路”建设则不同，其是由我国倡议推动的，以广大发展中国家的发展为前提，基于沿线国家资源和要素的相对优势，互相促进，共同发展。一方面，能够将部分产业有效转接，转变为生产力，推动国内产业结构的优化升级，从而实现国内企业的竞争力的提升。另一方面，也能满足“一带一路”沿线各国市场发展的需求，促进相关产业的资源开发和投资，进一步完善沿线各国的产业链，有助于产业体系优化升级，通过产业的发展提升国家经济发展水平；同时通过改善就业状况提高沿线各国居民收入，增强人民幸福感，提升人民生活质量。因此，“一带一路”通过实现共商共建共享，打造文化包容、政治互信、经济融合的命运共同体、利益共同体和责任共同体，实现中国与国际经济优势互补，使国内循环带动国际循环，再通过国际循环优化国内循环，构建新型互利互惠的双循环格局。

2.4.3.2 区域一体化支撑装备制造业与科技融合发展的国内大循环，带动国际大循环

由于国内外经济下行压力增大，为了应对这种局面，针对社会发展的一系列问题，党中央设立了各种经济“试验田”，如京津冀一体化、长三角一体化、粤港澳大湾区、关中城市群、西咸一体化等，意图通过这些区域协调发展，构筑区域增长极，实现技术溢出，增强区域整体创新能力，为中国经济崛起寻找新的突破口。知识和技术具有极高的资产专用性与交易不确定性，因此在交易过程中存在高额的交易成本，成为阻碍创新能力的重要因素。而且当城市群一体化的程度不断加深时，位于核心地位的城市能够发挥集聚优势，与此同时，还能促进整个城市群的知识溢出，从而提升创新效率。一体化下的市场体系还能够促进区域间技术知识和产品的传播，发挥技术的正向溢出效应。具体来说，一是通过合作研发实现创新知识技术外溢，即地方企业为降低研发成本和风险，以合作方式交换异质性知识，在提高创新效率的同时实现技术传播与扩散；二是通过在区域间进行技术交易来实现技术溢出，即技术落后企业通过购进先进的技术来提高生产效率，实现先进技术的扩散，同时对现有技术商品进行模仿和创新，充分吸收外溢知识技术，缩短产品研发周期，推动创新；三是通过科研人员正式和非正式交流，实现前沿知识、

技术交流和共享，加快科学技术传播速度。由此可见，可通过科学知识与技术的溢出效应，促进区域创新能力提升。区域一体化通过技术溢出促进区域整体生产能力和创新能力提升，有利于国内大循环的构建，同时，资本收益率的提高也有利于吸引外资进入，形成广泛的国际合作和交流，提升国际价值链分工地位，带动国际大循环。

2.4.4 新发展格局下装备制造业与科技融合发展的目的是高质量发展

在当前产业结构转型升级的背景下，任何产业的发展都离不开科技的创新，装备制造业也不例外。通过这一方式实现高质量发展，离不开新发展理念的贯彻，新发展理念又离不开相应机制和途径的配合。我国经济虽然保持了40年的高速增长，但是，这种增长更多地依赖于要素的投入，随着经济改革的不断推进，这种增长模式面临着多重挑战，尤其突出的是“经济增长速度换挡”和“发展方式转变”的问题。可以说，“两个一百年”尤其是第二个“一百年”任务的实现，目前走到了一个“瓶颈突破期”，需要我们转变发展理念，在新发展格局下推进装备制造业与科技融合发展，最终实现高质量发展。

有发展理念的引导才能有进一步的实践行动，发展理念是发展的着力点，决定了发展思路和发展方向。早在2014年，我国经济发展就进入新常态，出现了新变化，通过这些变化向我们展现了在当今国际形势下我国面临的新的历史性机遇和挑战。习近平总书记曾在讲话中明确指出，自我国经济发展进入新常态以来，经济增长在各方面都有了突破性的转变，这些转变一步步引导着经济增长达到新的高度和水平。经济增长不再是原来的持续高速增长状态，而是逐步转变为中高速增长状态；经济结构也逐步调整为保持存量、优化增量并行；经济增长方式和经济发展动力也在不断转变。这些经济方面发生的变化，都是发展进程中的客观现象，也是必然过程。因此，保持新常态、引领新发展是我国要长期坚持的事情，也是我国经济目前和以后发展的主要逻辑。

为了适应这一逻辑，我们必须要确立新发展理念，在新发展理念的引领下进行发展实践。但同时也要认识到，发展是不断变化的，因此我们所确立的发展理念需要顺应时局的变化而不断改变。党的十八届五中全会提出了创新、协调、绿色、开放、共享的新发展理念。新发展理念的产生是我们结合当今复杂多变的国际形势，总结国内外的诸多发展经验教训得出的，是通过深入分析我国目前在发展过程中所遇到的问题提出的。因此新发展理念从多个角度入手，依次解决我国当前发展阶段面临的不同问题，是一个密切联系的整体。其中，居于首位的创新体现了在高质量发展过程中，实现装备制造业与创新融合发展的重大意义。

3 装备制造业与科技融合的国内外经验与模式研究

3.1 装备制造业与科技融合的国外经验与模式研究

3.1.1 发达国家装备制造业与科技融合的运营模式

（1）德国模式。当前“德国制造”闻名全球，其象征着高品质产品。其实德国一开始的技术是模仿英国，在经历了上百年的技术创新和工业革命的洗礼后，德国技术完成了从数量到品质的演进。与美国相比，德国研发强度、国内研究人员密度以及研发投入均处于领先地位，面对金融危机时，德国选择加大研发支出的形式来应对。德国装备制造业与科技融合的运营模式可以归纳为多样化的技术创新合作模式和加大对装备制造业的研发投入以保持技术领先。

第一，德国制造业技术创新的合作模式多种多样。德国政府鼓励校企合作，二者共同参与高科技领域的研究，并促进科技成果的转化。德国大型制造企业通常会根据企业的大小设置研究与发展中心，目的是更好地与中小企业进行合作，这种研究中心通常具有规模大、设备全、技术先进的特征，不仅可以为中小企业提供研发便利，还可以帮助它们搭建融资申请渠道。这种做法不仅拓宽了企业的技术来源渠道，还提升了中小企业研发的积极性，整个市场的研发积极性也会相应提升，此外德国还倡导了创新聚集带的建设来提升合作模式的有效性。1995 年，德国为了使得创新集群中的各种企业实现高效的互动出台了一系列的支持政策，让企业相互之间取长补短从而实现合作创新，“德国尖端集群项目”便是德国发起的最重要的产业发展项目之一。

第二，德国在装备制造业上研发投入很大。光电、机械、运输设备是德国的支柱产业，这三大产业在世界上都有巨大的影响力。德国是当前世界上公认的汽车制造强国，国家十分重视运输设备的发展。数据显示，德国对运输设备的 R&D 投入位列第一，近年来几乎达到总 R&D 投入的 1/2。另外，德国也是世界领先的机械设备出口国。德国政府高度重视装备制造业的技术发展，通过大力的研发投入保持其产品的竞争力，占领全球高端产业链。

（2）美国模式。美国作为创新强国十分重视原始创新和前沿技术的发展，其在装备制造业领域也一直处于国际领先地位，美国也因此被公认为“世界上最具创新精神的国家”。在装备制造业的发展与实践中，保持研究和技术的领先对美国制造业的成功起到了重要作用。美国装备制造业与科技融合的运营模式可以归纳为重视基础研究的投入和“官产学研”的联合创新。

第一，美国对基础研究的投入在全世界遥遥领先。在科技研发投资中，美国十分重视对基础研究的投入，它的基础研究支出占国内研发支出总额的百分比远远高于其他国家。基础研究是美国科技研发政策的核心内容，美国在基础研究方面的投入与产出均居世界首位。基础研究是一种实验与理论结合的工作，也是科技创新的源头，没有基础研究就不会有科技研发后续的应用。美国在基础研究领域的投入处于领先地位，它的投资方包括政府、企业、高校和其他非营利组织，相比之下我国的基础研究经费大多数都来自中央，地方政府和其他组织很少投资基础研究。

第二，美国联邦政府于2012年提出国家制造创新网络计划，致力于提升美国制造业的技术创新水平，实现制造业高精尖技术研发。美国政府的具体做法是在三螺旋理论指导下建立创新网络，使得政府、企业、大学以及科研机构等多方资源可以共同发挥作用，形成一个开放高效的创新合作平台。这项创新网络计划的目标是推动先进制造技术产业化，向生产力转化，促使新的制造技术能够从基础研究过渡到制造应用，截至2012年，美国政府共建立了14家机构。创新网络计划成为美国装备制造业技术升级的核心，美国通过持续研发自主创新前沿技术，引领装备制造业发展，占领全球装备制造业技术的制高点。

（3）日本模式。日本装备制造业的发展本质是不停地进行技术改造，日本的技术创新模式不是一成不变的，在发展过程中包括很多种技术创新模式的交叉利用，这种做法直接影响着日本装备制造业的发展和经济的增长。在模仿时日本的做法是将美国的先进技术结合本国特征进行本土化，在此基础上加入本国的核心附加值。目前，日本的很多关键制造技术也被其他国家效仿，总体上日本是通过模仿加创新在技术追赶基础上获得了成功。日本装备制造业与科技融合的运营模式可以归纳为模仿加创新的技术创新模式。

第一，日本技术创新模式具有渐进性、持续性、增量性的特点，例如，日本在增量性技术创新模式的基础上发明了“逆向工程”。日本通过“逆向工程”对新技术产品的结构进行分解，然后通过学习和创新研发制造出全新的产品。重点是日本生产出的新产品与其模仿的产品并没有完全保持一致，其效果优于原产品，因此“逆向工程”中其实包含着很多技术创新的影子。日本在发展前期虽然是以模仿为主，但却在模仿的基础上进行了改良设计。模仿创新不仅降低了自主研发的风险，而且缩短了研发的周期和成本，因此日本整个国家的科技实力得以大大提升。

第二，日本制造具有非常大的优点——“工匠精神”，它们以精湛的工艺把工业产品的质量做到最优。近几年随着中国制造逐渐强大，“高铁”已经成为中国制造的名片，但中国高铁的零部件——螺丝钉却产自日本。虽然螺丝钉这种细小的零部件看起来微不足道，但影响却很大，因为高铁在高速行驶过程中不断与铁轨摩擦，产生极大的震动，如果螺丝钉在强震动下松动就会威胁乘客的生命安全。世界上生产螺丝钉的企业不胜枚举，但是日本的厂商哈德洛克（Hard-Lock）最先做到螺丝钉永不松动。螺丝钉看似简单，但要做到永不松动需要非常精细的工艺。哈德洛克可以将螺丝钉的公差控制在0.06毫米以内，因此全球的铁路系统都优先选择日本的螺丝钉，日本人一丝不苟、专注认真，他们制造的小小螺丝钉就蕴含了“工匠精神”。

3.1.2 发达国家装备制造业与科技融合的政策选择

（1）德国为促进装备制造业与科技融合实施的政策。

第一，鼓励科技创新、产学结合。德国通过研发资金资助等方式支持企业创新，同时建立大量科技园和技术孵化中心等支持政、用、产、学、研五界的技术创新合作与产业转化。从事基础研究的基本力量都集中在大学，德国政府非常重视基础研究领域的投入，为了提升公立大学比重，对大部分高等学校进行拨款。除此之外，德国政府还向国立科学院、研究所、各种学术团体和学会提供科研资金。

第二，坚持科技立国和以人为本。德国始终坚持“科技立国”和“人才立国”政策，十分重视工程师和技术工人的收入水平和社会地位。例如德国较早建立了完善的社会保障立法体系，包括《疾病社会保险法》《老年和残疾社会保险法》和《雇员保险法》等，有利于制造业的稳定发展。

（2）美国为促进装备制造业与科技融合实施的政策。

第一，政府鼓励产学研相结合来推动技术的研发。美国鼓励在充分市场竞争条件下推动校企合作，通过鼓励产学研合作的方式来推动技术的研发。2011 年，美国推出了由政府负责“买单”，由道氏化学公司和麻省理工学院共同领导实施的“高端制造合作伙伴”（AMP）计划，初期投入 5 亿美元。这一计划作为“官产学”联合攻关项目，对于美国发展高端制造业，并以此保持制造业世界创新的发动机地位意义重大。同时，美国制定重大专项计划推动产学研对关键技术的联合攻关。由于美国政府的强力支持，美国装备制造业的发展集聚了高额的研发资金和大批的高科技人才，产生了提升产业竞争力的持续效应。

第二，通过定期减免所得税、设置低税率等方式，对装备制造业实行税收优惠。通过定期减免所得税、设置低税率、加速折旧、费用扣除、亏损结转、提取科研开发准备金等方式，对本国装备制造业实行税收优惠，有效推动了装备制造业的崛起。给予制造业税收优惠，在短期内有效缓解了企业发展的成本问题，从而推动了企业的快速发展。1978 年美国实施降低税率政策，特别是 1981 年《经济复兴法》的颁布实施，将税率进一步降到了 20%。到 20 世纪 80 年代以后，美国的机器制造业发展异常迅速，从而带动了其他各个部门的机械化。联邦政府通过税收优惠方式支持企业进行技术投资，比如将“科研抵税法”实施年限延长、对小企业技术投资减半征税、采用加速折旧法等，减少了企业应缴税收，降低了企业运营成本。

（3）日本为促进装备制造业与科技融合实施的政策。

第一，政府实施财政投资政策推动本国装备制造业技术革新和跨国经营。20 世纪 70 年代后期以来，为推动本国技术发展，政府在预算中拨付大量资金给予由国内 5 家最大的半导体制造商组成的科研机构，政府负担了总预算的 22%。政府为企业提供的直接研发补贴和委托研发拨款，对于以技术立国为理念、赶超制造业先进国家为目标的日本来说意义重大。据统计，20 世纪 80 年代，日本政府为高技术产品研制提供的拨款已经占到日本全年研发费用的 40%。这一高比例的投入，对于日本装备制造业进入世界前列起到重要推动作用。实践证明，日本政府的财政资金投入得到了良好的市场反馈。为了推动本国装备制造业发展壮大，政府采取补贴拨款政策或者优惠的政府贷款政策，实践证明，这种及时有效的政府财政投资政策在企业困难时期能够起到良好的效果。日本非常重视提高本国汽车产业的技术水平和内在素质，通过采取强有力的财政金融政策，使汽车产业迅速发展起来。20 世纪 70 年代，日本在为机械信息产业立法的同时，对国家给予企业相应的补贴等措施加以规定，这项规定为企业的发展提供了大量的资金。近年来，日本支持企业采取分路包抄、循序渐进的模式占领国际市场，比如采用合资的方式进军海外，逐步渗透，最终完成收购目标。

第二，通过设立相关的法律法规，确保政策的顺利实施。严格的法律规范对于确保执行相关政策和体现政府财政政策效果意义重大。日本通过设立相关的法律法规，确保财政政策的顺利实施。鼓励技术引进的法律明文规定，禁止引进国内已有的技术和没有发展前途的技术，同时，法律规定对于通过企业研发的技术产品代替进口的，给予政府补贴一半费用的财政政策优惠。在20世纪50年代中期的制造业崛起阶段，先后出台了《石油化学工业扶持政策》《机械工业临时措施法》和《电子工业临时措施法》。这三项法律将基础技术作为政府扶植重点，一度被认为是日本创造奇迹的政策基石。特别是后两项法规，依据规定，由日本开发银行和中小企业金融公库对部分机械产品提供特别贷款，这为装备制造业发展提供了重要的法律保障。日本在人才政策方面的法律规范也比较丰富，1958年就有了《职业训练法》，有效地促进了企业职工技术水平的提高和综合素质的养成。

3.1.3 发达国家装备制造业与科技融合的经验借鉴

（1）德国经验。德国发展装备制造业值得借鉴的经验包括以下三个方面：第一，连贯的政府产业政策。德国历届政府更迭并没有影响其产业政策的连贯性，它们通过制定《国家高技术战略》对先进技术发展进行中长期规划。第二，在高等教育方面，德国采用独特的双元职业教育体系，推动企业与职业学校联合实践教学。第三，严格的质量标准体系。德国有关部门制定了严格的行业标准、质量认证和监督制度，目前大部分为欧洲其他国家所采用。

（2）美国经验。美国发展装备制造业值得借鉴的经验包括以下两个方面：第一，鼓励科技创新。美国政府为了促进新产品制造推行了一系列政策，以公私合作的形式促进工艺的创新。第二，鼓励装备制造企业出口。为加快装备制造业出口，美国推出国家出口战略，为制造业企业提供全球市场信息服务、融资便利，消除海外贸易壁垒。

（3）日本经验。日本发展装备制造业值得借鉴的经验包括以下三个方面：第一，着力建设和培育创新生态系统。日本有比较成熟完善的市场体系、信用体系、专业的服务体系，以及完善的风险投资机制、猎头公司和资本市场。第二，日本高度重视装备制造这一基础领域。基础能力是生产复杂高端产品的主要支撑。第三，日本政府和行业协会通过组建多层次技术联盟、建立共享数据库等方式消除技术壁垒，鼓励科研设施和技术信息联盟共享。

3.2 装备制造业与科技融合的国内经验与模式研究

3.2.1 中国装备制造业的格局与特征

（1）中国装备制造业的产业链价值特征与空间分布。

企业价值链主要由基本活动和辅助活动两部分构成：基本活动包括进料、生产、销售、物流、售后等一系列有序的活动。辅助活动包括采购、人力资源、技术开发、基础设施建设等。这些活动密切联系、相互影响，每个环节都消耗一定的资源，并不同程度地实现增值，直到最终产品到达客户手中，共同构成企业的价值链。

1）中国装备制造业的产业链价值特征。

第一，中国装备制造业正在从产品升级向功能升级转变。

全球价值链升级的过程具有分层的特征，一般要经历四个阶段：流程升级→产品升级→功能升级→链条升级。我国装备制造业处于结构化、系统化发展阶段，技术发展水平逐步提高，技术创新能力不断增强；装备制造业创新活动走向标准化，公司内部装备有专门从事技术创新活动的部门和研发机构。中国装备制造业已开始围绕自主品牌进行价值链重组，具备进一步的生产工艺创新和产品创新能力，拥有一定的核心技术和自主品牌，并开始转向功能升级阶段。

第二，技术开发和采购对中国至关重要。

技术开发和采购虽然属于辅助环节，但在中国装备制造业价值实现和价值链升级中发挥着非常重要的作用。装备制造业的产品和加工工艺高度复杂，整机开发周期长，开发成本高，风险大，是典型的供应商驱动的价值链。大多数产品需要多个相关行业和企业的合作才能完成，尤其是涉及那些技术难度高、接口复杂、子系统多的大型成套设备的产品。装备企业的竞争力取决于其研发和生产能力、制造能力，以及技术和知识等能力。此外，由于发展中国家起步较晚，与发达国家相比，许多配套企业还未真正发展起来，许多重要零部件仍需进口。经过长期的发展，发达国家在国内已经形成了完善的配套网络结构。因此，发展中国家的装备制造企业在采购上受到国内发展水平的制约，难以在这一环节实现附加值最大化。

2）中国装备制造业的空间分布。

国内装备制造业主要分布在长三角、环渤海、珠三角、东北地区和中西部地区。其中，环渤海和长三角是装备制造业发展的核心圈，东北地区和珠三角是支撑的两翼，中西部地区是重要的补充发展基地。长三角地区是国内重要的高端装备制造开发生产基地。其中，上海是国内民航装备研发制造的重点基地，江苏拥有发达的船舶装备产业。在环渤海地区，北京是国家航空、卫星、床具等产业研发中心，辽宁、山东、河北拥有海洋工程装备、床具、轨道交通装备产业集群。珠三角地区是智能机器人、海洋工程和航空服务产业的研发生产基地，产业主要分布于深圳、佛山、珠海、东莞等以广州为中心的城市。东北地区是中国传统的老工业基地，湘中和山西是我国轨道交通装备在中西部地区的重要制造基地，四川、重庆、陕西、贵州、云南逐步形成航空、卫星、轨道交通装备和机床产业集群。

（2）关中地区装备制造业的产业链价值特征与空间分布。

1）关中地区装备制造业的产业链价值特征。

关中地区装备制造业处于价值链的低端环节。其装备制造业以加工生产参与到全球竞争当中，但大多数行业只能从事全球价值链分工体系中的加工、组装、简单制造等技术含量低、附加值低、位于“微笑曲线”底部的生产活动，这导致产业长期游离于研发、设计、品牌等战略性环节之外，科技资源也逐渐流失至发达地区，处于“微笑曲线”底端的生产模式导致其行业发展“利润少，品牌弱”。创新链与价值链联系紧密，关中地区装备制造业价值链“低端锁定”，科技创新链也困难重重，二者没有建立良好的驱动转化关系，更加阻碍装备制造业核心竞争力的形成。

2）关中地区装备制造业的空间分布。

陕西省关中地区（包括西安、宝鸡、咸阳、渭南、铜川五市及杨凌示范区）是装备制造业的主要聚集地。目前陕西有10个主要产业集群。除汉中数控机床产业集群和陕北能源化工装备产业集群外，其余产业集群均位于关中地区。关中地区在航空航天、机床加工、汽车、输配电、石油化工、煤炭、冶金、重型装备等方面优势明显，逐步形成了一大批具有核心竞争力的大型企业集团。关中地区作为装备制造业的集聚地，与其他发达地区相比，具有以下两大优势：一是关中地区是新亚欧大陆桥、中国—中亚—西亚、中蒙俄三大“一带一路”国际经济合作走廊的重要节点，为发展提供了更好的外部环境。二是关中地区创新资源丰富。科教综合实力居全国前列，拥有高等学校 80 多所，国家和省级重点科研院所 100 多个，科技创新人才超过 100 万人。

（3）区域特征与价值链关联分析。

1）中国装备制造业发展特征

第一，整体规模稳步扩大，但发展质量不高。我国在装备制造业领域取得了巨大的突破。例如，我国已经建立起完整的装备制造业产业体系，其产业链条也正在完善，多种装备制造业产品产量位居世界第一。但与发达国家相比，我国装备制造业整体发展质量有待提升。

第二，企业竞争力不断增强，但发展效益不高。近年来，我国出现了一批具有国际竞争力的装备制造业龙头企业。例如，振华重工的港口设备占全球市场份额 4/5 以上；特变电工已进入美国、印度等 60 多个国家和地区市场。但中国装备制造业近年来经济效益正加速下滑。

第三，高端装备制造业表现突出，但部分产业发展进度放缓。高端装备制造业立足于高质量发展需求，构建了创新、产业、政策协同发展的生态体系，发展态势较好，但部分传统装备制造业发展较为缓慢。

2）中国装备制造业的价值链关联分析

国民经济部门之间一般都存在着技术经济关联，我国装备制造业与国民经济其他部门也存在着较强的产业关联，而产业间的关联机制是推动我国国民经济增长和相关产业升级的重要力量，因此优化产业关联是推动我国产业转型升级的重中之重。利用投入产出表分析产业关联度的指标主要为影响力系数①和感应度系数②。产业关联度通常意义是指一个产业的前向和后向关联，具体体现在其影响力系数和感应度系数两个方面。基于 2002 年、2005 年、2007 年、2010 年、2012 年和 2015 年中国投入产出表数据，通过影响力系数和感应度系数的计算方法进行测算，得到的结果如表 3-1 所示。

① 影响力系数反映国民经济某一部门增加一单位最终使用时，对国民经济各部门的生产需求波及程度。

② 感应度系数反映国民经济各部门增加一单位最终使用时，某部门的需求感应程度，体现了一个产业受其他产业的波及程度。

表 3-1　我国装备制造业影响力系数与感应度系数

装备制造业细分行业	影响力系数						感应度系数					
	2002 年	2005 年	2007 年	2010 年	2012 年	2015 年	2002 年	2005 年	2007 年	2010 年	2012 年	2015 年
金属制品	1.24	1.22	1.26	1.25	1.26	1.27	1.01	0.99	1.01	0.97	0.94	0.95
通用、专用设备	1.21	1.21	1.24	1.27	1.27	1.24	1.53	1.35	1.58	1.04	1.28	1.37
交通运输设备	1.26	1.27	1.33	1.26	1.29	1.24	1.23	1.12	1.19	0.69	0.94	1.02
电气机械和器材	1.26	1.26	1.34	1.29	1.34	1.29	1.12	1.29	1.18	0.95	1.06	1.09
通信设备、计算机和其他电子设备	1.40	1.44	1.42	1.33	1.38	1.30	1.91	1.97	1.81	1.09	1.62	1.67
仪器仪表及文化办公用机械	1.28	1.29	1.33	1.37	—	—	0.62	0.61	0.65	1.67	—	—
仪器仪表	—	—	—	—	1.27	1.19	—	—	—	—	0.56	0.53
金属制品、机械和设备修理服务	—	—	—	—	1.28	1.10	—	—	—	—	0.37	0.36

注：表中数据根据历年中国投入产出表数据计算得出。行业门类对应《国民经济行业分类》(GB/T 4754—2011)，2012 年起投入产出表中的产品部门分类有所变更，通用、专用设备分解为通用设备和专用设备两个产品部门；仪器仪表及文化办公用机械变更为仪器仪表，文化办公用机械并入通用设备中；增加金属制品、机械和设备修理服务。

影响力系数可以代表国民经济中某类产业对其他产业的拉动程度，从表 3-1中可以看出，我国装备制造业各行业的影响力系数测度值均大于 1，表明我国装备制造业对国民经济其他产业的生产需求波及程度较高。其中，通信设备、计算机和其他电子设备的影响力系数测度值最高，均值达到了 1.38。2002 年以来，只有除通信设备、计算机感应度系数与影响力系数相对应。感应度系数可以体现出一类产业对国民经济中其他产业需求的感应程度。从表 3-1中可以看出，2012 年，我国装备制造业中，通信设备、计算机和其他电子设备，电气机械和器材，通用、专用设备 3 个细分行业感应度系数大于 1，表明其对国民经济其他行业需求的感应程度高于各产业的平均水平。同时，2002 年以来，我国装备制造业各细分行业感应度系数呈现出波动下降的趋势，说明我国装备制造业正不断从中间品的生产向最终品的生产转变，最终品的生产能力不断增强。通过对影响力系数和感应度系数的测算可以看出，我国装备制造业有着较强的产业关联效应，且其与国民经济其他产业的关联主要体现为后向关联效应，即在发展过程中通过自身的需求拉动国民经济其他产业的发展。

3.2.2 中国发达地区装备制造业与科技融合的运营模式

中国发达地区装备制造业与科技融合的运营模式可以归纳为从以模仿创新为主逐步过渡到重视自主创新。

（1）模仿创新。我国大多数装备制造业企业仍然以模仿创新为主，缺少原始创新精神，尚未实现从无到有的进步。其根本原因是我国技术创新基础较为薄弱，与美国这样的工业大国和科技大国相比，还存在着一定的差距。

（2）自主创新。基于我国科技基础相对薄弱的历史现实，我国装备制造业已逐步加大投入进行自主创新，尤其在资金投入方面，从现阶段来看，我国对装备制造业自主创新的资金投入已经远超模仿创新的资金投入。从成果上看，我国装备制造业已经超过一些装备制造业水平比较领先的国家。

（3）联合创新。装备制造业在经历了公司化的封闭创新阶段后，以产业链为对象，整合产业链上的创新优势资源，加强产学研合作，建立以合作为核心的联盟式创新群体成为创新的主要发展方向。

3.2.3 中国发达地区装备制造业与科技融合的政策选择

（1）国家层面。

我国用来规划本国“智能制造”的发展规划与技术路线图的主要参考为德国“工业 4.0”。我国将“中国智造 2025”作为国家工业中长期发展战略，主要强调结构的调整与变化，主要目标为将信息化与工业化深度融合，寄希望于智能制造带动产业数字化水平与智能化水平的提升，以增强我国工业体系整体的竞争力，迈入制造业强国行列。目前，广州、宁波、成都、武汉、泉州等地陆续被我国工信部批复作为创建“中国智造 2025”的试点城市。

（2）地方层面。

1）广东省推进装备制造业和创新融合的政策包括：加快建设省实验室和新型研发机构并鼓励其承担装备制造业科技计划项目；推进粤港澳大湾区国际科技创新中心的建设；推进创新人才高地建设；加快装备制造业改革创新发展；加大企业创新金融服务支持；促进科技成果转化；增加实验室用地保障；提高省内区域性创新发展的平衡性与协调性；加强科研诚信和科研伦理建设；加大装备制造业科技领域“放管服”的改革力度。

2）北京市推进装备制造业和创新融合的政策包括：第一，优化人才供给，探索“推荐制”人才引进模式。改进外来人才工作与居留许可审批流程；建立人才资历认可机制；加强国际知识产权保护制度建设；探索实施综合用地与产业链供地模式。第二，对我国创新型数字经济进行“先行先试”改革，为中国深度经济改革开辟新路径、贡献新智慧。第三，鼓励京津冀经济自贸试验区进行合作，在探索三地经济协同发展新路径时，以北京自贸试验区为建设标杆，推动京津冀地区高质量发展。第四，在深化金融领域开放创新方面，赋予北京中关村相关科创企业跨境金融选择权，逐步实现非金融企业外债完全可兑换。

（3）主体层面。

1）促进科研机构服务中小企业的政策。

中小企业由于自身特点以及需求总量小等的限制，很难获得高校以及科研院所的科技创新服务，因此，如何使中小企业获得科研机构的支持，是各国政府持续关注的一大难题。现阶段，大多数国家实行的政策为政府向中小企业发放创新券以购买科研机构的科技创新服务。创新券，是由政府向科技型中小企业和创新创业团队免费发放的权益凭证，用于鼓励科技型中小企业和创新创业团队充分利用高等院校与科研院所等创新服务提供机构的资源开展研发活动和科技创新，并可以抵押贷款。2012 年 9 月，江苏省宿迁市政府出台了《关于宿迁市科技创新券实施管理办法（试行）》，标志着创新券在我国正式发挥作用；之后我国浙江省某些行政地区也开始流通创新券；后续我国发放创新券的地区有 20 多个。政府通过发放创新券，能够快速建立中小企业与科技服务机构的联系渠道，使得国内中小企业获得更多科研机构的服务，推动产学研合作，加快科技成果转化。因此，创新券逐步成为我国支持中小企业进行科技创新的政策工具。

2）促进科研机构和高校科技成果转化的政策。

科技成果转化，是指对科研试验步骤投入必要的人力和财力以提高生产力水平，形成具有新的创造力的技术或工艺，可以生产新材料和新产品或者开展新业务等，是科技创新链当中的关键组成部分。政府在发布并实施科技政策时，财政政策作为能够激发创新主体活力的关键性载体，是促进科技成果转化的重要政策。为加强对财政政策的重视与运用，我国于 2015 年对《中华人民共和国促进科技成果转化法》进行了修订，这对促进高校和科研机构的科技成果转化，完善财政管理体制以发挥财政资金的杠杆作用是非常有必要的。

近年来，我国中央与地方的上下联动频率、部门之间的协同融合程度都在增强，调动各方积极性以推动科技成果的转化以及符合本地本领域实际成果路径的转化。相关高校与科研院所正在不断完善自我内部管理，其科技成果的定价、收益分配、相关考核评价管理机制以及知识产权体系也正在健全，总体上成效良好。

3.2.4 中国发达地区装备制造业与科技融合的经验借鉴

国内发达地区发展装备制造业值得借鉴的经验包括以下三个方面：第一，通过补贴政策鼓励技术创新。尽管我国装备制造业技术近年来有重大突破，但在关键技术方面与国际制造强国还存在较大的差距。由于当前制造技术快速变革，国际市场更加强调智能制造，国家应当侧重技术研发，形成中国装备制造业核心竞争力。第二，建立产学研用保障机制，促使政府、高校与科研院所、企业三方协作，合力建设技术创新联盟，推动政产学研紧密合作，并突出实用性，实现技术创新、资金融通与产业升级。第三，改善装备制造业企业的融资环境。加强银行和信用机构对装备制造业的信贷支持，尤其要解决中小型企业融资难融资贵的现状，避免对中小型企业的融资歧视；加强资本市场建设，不断挖掘银行外的融资渠道，通过多元化金融产品、创新金融的支持，使产业投资更加丰富。具体地，长三角、珠三角、京津冀和成渝地区在推进装备制造业与科技融合的举措上各有侧重。

（1）长三角经验。

长三角经济区是我国目前经济发展最活跃的区域，其开放程度最高且创新能力最强，经济总量约占全国的1/4，拥有“双一流”大学8所、国家重点实验室74个，科研经费投入总量以及技术专利申请量约占全国总量的1/3，是我国名副其实的创新发展示范经济区。长三角推进装备制造业与科技融合的经验可以归纳为：进行区域科技创新一体化的顶层设计，构建科技创新资源开放共享平台和协同创新区域，推进区域科技中介服务发展。

1）进行区域科技创新一体化的顶层设计。

长三角经济区科技创新的一体化发展，离不开政府的顶层设计。近年来，中央和有关部门围绕加强区域科技合作、加快创新型人才培养、联合突破关键核心技术等方面，制定了《长三角科技合作三年行动计划（2008—2010）》《长江三角洲城市群发展规划》《长江三角洲区域一体化发展规划纲要》等政策性文件，提出建设具有全球影响力的区域科技创新一体化示范区的目标。

2）构建科技创新资源开放共享平台和协同创新区域。

目前构建科技创新资源开放共享平台和协同创新区域主要涉及长三角大仪网、上海市研发公共服务平台、“科技创新券”和联合开展科研攻关这几个方面。“上海科技创新资源数据中心”作为长三角科技资源共享服务平台建设的基础，集聚了长三角区域的优质科技资源，目的是打破长三角各省市的区域界限，促进科技创新资源共享。该平台总体框架体系为“1+8”模式，其中包括“科学仪器共用”“科技文献服务”“技术转移交易系统”等8个子系统。长三角经济区与邻近城市和地区深度融合的速度加快，形成了科技创新一体化发展的协同创新区，如G60科技创新走廊、“嘉昆太创新圈”以及张江长三角科技城等。

3）推进区域科技中介服务发展。

长三角经济区成立了科技中介战略联盟，目的是开展技术交易与科技咨询等相关服务，在战略联盟的推动下，长三角技术转移与转化服务途径得到有效拓展，相关区域技术交易、转移和转化活动以及中国（上海）国际技术进出口交易会等重大活动进展良好，相关交易额超过170亿元，交易额增长近3倍。

（2）珠三角经验。

珠三角推进装备制造业与科技融合的经验可以归纳为：实施创新驱动提升自主创新能力，建立创新驱动平台提升创新驱动发展能力。

1）大力实施创新驱动发展战略，自主创新能力迈上新台阶。

广东省为提升创新驱动发展效率，相继出台了《广东省自主创新促进条例》《关于全面深化科技体制改革加快创新驱动发展的决定》《关于加快科技创新的若干政策意见》等系列政策性文件。经过多年发展，广东省对外技术依赖现象越来越少，技术自给能力逐年提升，其自主创新能力及科技综合实力连续7年位居全国第二，稳居国内第一梯队，并不断在关键领域实现重大突破，逐步缩短与世界先进水平的差距。再者，广东省专利产出数量持续增长，有效发明专利量和PCT国际专利申请量持续保持全国第一，其中PCT国际专利申请量占全国总量的1/2以上。

2）加快建设重大创新平台，不断提升创新驱动发展能力。

广东省以广州市与深圳市为龙头带动城市进行创新发展，联合珠海、佛山、惠州、东莞、中山、江门、肇庆市等7个地级市，以创建珠三角国家自主创新示范区为目标推进全省经济结构战略调整以及产业转型升级。目前，广东省已经形成了高新区、专业镇两大经济体和重大创新平台。再者，广东省产学研合作体系正逐步完善，并由短期转变为长效机制，例如，科研项目内容更为集中、人才引进政策体系更为完善、平台开发和新型研发机构建设更为完备。

（3）成渝地区经验。

成渝地区推进装备制造业与科技融合的经验可以归纳为：通过加强创新资源共建共享，提升成渝地区协同创新。

重庆市为提升科技创新平台层次，全力集聚科技创新资源要素，大力培育新动能、激发新活力，不断加强创新资源共建共享，以推进核心技术攻关和成果转化、提升成渝地区协同创新发展能力。重庆市实施的创新驱动发展战略行动计划以大数据智能化为引领，助力数字经济产业发展，目前川渝两地已有多家重点数字经济企业。在川渝两地重点产业领域，重庆市两江新区的汽车、电子与生物医药等支柱产业正在积极与成都市天府新区联动，全力推动形成重点产业“错位发展、互补发展”的新局面。

（4）京津冀地区经验。

京津冀地区推进装备制造业与科技融合的经验可以归纳为：构建协同创新的格局，激活区域内创新资源；破除固有体制机制藩篱，探索协同创新模式。

1）构建协同创新的格局，激活区域内创新资源。

建设京津冀协同创新共同经济体，需要激活经济体内创新资源、促使科技成果互相转化。协同创新，具体体现为在人才流动、资金扶持、成果转化、项目建设等方面加强互助合作，需要破解固有观念和体制机制方面存在的障碍、打通传统的行政区域壁垒和堵点。河北省作为传统工业大省，工业门类齐全，在高质量发展的时代，这既是加快发展的基础优势，也是产业转型升级的突破口。“十三五”以来，河北省加强了与北京地区的技术合作，累计技术合同相关成交额近 700 亿元。在具体实践中，京津冀地区通过工作机制联动、科技资源共享与创新平台共建，实现发展互利共赢；构建以共同体为核心理念的协同创新格局作为设计布局；依托创新成果，研究新技术、生产新装备对传统产业进行改造提升以培育发展新兴产业。北京市创新资源要素富集，产学研合作规模庞大、合作体系完善，科研生产力强，而河北省在承接北京技术成果转化方面具有先天优势，通过建设协同创新共同体，两者可以各取所需、互为助力。

2）破除固有体制机制，探索协同创新模式。

京津冀地区科技互助项目较多，有利于破除固有体制机制，探索出多种协同创新的新模式。京津冀地区通过共建科技园区，吸引大量企业入驻，仅保定·中关村创新中心企业入驻数量就有250余家，其累计研发投入超过1亿元；中关村海淀园区秦皇岛分园的利益分享模式受企业欢迎，成功承接120多个项目，成为承接高新技术协同创新项目的高效载体。此外，京津冀三地因共建创新基地、共建转化基金、共建创新联盟、共建技术市场等合作，产生了良好的辐射作用，衍生出更多的协同创新模式和协同创新样板。京津冀三地协同创新的主要模式为“京津研发、河北转化”，随着模式下的科技成果不断加速落地，京津冀三地逐步实现共赢，同时推进了京津冀研发机构、转化平台和科技企业的共赢。

4 关中地区装备制造业与科技融合现状

4.1 关中地区装备制造业的发展现状

4.1.1 关中地区装备制造业总体现状

关中地区位于陕西省中部，包括西安、宝鸡、咸阳、渭南、铜川、杨凌五市一区，是装备制造业的主要聚集地。在国家“一五”建设期间，关中地区承接了17项军工项目，随后在“二五”“三线”建设时期继续承接中央项目，形成了门类较为齐全的制造业体系。陕西省现有10大产业集群，除了数控机床产业集群位于汉中市，能源化工装备产业集群位于陕北外，其余8大产业集群均位于关中地区。

关中地区的装备制造业占据了陕西省装备制造业97%的比例，因此，关中地区装备制造业也可称陕西省装备制造业。装备制造业是陕西省极具优势的产业，同时也是陕西省重要的支柱产业，在装备制造业规模和产品销售收入全国排名中，陕西省武器装备制造业居首位，航空、航天、船舶等也占有重要地位。陕西省装备制造业在工业中所占比重为20%左右，除2018年外，规模以上装备制造业总产值占工业总产值的比例呈逐年增长的趋势。具体情况如表4-1所示。

表4-1 陕西省装备制造业总产值与工业总产值的关系

年份	规模以上工业总产值/亿元	规模以上装备制造业总产值/亿元	装备制造业所占比重/%
2015	20333.98	4059.96	19.97
2016	21837.61	4783.47	21.90
2017	23825.18	5472.45	22.97
2018	25192.36	5479.95	21.75

陕西省装备制造业分行业总产值也在逐年增长，如图4-1所示。

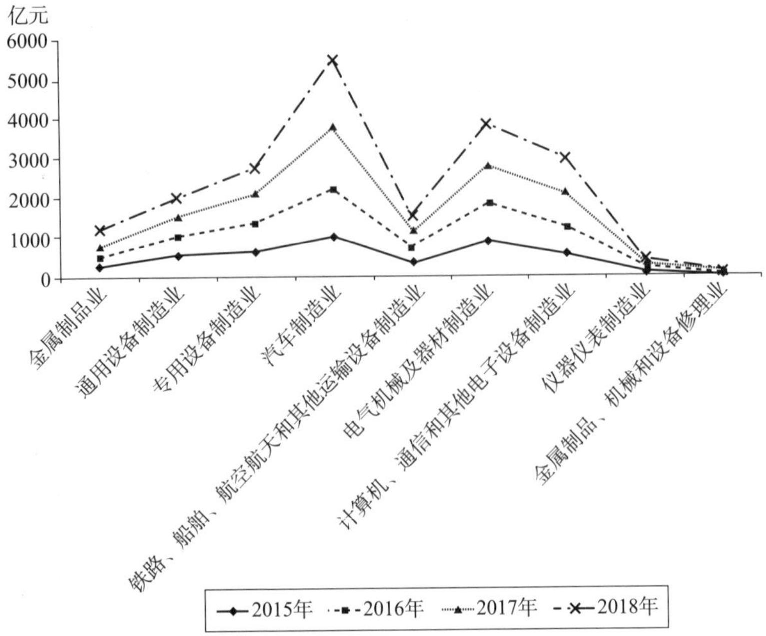

图 4-1　陕西省装备制造业分行业工业总产值

4.1.2　关中地区装备制造业相对现状

由表 4-2 可知，2018 年关中地区装备制造业的总资产规模仅占全国的 1.57%，与较发达省市，特别是与广东省相比差距显著，广东省约为关中地区的 11 倍。从利润总额和就业人数来看，关中地区和广东省的差距依然是最大的。从总资产利润率来看，关中地区的总资产利润率超过了全国平均水平，并与表中相关省市差距不大。可以看出，相对于发达省市，关中地区装备制造业存在着较大的发展空间。

表 4-2　2018 年关中地区装备制造业与其他省份装备制造业的现状

地区	装备制造业工业总资产/亿元	利润总额/亿元	就业人数/万人	总资产利润率/%
全国	387402.60	22297.50	3110.20	5.76
关中	6099.22	360.56	37.55	5.91
广东省	68529.81	4164.21	721.11	6.08
安徽省	13964.80	832.93	106.25	5.96
重庆市	10597.11	619.19	89.01	5.84

4.2 关中地区装备制造业的科技发展现状

4.2.1 产业体系较为完整但竞争力不强

陕西省关中地区装备制造业产业体系，从“一五”时期发展至今已比较完善，其经历了后续长时期的改造和调整，已成为省内各行业中具有一定影响力和竞争力的重要支柱产业。迄今为止，陕西省装备制造业已形成10大产业集群，其中关中地区包含8大产业集群，如表4-3所示。

表4-3 关中地区装备制造业8大产业集群的产业类别

序号	产业集群	所属行业门类	龙头企业
1	汽车产业集群	交通运输设备制造业	陕西汽车集团、陕西法士特公司、西安比亚迪汽车公司
2	航空产业集群	交通运输设备制造业	西安飞机集团、陕西飞机集团、西安航空发动机公司、西安庆安集团
3	航天产业集群	交通运输设备制造业	庆安宇航设备公司、远东公司、中国航天科技集团公司第六研究院、航天时代公司771所、西安电子工程研究所
4	冶金煤炭重型装备制造产业集群	专用设备制造业	中钢集团西安重机公司、陕西压延设备厂、西安煤矿机械厂
5	石油装备产业集群	专用设备制造业	宝鸡石油机械公司、宝鸡石油钢管公司
6	工程机械产业集群	专用设备制造业	陕西建设机械公司、西安筑路机械公司、陕西新黄工机械公司
7	输变电设备产业集群	电气机械及器材制造业	西电集团、西安西玛电机公司、西安电力电子所
8	电子通信设备元器件产业集群	通信设备、计算机及其他电子设备制造业	大唐电信集团、彩虹集团、咸阳偏转公司、黄河机器制造厂、西京电气总公司

关中地区积极推进自主创新、精益制造模式，梳理产业链、部署创新链，优化产业结构，形成了以汽车、航空航天、电力装备、轨道交通装备、专用通用装备等为主的装备制造业体系，涌现出陕西汽车集团、西电集团、西安比亚迪汽车公司、西安飞机集团等产值超过百亿元的企业。其中，西安市拥有11个国家级的装备制造业企业技术中心、74家市级以上的技术创新示范企业、300多家军民融合创新型企业，实施各类技术创新计划项目2000多项。目前，关中地区智能化改造企业达到90余家，西电集团、法士特、中航工业

西安飞行自动控制研究所等20余家企业承担了多项国家智能制造试点示范项目，通过智能化改造的方式，使得装备制造企业数字化和智能化水平得到进一步的提升。

然而与发达省市相比，关中地区装备制造业产业集群体系发展缓慢，部分产业的经济效益不好、集群数量较少，绝大多数产业目前还处于产业集聚状态。西安阎良的航空产业、西安经开区的重型汽车产业、西安临潼区的风机产业和缝纫机产业、宝鸡蔡家坡的汽车零部件产业、宝鸡眉县的砖瓦机械产业集群已初见雏形，但企业数目较少、产业规模较小且企业间的专业化配套较差。

4.2.2 创新驱动实力有所增强但产业基础较弱

关中地区创新资源较为丰富，拥有64位两院院士、15个国家级工程研究中心及实验室，近年来R&D投入占到全省的近90%，科技活动人员、有R&D活动的单位数、拥有发明专利数等重要指标均占到全省85%以上，并拥有5个国家级高新区、6个省级高新区。关中地区拥有西北唯一的自由贸易试验区，集中了全国1/8的军工科研生产能力，也承担了全国1/5的高新技术武器研制任务，是我国国防军工基地、综合性高新技术产业基地和装备制造业聚集基地。同时，西安全面创新改革试验区、西安高新区国家自主创新示范区、西咸新区双创示范基地等国家创新试点示范建设先后获批，形成了具有关中特色和优势的创新驱动发展格局，为在全国先行先试和全面创新驱动提供了持续活力。

关中地区装备制造业发展迅猛，市场占有率不断提高，但仍面临着基础薄弱的问题。另外，关中地区装备制造业自主研发能力薄弱，创新链与产业链互动较少，产学研用一体化程度不高，科技成果转化通道不畅，其结构升级也主要依赖于进口的先进技术。并且，陕西省科技资源的改革进程较慢，军与民、中央与地方、部省之间的融合存在障碍，激励创新的环境和氛围也尚未形成，推进创新驱动的体制机制需进一步完善。

4.2.3 自主研发能力有所提升但人才流失较多

关中地区拥有国际领先水平的装备制造产品31个，航空航天等军工产业的综合竞争力也居全国前列。其中，中煤科工西研院井下定向测量钻探装备具备国际先进性，煤炭地质勘查技术、矿井水害防治技术也属国内一流；陕鼓集团8万等级大型空分装置配套压缩机组已实现了国内首次研制成功并应用于生产；居世界第一位的宝石机12000米特深石油钻机已投入使用，首创了国内海洋自升式钻井平台；关中地区生产的新能源汽车、研发的增材制造成果以及产业化的实施也居于国内前列①。

陕西省教育体系完整，其中关中地区教育与科研更为发达，为装备制造业的发展储备了充分的人力资源。但关中地区的制造企业大都是由国企改制而来的，企业的创新制度并不完善，改制过后，制造企业管理模式与机制没有进行适宜的创新与改变，使得装备制造企业在进行科技创新生产时形式主义较强。制造企业没有把开展科技创新活动当作企业发展的战略目标，缺乏企业层面的创新体制；科研人员的科研成果往往不被制造企业所重视，制造企业不能有效地把科研创新成果的技术价值与经济价值结合到一起，再加上缺乏物质激励手段，使得人才流失以及科研人员积极性下降，人才就业更倾向于沿海地区，人才流失量较大，每年都有大量科研人员流出。高端专业人才的供给存在断层现象，装备制造业在总体上面临着人才短缺的局面。2015—2018年关中地区装备制造业分行业从业人员年平均人数如图4-2所示。

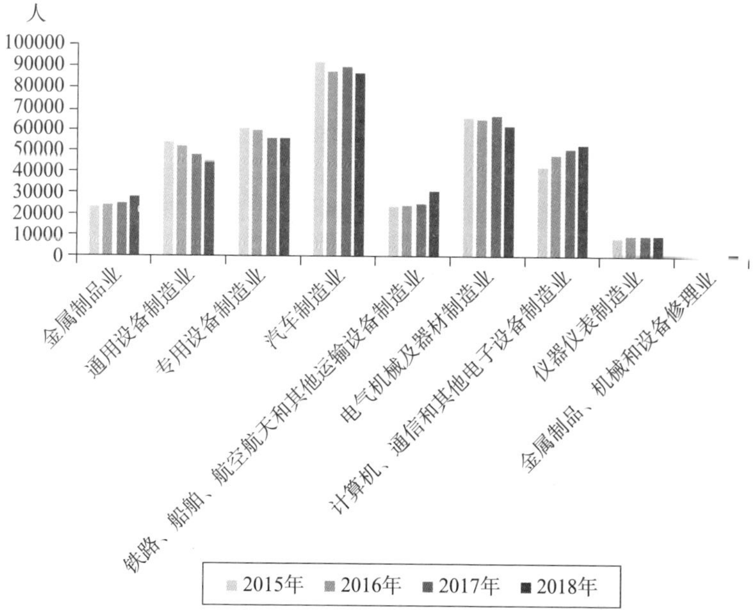

图4-2 关中地区装备制造业分行业从业人员年平均人数

① 陕西省决策咨询委员会课题组，张贵孝，冯钧平，員文贤，王海燕，苗金祥．陕西关中应打造国家级高端装备制造业基地［J］．西部大开发，2014（11）：104-109.

可以看出，关中地区近年来装备制造业相关从业人数总体上不增反减，尤其是通用设备制造业、专用设备制造业以及汽车制造业等行业。

4.2.4 科技创新持续升级但智能化水平不够

关中地区装备制造业加快实施重大科技创新工程，国家增材制造创新中心获批筹建，陕西省省级创新中心建设和布局也不断加快。西安铂力特公司、特变电工西安公司、西开电气、彩虹集团公司 4 家企业成为全国智能制造试点示范企业；西安航天精密研究所等单位的 9 个项目获得国家智能制造专项支持；陕汽控股集团、法士特集团等 20 家企业成为首批省级智能制造示范企业①。

但是关中地区的装备制造业发展仍处于“爬坡过坎”的阶段，智能制造全产业链只是稍见雏形。工业机器人和智能化生产线将是未来科技发展的大趋势，而关中地区缺乏这一方面的自主研发能力，如法士特集团的机器人，仍需从其他省市或国外引进，无法自主制造。

① 沈谦．八大工程助力陕西装备制造业发展［N］．西北信息报，2018-05-17.

5 关中地区装备制造业与科技融合之间存在的问题

5.1 集群效应不显著，装备制造业“内循环”体系亟待形成

5.1.1 装备制造业集群效应不明显，龙头企业“大而不强”

打造制造业集群是推动关中装备制造业与科技融合的必由之路，目前关中地区存在着装备制造业产业集群度低、企业大而不强等问题，严重拖慢了产业转型发展的步伐。根据相关资料整理得出陕西省关中地区 2017 年装备制造业分行业区位熵指数①，以此来说明产业集中度水平。由表 5-1 可知，关中装备制造业中只有两个行业区位熵指数大于 1，其余行业的集群度均低于全国水平。以汽车制造业为例，2017 年关中地区汽车制造业工业生产总值高达 1576 亿元，位列陕西省装备制造业第一，但其区位熵指数低至 0.23，说明龙头产业集群效应不明显②。从汽车产量来看，关中地区尽管坐拥陕汽、比亚迪、宝鸡吉利、法士特四大汽车企业，但与其他省份相比，其汽车产量仅位于全国第三梯队，重庆、四川、湖北三省的产量是陕西省关中地区的 2~5 倍，关中地区与汽车强省的差距显而易见。关中地区汽车制造业在经营上“单打独斗”，空间上各园区也相对分散，未能形成良好的产业合力，导致龙头企业“大而不强”。在“以国内大循环为主体、国内国际双循环相互促进”的新发展格局下，关中地区装备制造业亟须形成产业集群，提升其核心竞争力。

---

① 区位熵指数：区位熵也称为生产的地区集中度，当指数等于 1 时，说明该产业在该地区的专业化生产水平与全国平均水平一致；大于 1 时，说明集中度水平要高于全国平均水平。区位熵指数越大，说明该地区该产业的集群度越高；反之则说明集中度水平低于全国水平，越小则集群度越低。

② 杜骄阳．陕西省制造业竞争力研究［D］．西安：西安科技大学，2019.

表 5-1　2017 年陕西省关中地区装备制造业各行业区位熵指数

行业名称	区位熵指数
金属制品业	0.3
通用设备制造业	0.51
专用设备制造业	0.85
汽车制造业	0.23
铁路、船舶、航空航天和其他运输设备制造业	1.08
电气机械及器材制造业	0.37
计算机、通信和其他电子设备制造业	1.02
仪器仪表制造业	0.62

5.1.2　装备制造业行业间发展不协调，八大行业呈“两快六慢”结构分布

产业结构协调是当今经济良性发展的主要衡量指标和要求，行业发展不平衡既不利于经济的发展，也阻碍了产业转型升级。当前陕西省关中地区装备制造业发展很不协调，八大行业中只有交通运输设备制造业与汽车制造业发展势头良好，其余行业发展缓慢，主要体现在两个方面：①从工业生产总值来看，2018 年汽车制造业工业生产总值为 1762.3 亿元，全行业占比 30.3%，仪器仪表制造业为 124.9 亿元，全行业占比 2.1%，后者工业生产总值仅约为前者的 1/14，差距十分显著；②从显示性比较优势指数[①]来看，只有铁路、船舶、航空航天和其他运输设备制造业在全国的综合竞争力较强，专用设备制造业与汽车制造业处于中等水平，其余五个行业弱，而相邻省份四川拥有 1 个较强竞争力行业、5 个中等竞争力行业、2 个弱竞争力行业，如表 5-2 所示，相比之下关中装备制造业发展不协调程度较为严重，整体呈“两快六慢”结构分布。

---

① 显示性比较优势指数（以下简称 RCA 指数）用于衡量行业综合竞争力，以金属制品行业为例，RCA 指数的具体计算公式为：

$$\text{金属制品行业 RCA 指数}=\frac{\dfrac{\text{陕西金属制品行业主营业务收入}}{\text{全国金属制品行业主营业务收入}}}{\dfrac{\text{陕西装备制造业主营业务收入}}{\text{全国装备制造业主营业务收入}}}$$

一般认为 $RCA \geq 2.5$，表明该行业具有极强的竞争力；$1.25 \leq RCA < 2.5$，表明具有较强的竞争力；$0.8 \leq RCA < 1.25$，表明具有中等的竞争力；$RCA < 0.8$，表明具有弱竞争力。

表 5-2 2018 年关中、四川装备制造业 8 个行业 RCA 指数

行业名称	关中 RCA 指数	综合竞争力	四川 RCA 指数	综合竞争力
金属制品业	0.451791039	弱	1.223842642	中等
通用设备制造业	0.502933541	弱	1.130188199	中等
专用设备制造业	0.839652079	中等	0.992131634	中等
汽车制造业	0.884786439	中等	0.907130205	中等
铁路、船舶、航空航天和其他运输设备制造业	1.317981941	较强	1.798628975	较强
电气机械及器材制造业	0.643988704	弱	0.569564663	弱
通信和其他电子设备制造业	0.308591388	弱	1.159795262	中等
仪器仪表制造业	0.615570993	弱	0.56701073	弱

资料来源：《中国统计年鉴（2019）》。

5.1.3 三大区域相互带动不足，难以形成省内“内循环”格局

陕西省基于地理环境的巨大差异，在经济和文化方面也形成了比较明显的三个分区，即三大经济区域——陕北经济区、关中经济区和陕南经济区。虽然三大经济区都有独特的优势，即陕北能化、关中产业化、陕南农化，但各区域的产业未能很好地形成互相联动的格局，主要体现在两个方面：①三大区域经济发展不平衡，难以协调共进。关中地区装备制造业集聚、产业结构良好、设施相对完善，因此工业生产总值稳步上升，陕北地区近几年依靠能化产业经济迅速发展，但陕南地区工业基础薄弱，仅依靠农业无法快速带动经济。根据数据计算得出 2018 年陕西省各市区的工业生产总值如表 5-3 所示，其中关中地区的工业生产总值为 14311 亿元，陕北为 6065 亿元，陕南为 4236 亿元，可以明显看出陕西省各区域间发展的不平衡性，三大区域差异较大，难以相互联动推进关中装备制造业的发展。②陕北仅依靠能源单一产业、陕南仅依靠农业难以带动关中装备制造业发展。近几年国家对能源需求的快速增长拉动了陕北的工业以及经济发展，使得陕北榆林市的工业生产总值在全省占比高达 18%，但其产业结构单一且高附加值能源化工产业发展水平较低，陕南地区由于地理因素的限制只能发展农业经济，因此两大区域对关中装备制造业的带动发展能力十分有限①。

① 资料来源：《陕西统计年鉴（2019）》。

表 5-3　2018 年陕西省各市区工业生产总值及全省占比

市区	工业生产总值/亿元	全省占比/%
西安	5734	24.0
铜川	319	1.0
宝鸡	3154	13.0
咸阳	2961	12.0
渭南	1969	8.0
杨凌	172	0.6
汉中	1376	5.0
安康	1648	6.7
商洛	1211	5.0
延安	1594	6.7
榆林	4461	18.0
总值	24604.81	100.0

5.2　对外开放程度较低，装备制造业“外循环”不畅

5.2.1　关中地区贸易开放水平较低，装备制造业不能充分吸收国外的技术溢出

2019 年陕西的贸易开放度①为 0.13，而上海、广东、天津、浙江和江苏贸易开放程度较高，其贸易开放度分别达到 0.86、0.76、0.67、0.50 和 0.47，是陕西的 3~6 倍。全国的贸易开放度平均水平为 0.23，陕西的贸易开放水平与全国平均水平相比也有较大的差距。进出口主要发生在制造业，而关中地区装备制造业是陕西制造业的核心，因此陕西贸易开放度较低意味着关中地区装备制造业的开放程度较低。贸易开放程度较低，导致关中地区装备制造业不能充分利用国际贸易的技术溢出，妨碍技术进步。从表 5-4 的进出口总值在省内的分布来看，关中地区各市区的分布极为不平衡。西安市的进出口总值占全省的 94.39%，而其他市的进出口总值占全省的比重均只有 0~2%，在数量分布上出现了较为严重的畸形发展态势。因此，大力促进其他

① 贸易开放度 = 地区进出口总额/地区 GDP。

市区的进出口贸易尤为重要①。

表 5-4 2018 年关中各市区进出口总值及全省占比

市区	进出口总值/亿元	全省占比/%
西安市	3303	94.39
铜川市	3	0.09
宝鸡市	63	1.80
咸阳市	60	1.71
渭南市	15	0.42
杨凌示范区	8	0.23

5.2.2 关中地区利用外资水平较低，导致不能充分利用外资支撑装备制造业与科技融合

2018 年陕西实际使用外资占 GDP 的比重为 0.32%，而上海、天津、广东、海南、北京和辽宁实际使用外资较多，其实际使用外资占 GDP 的比重分别达到 1.62%、1.43%、1.27%、1.24%、1.09%和 1.06%，上述省份的实际使用外资的程度是陕西的 3~5 倍。全国实际使用外资占 GDP 的比重为 0.47%，关中地区实际使用外资程度只达到全国平均水平的一半。外资的利用水平较低导致关中地区不能充分利用外资引进国外先进技术或进行自主创新，由此不能充分利用外资支撑关中地区装备制造业与科技融合。从表 5-5 实际使用外资在关中地区的分布来看，与进出口总值情况类似，在各市区间分布极为不均衡。西安市实际使用外资占全省的 92.62%，其他市区实际使用外资占全省的比重非常低，均只有 0~2%。所以关中其他市区也应当出台激励政策大力吸引外商直接投资②。

表 5-5 2018 年关中各市区实际使用外资及全省占比

市区	实际利用外商直接投资额/万美元	全省占比/%
西安市	598168	92.62
铜川市	2009	0.31
宝鸡市	9092	1.41
咸阳市	9016	1.40

①② 资料来源：《陕西统计年鉴（2019）》。

续表

市区	实际利用外商直接投资额/万美元	全省占比/%
渭南市	5641	0.87
杨凌示范区	2173	0.34

5.2.3 关中地区装备制造业缺少世界级的大企业作为龙头企业，以带动产业技术进步

据2020年8月《财富》发布的世界500强排行榜，中国入围企业133家，其中陕西入围企业仅有两家，分别为陕西延长石油公司（第265位）和陕西煤业化工集团（第273位）。与其他省份相比，陕西世界500强企业数量在全国处于中游水平。但陕西入围的两家企业均属能源化工企业，关中地区装备制造业企业未能上榜。因此，关中地区缺少世界级的大企业作为龙头企业带动装备制造业技术进步。

5.3 平台化转型较慢，装备制造业资源整合效果较差

5.3.1 陕西省平台化转型政策推进缓慢，导致关中地区平台化转型滞后

2017年4月，浙江、江苏首推10万企业上云；2017年8—12月，山东、江西、湖南、湖北、贵州等省跟进企业上云；2018年1月，广东省工业互联网示范基地落地，更加强调工业互联网与制造企业上云；2019年3月，陕西省跟进企业上云，相较于浙江和江苏等较早推进企业上云的省份，陕西省的推进政策滞后了两年。我国工业互联网标识解析国家顶级节点布局在北京、上海、广州、武汉、重庆5个城市，已经全部上线运行并实现互联互通，形成“东西南北中”的格局，而陕西省仅作为二级节点省份于2020年7月建成二级节点并开始运营。可见，陕西在推进工业互联网平台化转型上相较于其他省份较为滞后，导致关中地区平台化转型滞后。

5.3.2 陕西省缺少龙头工业互联网平台企业，导致关中装备制造业平台化进程缓慢

中国科学院《互联网周刊》联合eNet研究院发布的2020年龙头工业互联网平台企业前20名依次为：海尔集团，航天云网，浪潮集团，用友网络，阿里云，工业富联，树根互联，腾讯云，华为云，新华三，中联重科，研华

科技，徐工集团，宝信软件，中控集团，光环新网，美的集团，东方国信，东土科技和启明信息。陕西工业互联网平台企业未进入国内前20名，可见陕西缺少大型的工业互联网平台企业带动关中装备制造业平台化。法士特集团、陕汽集团、陕鼓集团和西安比亚迪公司作为关中装备制造业的龙头企业，应当发挥积极的示范和带头作用，为装备制造业成为工业互联网平台节点中的一部分打下坚实基础。

5.3.3 关中地区装备制造业平台化转型的人才供给不足

制造业平台化转型的一体化流程转变，带来的是商业平台模式的转变和人才需求的极大变化。原来产供销链条下的人力需求与产供销的链条所需要的人力资源完全不同。首先是数码流程化带来的操作流程智能化及电子设备的广泛使用，原有的前线劳动人力的知识结构可能已经不能够适应这一需求的转变；其次是开发端个性化带来的设计对接流程转变使设计师的人力需求大幅提高，原有的劳动力市场供给不足；最后是缺乏具备平台化转型视野和格局的管理者，大多制造业中层管理者长期工作于劳动密集型生产模式，平台化带来的知识密集型生产模式对管理者形成了更加复杂的挑战。

5.4 供需错位，科技成果转化率低，价值链“低端锁定”，装备制造业核心竞争力有待进一步提升

5.4.1 装备制造业与科技之间供需错位，科技潜能无法充分释放

目前，关中地区装备制造业市场存在着严重的供需矛盾。一方面，汽车、航空装备等行业对于高技术装备的需求较大，但由于关中地区的相关产品技术水平不高，这些高技术产业只能进口先进设备；另一方面，在国家发展战略推动下，虽然更多的企业将投资转向装备制造业，但是大部分企业呈现粗放式发展，盲目扩大生产，带来低层级的产能过剩，造成供需严重不匹配；此外，陕西省科技研发活动主要集中在政府的科研单位和高校而非装备制造业领域，且高校、政府科研单位与制造业企业之间没有建立良好的科技成果转化与应用机制。

5.4.2 科技成果转化水平低，创新发展活力不足

科技成果转化水平是一个地区综合创新能力的体现，陕西省的科技成果转

化水平基本上可以反映出关中地区的现状，因此对陕西省科技资源投入、科技资源产出的情况进行分析，发现存在的问题主要有以下三个方面：①科技财力资源投入累计增长，但与全国其他省份相比仍有差距，从全国范围来看，2019 年陕西省 R&D 经费投入为 584.6 亿元，排在全国第 13 位，有 6 个省份的 R&D 经费投入超过千亿元，同处于西部地区的四川省 R&D 经费为 871.0 亿元，由此可见陕西省的研发投入与其他经济强省还有一定差距，经费投入不足一定程度上拖慢了科技成果转化的步伐。②陕西省知识产出处于中等水平，知识产出包括专利申请授权数和三大检索科学论文数，相关数据显示，2012—2017 年陕西省 SCI 和 EI 论文数量稳步增长，但 CPCI-S 增速相较缓慢，始终没有突破 6000 篇；2017 年陕西省专利申请授权数为 98935 件，在全国排第 12 位，相邻省份四川为 167484 件，其数量是陕西省的 1.69 倍。③陕西省经济产出偏低，经济产出包括技术市场成交额、高技术产业主营业务收入和新产品销售收入，数据显示 2017 年陕西省的新产品销售额在全国排第 17 位，高技术产业主营业务收入排第 16 位，只有技术市场成交额排名靠前，处于第 4 位，说明陕西省技术市场环境对科技成果转化的推进作用较小，表现在科技成果在转化为新产品时获得的经济利润较少、转化为效益的水平偏低。

5.4.3 装备制造业价值链地位“低端锁定”，核心竞争力较为薄弱

主要体现在两个方面：①关中地区装备制造业通过合作创新发展现如今已经拥有较大规模，但在整个国际产业分工体系中仍然处于价值链的低端。如表 5-6 所示，从相关资料查询的分行业数据可以看出，除了专用设备制造业在全球价值链中的地位较高以外，其余行业的价值链地位都偏低①。②关中地区装备制造业以加工生产环节参与到全球竞争当中，但大多数行业只能从事全球价值链分工体系中的加工、组装、简单制造等技术含量低、附加值低、位于“微笑曲线”底部的生产活动，这导致产业长期游离于研发、设计、品牌等战略性环节之外，科技资源也逐渐流失至发达地区，处于“微笑曲线”底端的生产模式导致其行业发展“利润少，品牌弱”。创新链与价值链联系紧密，关中地区装备制造业价值链“低端锁定”，科技创新链也困难重重，二者没有建立良好的驱动转化关系，更加阻碍了装备制造业核心竞争力的形成。

---

① 沈冰．陕西装备制造业在全球产业链中的位置和变化研究［J］．西部金融，2018（11）：62-66，77.

表 5-6 2015—2017 年关中地区装备制造业全球价值链地位分行业数据

行业名称	2015 年	2016 年	2017 年
金属制品业	1. 75	2. 33	2. 20
通用设备制造业	39. 12	9. 78	56. 43
专用设备制造业	207. 38	375. 39	409. 58
汽车制造业	6. 62	14. 21	16. 36
铁路、船舶、航空航天和其他运输设备制造业	9. 07	14. 93	18. 63
电气机械及器材制造业	70. 92	20. 10	106. 09
通信和其他电子设备制造业	4. 01	6. 35	10. 26
仪器仪表制造业	0. 14	0. 15	1. 31

5. 5 数字化转型较慢，装备制造业实现智能制造任重道远

5. 5. 1 数字核心技术储备不足，对装备制造业与数字经济的深度融合形成制约

新型数字技术是融合发展的关键支撑。近年来，我国数字技术应用不断加快，技术能力不断提升，但在核心技术层面还存在着一些比较明显的短板。数字应用的基础技术主要应用于集成电路产业，但我国目前的集成电路生产制造技术落后国际领先水平，在传感器、芯片、控制器等核心元器件领域还存在较大差距。在数字技术赋能实体经济的软件层面，国产基础软件的核心技术储备相对不足，工业设计开发、仿真测试、制造执行系统等工业软件的核心技术实力还有待提升，特别是在工业级的数字技术应用方面，在工业互联网、工业云、工业大数据等领域的自主创新还需要加强。

5. 5. 2 装备制造业与数字经济融合不充分，存在“重量轻质”的现象

融合不充分主要是由于装备制造业企业和数字企业对融合认知存在偏差。装备制造业企业在供应链竞争的背景下，仅将数字技术视为生产的辅助，对于数据资源没有做到高效挖掘，没有看到制造全生命周期产生的数据对产业链提升的战略作用。而对于新型数字企业，尽管拥有足够的数据挖掘与分析能力，但对生产工艺与流程缺乏相应了解，不能满足实际生产运营需求。这种融合认知偏差在生产工艺水平较高、生产周期较长的装备制造业尤为普遍。

5.5.3 装备制造业企业数字化转型的积极性较低，导致企业数字化转型滞后

企业在数字化转型中面临观念落后、人才短缺、资金不足三大障碍。首先，企业家对数字化转型对本企业的影响缺乏全局性、系统性和战略性的认知，缺乏数字化转型的信心；对数字化转型存在畏难情绪，没有迫切转型的需求；对知识创新、企业转型升级以及长远战略规划普遍缺乏，缺乏居安思危的忧患意识和未雨绸缪的前瞻意识。其次，企业数字化转型过程中面临“人才不足”的困难，企业家反复提及对数字技术研发人才和数字生产管理人才的需求，高端人才和复合型人才的结构性短缺已经成为制约企业数字化转型的重要瓶颈。最后，企业数字化升级面临的融资约束、投入严重不足已成为企业数字化转型的重要掣肘。数字化转型所需要的资金量大、周期长、风险高，受资金和抗风险能力限制较大，这些因素都极大地限制了企业数字化投入。

5.6 人才机制不完善，数字政府建设不成熟，市场环境不够宽松，装备制造业与科技融合亟须高质量营商环境支持

5.6.1 人才机制建设不够完善，高层次人才“引、留”成为难题

陕西省作为教育资源大省，创新人力资源丰富，但近几年的人力资源出现负增长，《陕西统计年鉴 2018》中的数据显示：陕西省 2018 年人才流失 100 万人，其中制造业行业流失 11.4 万人，科学研究和技术服务业流失 1.5 万人，根本原因在于其人才机制不够完善。自 2016 年起陕西省连续出台了各类人才引进政策，不断放松户籍限制，但是缺乏完善的中长期人才发展规划体系，没有从根本上解决人才住房压力大、子女上学难等问题。相比之下，以北京、广东、浙江为代表的科技与信息技术高度发达地区和以四川、重庆为代表的制造业重镇都形成了具有鲜明地方特色的人才引进机制和人才培养体系，如表 5-7 所示。装备制造业需要通过人才不断开发才能更有效地利用新产品新技术，对旧的技术装备不断改造升级，陕西省在人才机制层面的短板，导致高端人才“难引进、留不住”，对装备制造业与科技前沿的融合造成直接影响。

表 5-7 全国代表性地区人才政策

地区	人才政策
北京中关村	股权激励、税收减免、“紧缺人才引进”、“杰青计划” 等
四川（成都）	“金熊猫人才计划”“万名 AI 人才培养计划”“天府万人计划” 等
广东（深圳）	“珠江人才计划”“海外青年引进计划”“领航 2020 人才发展计划”“孔雀计划” 等
重庆	“百名优秀企业家培养计划”“鸿雁计划”
浙江（杭州）	“双创平台”、“521 人才计划”、“万人计划”、杰出人才等

5.6.2 “数字政府”建设成绩不够显著，“信息孤岛”现象突出

数字政府是推动数字中国建设的重要内容，也是构建新型智慧城市与智慧社会的基础与保障，数字政府对新基建、数字经济、产业融合的发展具有重要意义。近年来全国各地都扎实推进数字政府建设，以广东“东莞方案”为首的河北、福建、浙江、上海等地政务服务效能都有了明显改善，陕西省 2020 年 8 月 21 日发布《陕西省推进“上云用数赋值”行动培育新经济发展实施方案（2020—2023）》，也加入“数字政府”建设行列，但陕西省起步时间较晚，整体还处于探索阶段，其成效并不显著。数字政府与数字经济发展之间存在紧密的互动关系，两者具有相关性，数字政府是数字经济创新的顶层设计，数字经济推动政府向“数字政府”转变。相关数据显示，陕西省的数字经济实力相对薄弱，与发达省份存在较大差距，这一定程度上反映了陕西省数字政府建设的不成熟、成效不显著。政府数字化转型的质量与速度一方面直接影响陕西省数字经济的未来进而影响装备制造业的数字化转型进程，另一方面会影响政府数据平台的开放程度。现阶段由于缺乏专业的技术运维人员，各部门数据不能互联互通，造成了大量有效数据资源的浪费，数据无法融通导致装备制造业与科技之间存在数据壁垒，阻碍产业融合。

5.6.3 市场环境不够宽松，企业创新意愿普遍偏低

宽松的市场环境是企业科技创新的重要推手，为了探讨陕西市场环境目前发展中存在的问题，将陕西与其他八个创新型试点省份（江苏、安徽、浙江、湖北、广东、福建、四川、山东）的市场环境发展状况进行横向比较，选取市场需求情况、市场结构规范程度、市场开放程度来测度市场环境。根

据三个指标测算出陕西的市场环境综合得分为0.0731，在九个省份中排名第六[①]，说明陕西的市场环境宽松度较低。从三个指标可以看出：①陕西市场需求得分不及湖北的1/2，市场需求不足导致装备制造业企业创新需求少，进而影响了企业以及其他创新主体的创新意愿；②陕西市场结构得分排名第九，市场结构不合理说明陕西在企业数量、规模分布、产品差别程度上存在问题，市场结构越趋于垄断越不利于企业技术引进与创新；③陕西市场开放度得分也与其他省份相差甚远，说明陕西在吸引外资方面的环境还不够完善，对区域外的资源利用不充分导致企业创新绩效偏低。关中地区装备制造业的发展与企业的科技创新都需要“沃土”，陕西的市场环境还需要进一步优化。

① 李丹．互联网背景下陕西省创新环境评价研究［D］．西安：西北大学，2018.

6　关中地区装备制造业与科技融合的实证研究

科学技术是第一生产力，当前我国的经济发展将科技创新与实体行业相结合，研究如何发挥好科技对装备制造业的引领作用，加速科技创新体制机制改革，提升装备制造业科技发展竞争力，促进陕西省装备制造业全面振兴发展，带动其他产业协同发展。本书通过构建科技与装备制造业发展指标体系来测度两大产业的发展趋势，再利用灰色关联度分析法对陕西省装备制造业与科技融合度进行研究，可以从实证的角度明确关中装备制造业与科技融合发展现状以及融合情况，发现装备制造业的优势以及存在的不足，从而为装备制造业与科技融合继续推进提出相应的对策建议。

6.1　关中地区装备制造业与科技发展的灰色关联度分析

本章借鉴已有研究，尝试采用灰色关联度分析法对装备制造业与科技的融合度进行测量，下面介绍该方法的测算步骤以及优势。

6.1.1　灰色关联度方法介绍

灰色关联度方法研究注重的不是数据的本身，而是数据大小所表示的主行为因子与相关因子的关系密切程度。邓氏关联分析法是一种经典的灰色关联分析法，由中国学者邓聚龙（1983）教授提出。该方法的分析模型包括以下五个计算步骤：

（1）选取待分析变量序列。设反映系统行为特征的变量为参考序列，用 X_0 表示，与系统行为相关的因素变量为比较序列，用 X_1，X_2，X_3，…，X_n 表示。这 $n+1$ 个序列构成一个矩阵：（X_0，X_1，X_2，X_3，…，X_n）。

（2）对两个变量序列进行无量纲化处理。由于原始数据的量纲和数量级的差异，需要用某种方法去掉 X_0 和 X_i 序列的量纲，将其转化为纯数字序列的 X_0' 和 X_i'。在已有文献的研究中，常用的无量纲化处理办法有“中心化”“极差化”“均值化”“初值化”等。笔者通过对原始数据进行多种无量纲化处理之后，发现采用“中心化”法得到的结果是最为合理的，其计算公式为：

$X_i'=\frac{X_i-\overline{X}_i}{\delta_i}$，其中 $i=0$，1，2，…，n；$\overline{X}_i$，δ_i 分别是序列观测值 X_i 的样本平均值和样本标准差。无量纲化后形成矩阵为：$(X_0', X_1', X_2', \cdots, X_m')$。

（3）计算差序列，寻找最大差值及最小差值。首先计算参考序列 X_0'和 X_i'对应 t 点（$t=0$，1，2，…，n）之差值的绝对值构成的差序列：

$$\Delta_i(t)=|X_0'(t)-X_i'(t)|$$

然后，从差序列 $\Delta_i(t)$ 中找出最大差值和最小差值：

$$\max_{it}|X_0'(t)-X_i'(t)|$$

$$\min_{it}|X_0'(t)-X_i'(t)|$$

（4）计算灰色关联系数。灰色关联系数 ξ_{it}的计算公式为：

$$\xi_{it}=\frac{\min\limits_{it}|X_0'(t)-X_i'(t)|+\rho\cdot\max\limits_{it}|X_0'(t)-X_i'(t)|}{\Delta_i(t)+\rho\cdot\max\limits_{it}|X_0'(t)-X_i'(t)|}$$

其中，ρ 为分辨系数，在［0，1］内取值。在实际应用中，ρ 一般取 0.5。最后可得关联矩阵：$(\xi_{01}, \xi_{02}, \cdots, \xi_{0n})$。

（5）计算灰色关联度并排序。灰色关联系数一般表示的是各个时刻数据之间的关联程度，然而如果选取的时间周期比较长，关联系数较多，信息分布较为分散，不便于各因子之间的比较。因此，有必要将各个时刻的关联系数集中为一个数值，而求平均值是对分散信息集中处理的方法。所以，关联度的表达式为：

$$\gamma_i=\frac{1}{n}\sum_{t=1}^{n}\xi_i(t)$$

灰色关联系数的取值一般在 0~1，值越接近于 1，表示比较序列与参考序列之间的关联程度越高，两序列的曲线形状越接近，比较序列中各变量对参考序列的变量影响作用越显著。

已有学者对装备制造业与科技产业融合度的测定以投入产出表为主，利用直接消耗系数和间接消耗系数来表示。但是由于投入产出表编制的时间限制以及计算所衡量的内容只能反映产业的关联互动情况，对于产业融合度的测定不一定准确。而灰色关联分析方法是从系统行为的特征数据及与其相关因子的数据着手，以灰色关联度来描述主行为因子和相关因子的关系密切程度，得到的灰色关联度（GRO）大小可以用来描述因素间关系的强弱。

由于装备制造业各个细分行业的发展与科技发展的关联度可能存在较大的差异，因此下文分别分析各个细分行业的发展与科技发展的关联度。

6.1.2 关中地区装备制造业与科技发展评价指标体系

（1）指标选取及选取依据。

目前关于科技发展的评价指标体系研究成果较多，根据已有的数据整理结果以及综合上述原则，最终确定关中地区装备制造业科技发展指标体系包括两个一级指标：科技投入能力与科技产出能力；装备制造业发展指标体系包括两个一级指标：经济规模与经济效益，分别反映企业的规模与盈利能力；装备制造业与科技融合的指标体系包括两个一级指标：创新活动的融合指数与新产品开发的融合指数，分别体现装备制造业各行业中的创新活动与产品开发情况。

（2）指标体系构建原则。

构建科学、系统、全面的评价指标体系是反映关中地区装备制造业创新发展能力各方面状况和特性的关键，因此评价指标体系要依据一定的原则表现出结构层次性，不仅能够得到总的评价结果，而且可以了解到各个层次的评价状况，进而综合反映关中地区装备制造业创新发展能力。

科学性原则。评价指标体系要根据关中创新发展实际情况和发展规律，尽可能选取最能够体现创新本质能力的指标，且各个指标之间相对独立。

可行性原则。评价装备制造业创新发展能力并不是构建指标体系的最终目标，而是在反映其创新发展能力的动态变化及运营管理注重创新驱动发展上具有可行性。

可比性原则。创新发展能力的高低是通过比较得出的，因此在进行横纵向比较时，所选的指标统计口径要一致，并且具有可比性和稳定性。

可操作性原则。在数据资料的获取、数据资料的可靠性以及指标的量化处理时要考虑可操作性，最大限度利用现有的 2014—2018 年《陕西统计年鉴》的统计数据，以保证研究的可信度和有效性。

（3）指标介绍。

1）科技创新投入是实现科技驱动发展的内在动力，R&D 是衡量创新发展水平的重要指标。此处选择二级指标 R&D 人员、R&D 经费支出、新产品开发项目数、新产品开发经费支出来说明关中地区的科技研发投入水平。

①R&D 人员作为衡量企业技术创新投入的核心要素，反映社会经济主体促进技术创新和科技活动的人力投入力度。技术要转化为现实生产力，离不开人的因素，技术创新成果通过人才能发挥作用，科技进步是通过劳动手段转化为直接生产力的。人力发挥以技能存量为主要特征的生产要素作用和以

知识存量为主要特征的创新作用，是决定技术创新水平高低的重要因素。

②R&D 经费支出是企业内部用于基础研究、应用研究和试验发展这三类项目的支出与这三类项目管理和服务费用支出的总和，是开展技术创新活动的保障与前提，是产业科研成果转化的重要因素，是企业对技术研发资金支持力度的反映。在产业发展中，经费的不断增加有助于产业的技术进步，并为形成产业竞争力提供坚实的基础。创新型科技人才是指具有创新精神和创新能力的科技人才，关中地区在科研开发和成果转化方面取得的显著成绩，正是得益于科技人才的培养和扶持。

③新产品开发是指从研究选择适应市场需要的产品开始到产品设计、工艺制造设计，直到投入正常生产的一系列决策过程，更多的新产品的开发以及支出能够有效促进技术创新成果的转化，提高装备制造产业的技术创新能力。

这 4 个指标综合反映了关中地区在装备制造业领域的科技投入能力。

2）对于关中地区而言，创新产出能力是指创新产出成果对一个区域经济效益的贡献能力，本研究主要通过二级指标新产品产值、新产品销售收入、专利申请数、发明专利、有效发明专利数、发表科技论文数来衡量创新产出能力。

①新产品产值、新产品销售收入是创新投入经过创新加工和组织而得到的，可以反映研发活动的产值和总体销售收入。

②发明专利以及发表科技论文数可以反映出装备制造业的科研成果水平，同时也是企业在科技方面获得利润的主要来源。

这 6 个指标可以很好地反映陕西装备制造业的知识技术创新转化水平。

3）装备制造业发展指标体系的一级指标分为经济规模指标与经济效益指标。

经济规模指标中选用企业单位数、工业总产值、资产总计、营业收入、利润合计、平均用工人数作为二级指标。企业单位数与平均用工人数反映了企业的规模；工业总产值是以货币形式表现的工业企业在一定时期内生产的已出售或可供出售的工业产品总量，反映一定时间内工业生产的总规模和总水平；资产总计是指企业拥有或可控制的能以货币计量的经济资源，包括各种财产、债权和其他权利；营业收入是利润的主要来源；利润合计代表净利润。这些指标可以反映企业的财务状况，指标数值越大说明该行业的资产越多，规模越大。

经济效益指标是对某一产业经济表现做出的客观评价，二级指标包括：

总资产贡献率、资产负债率、流动资产周转率、成本费用利润率。总资产贡献率反映企业全部资产的获利能力，是企业经营业绩和管理水平的集中体现，是评价和考核企业盈利能力的核心指标；资产负债率是企业负债总额占企业资产总额的百分比；流动资产周转率指企业一定时期内主营业务收入净额同平均流动资产总额的比率，它是评价企业资产利用率的一个重要指标；成本费用利润率是企业一定期间的利润总额与成本、费用总额的比率。这4个指标阐释了在生产成本基础上该行业实现盈利和提高产业经济质量的能力。

（4）指标赋权。

指标权重的确定方法有很多，主要包括层次分析法（AHP）、主成分分析法、熵权法、专家打分法、标准离差法等，这些方法又分为主观赋权法和客观赋权法。主观赋权法指人们对分析对象的各个因素按照其重要程度，依照主观经验确定权重，这类方法较成熟，但客观性较差，如AHP法、专家打分法等；客观赋权法指对实际发生的资料进行整理、计算和分析，从而得到权重，该方法相对主观赋权法而言形成较晚且很不完善，如熵权法、标准离差法等。

1）通过AHP法建立结构分明的指标评价体系。对同一层次的各指标，以上层的指标为准则进行两两比较，构造两两比较判断矩阵，并进行一致性检验，确定指标权重。再利用同一层次中所有本层次对应从属指标的权重值，以及上层次所有指标的权重，加权计算本层次所有指标对最高层次的权重值，最后得出综合权重。

2）熵权法是一种用于处理多对象、多指标的综合评价方法，根据各指标的变异程度，首先用信息熵计算出各指标熵权，再对各指标权重采用熵权修正，评价结果主要依据客观数据，几乎不受主观因素影响，是一种较为客观的赋权方法。熵是对不确定信息的度量，熵值越高，该指标提供的信息量越小，权重就应该越小。反之，熵值越低，被赋予的权重应越大。

3）专家打分法又称德尔菲法（Delphi Method），是一种定性描述定量化研究的方法，它首先根据评价对象具体要求设定若干个评价指标，再根据评价指标制订出评价标准，聘请若干代表性专家凭借自己经验按此评价标准给出各指标的评价分值，然后对其进行结集。在本次研究中，指标权重初步采用专家打分法，小组成员向在校大学生（10人）、社会群众（10人）、相关专家（10人）和教授（10人）发放咨询问卷40份，回收率为100%，问卷采用百分制法对各指标进行赋值量化，如表6-1所示。

表 6-1　关中地区装备制造业科技发展指标体系构建

目标层	一级指标	二级指标	单位	指标含义
关中装备制造业科技发展指标体系	科技投入能力（50%）	R&D 人员（15%）	人	企业在科技创新中投入的人员及经费
		R&D 经费支出（15%）	万元	
		新产品开发项目数（10%）	个	
		新产品开发经费支出（10%）	万元	
	科技产出能力（50%）	新产品产值（15%）	万元	新产品开发、生产和销售情况；企业自主知识产权情况
		专利申请数（15%）	件	
		发表科技论文数（5%）	篇	
		发明专利（5%）	件	
		有效发明专利数（5%）	件	
		新产品销售收入（5%）	万元	
关中地区装备制造业发展指标体系	经济规模指标（80%）	企业单位数（24%）	家	企业资产与用工规模
		工业总产值（24%）	万元	
		资产总计（8%）	万元	
		营业收入（8%）	万元	
		利润合计（8%）	万元	
		平均用工人数（8%）	人	
	经济效益指标（20%）	总资产贡献率（5%）	%	企业盈利能力
		资产负债率（5%）	%	
		流动资产周转率（5%）	%	
		成本费用利润率（5%）	%	

6.1.3　关中地区装备制造业与科技发展的灰色关联度分析测算结果

（1）装备制造业与科技发展的灰色关联度分析。

1）科技创新总指数与装备制造业发展的灰色关联度分析。

由表 6-2 可知，科技投入指数、科技产出指数和科技创新总指数与装备制造业发展的关联度分别为 0.642、0.702 和 0.688，说明装备制造业的发展与科技发展有较高的关联度。

表 6-2　科技创新总指数与装备制造业发展的关联度结果

评价项	关联度	排名
科技创新总指数	0.688	2
科技投入指数	0.642	3
科技产出指数	0.702	1

此外，科技产出与装备制造业发展的关联度大于科技投入。这是因为科技产出是科技投入的结果，相比于科技投入，科技产出更能够直接度量科技活动为装备制造业发展所做的贡献。

2）科技投入各项目与装备制造业发展的关联度分析。

由表 6-3 可知，新产品开发经费支出、R&D 经费支出、新产品开发项目数和 R&D 人员与装备制造业整体发展的关联度分别为 0.640、0.634、0.551 和 0.577。整体而言，增加新产品开发经费和 R&D 经费是装备制造业发展最重要的驱动力，其次是引进 R&D 人员，最后是增加新产品开发项目。

表 6-3 科技投入各项目与装备制造业发展的关联度结果

评价项	关联度	排名
R&D 人员	0.577	3
R&D 经费支出	0.634	2
新产品开发项目数	0.551	4
新产品开发经费支出	0.640	1

3）科技产出各项目与装备制造业发展的关联度分析。

由表 6-4 可知，专利申请数、发表科技论文数和新产品产值与装备制造业发展的关联度分别为 0.673、0.623 和 0.620。说明专利是最能促进装备制造业发展的科技产出，其次是发表科技论文数，最后是新产品产值。因此，推进装备制造业发展的关键是提高专利的申请量。

表 6-4 科技产出各项目与装备制造业发展的关联度结果

评价项	关联度	排名
专利申请数	0.673	1
发表科技论文数	0.623	2
新产品产值	0.620	3

（2）科技创新与装备制造业子行业发展的关联度分析。

选取最能代表科技投入和科技产出的指标进行灰色关联度分析，测度各项科技投入和科技产出与装备制造业发展的关联度，科技投入指标选择 R&D 人员、R&D 经费支出和新产品开发经费支出，科技产出指标选择专利申请数、新产品产值和发表科技论文数。计算各影响因素与装备制造业发展的关联度系数和关联值。限于篇幅，归一化处理之后的结果不再列示。接下来对装备制造业的各行业逐一进行灰色关联度分析。

1）专用设备制造业灰色关联度分析。

表 6-5 专用设备制造业关联系数结果

年份	R&D人员	R&D经费支出	新产品开发经费支出	专利申请数	新产品产值	发表科技论文数	科技投入指数	科技产出指数	科技创新总指数
2014	0.369	0.561	0.914	0.746	0.591	0.746	0.541	1	0.702
2015	0.53	0.734	0.724	0.5	0.462	0.646	0.594	0.487	0.535
2016	0.405	0.405	0.405	0.629	0.817	0.562	0.429	0.664	0.521
2017	0.523	0.593	0.434	0.831	0.398	0.679	0.56	0.606	0.582
2018	0.592	0.485	0.485	0.485	0.485	0.888	0.676	0.508	0.58

计算出关联系数之后（见表 6-5），再根据公式得到各影响因素与专用设备制造业发展的关联度结果，如图 6-1 所示。由图 6-1 可知，科技创新与专用设备制造业发展的关联度为 0.58，科技产出比科技投入与专用设备制造业发展的关联度更大。进一步地，影响专用设备制造业发展的科技投入因素依次是新产品开发经费支出、R&D 经费支出和 R&D 人员，影响专用设备制造业发展的科技产出因素依次是发表科技论文数、专利申请数和新产品产值。因此，为促进专用设备制造业与科技更好地融合，应该进一步加强新产品的研发投入和科技论文的发表。

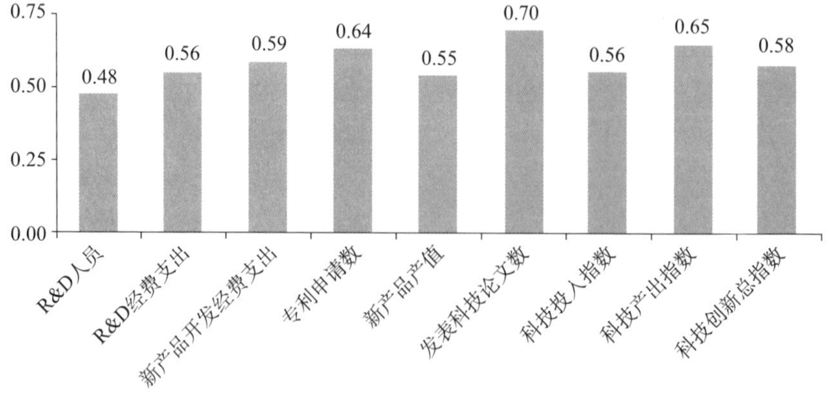

图 6-1 专用设备制造业关联度结果

2）仪器仪表制造业灰色关联度分析。

表 6-6 仪器仪表制造业关联系数结果

年份	R&D 人员	R&D 经费支出	新产品开发经费支出	专利申请数	新产品产值	发表科技论文数	科技投入指数	科技产出指数	科技创新总指数
2014	0.62	0.62	0.62	0.574	0.387	0.576	0.62	0.474	0.813
2015	0.801	0.801	0.801	0.801	0.801	0.443	0.809	0.918	0.86
2016	0.79	0.795	0.569	0.967	1	0.413	0.671	0.877	0.865
2017	0.589	0.604	0.447	0.617	0.67	0.419	0.913	0.8	0.852
2018	0.528	0.889	0.814	0.719	0.719	0.34	0.687	0.867	0.883

计算出关联系数之后（见表 6-6），再根据公式得到各影响因素与仪器仪表制造业发展的关联度结果，如图 6-2 所示。由图 6-2 可知，科技创新与仪器仪表制造业发展的关联度为 0.85，科技产出比科技投入与仪器仪表制造业发展的关联度更大。进一步地，影响仪器仪表制造业发展的科技投入因素依次是 R&D 经费支出、R&D 人员和新产品开发经费支出，影响仪器仪表制造业发展的科技产出因素依次是专利申请数、新产品产值和发表科技论文数。因此，为促进仪器仪表制造业与科技更好地融合，应该进一步加强研发投入和专利的申请。

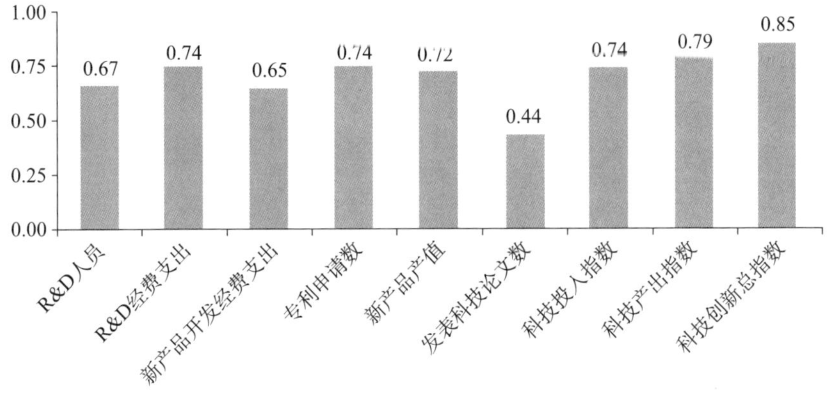

图 6-2 仪器仪表制造业关联度结果

3）汽车制造业灰色关联度分析。

表 6-7　汽车制造业关联系数结果

年份	R&D人员	R&D经费支出	新产品开发经费支出	专利申请数	新产品产值	发表科技论文数	科技投入指数	科技产出指数	科技创新总指数
2014	0.336	0.622	0.908	0.336	0.711	0.725	0.563	0.681	0.616
2015	0.362	0.674	0.674	0.674	0.674	0.684	0.841	0.715	0.912
2016	0.519	0.703	0.754	0.77	0.823	0.519	0.657	0.86	0.745
2017	0.576	0.669	0.6	0.896	0.534	0.91	0.719	0.683	0.972
2018	0.361	0.706	0.706	0.935	0.706	0.706	0.658	1	0.793

计算出关联系数之后（见表 6-7），再根据公式得到各影响因素与汽车制造业发展的关联度结果，如图 6-3 所示。由图 6-3 可知，科技创新与汽车制造业发展的关联度为 0.81，科技产出比科技投入与汽车制造业发展的关联度更大。进一步地，影响汽车制造业发展的科技投入因素依次是新产品开发经费支出、R&D 经费支出和 R&D 人员，影响汽车制造业发展的科技产出因素依次是专利申请数、发表科技论文数和新产品产值。因此，为促进汽车制造业与科技更好地融合，应该进一步加强新产品的开发和专利的申请。

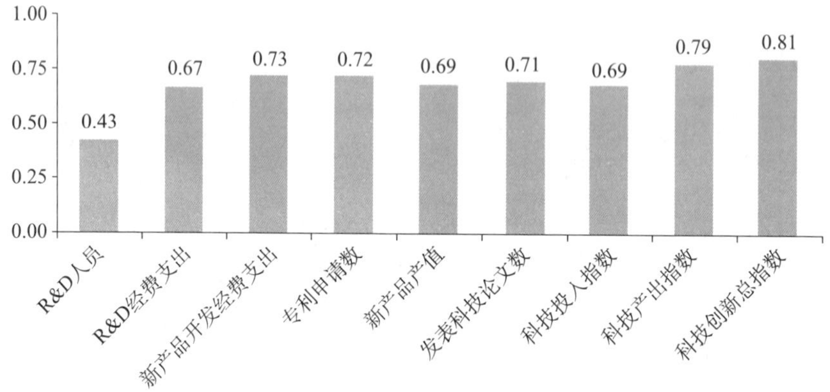

图 6-3　汽车制造业关联度结果

4）电气机械及器材制造业灰色关联度分析。

表 6-8 电气机械及器材制造业关联系数结果

年份	R&D人员	R&D经费支出	新产品开发经费支出	专利申请数	新产品产值	发表科技论文数	科技投入指数	科技产出指数	科技创新总指数
2014	0.348	0.348	0.694	0.89	0.776	0.348	0.387	1	0.558
2015	0.585	0.5	0.5	0.634	0.515	0.613	0.531	0.624	0.574
2016	0.809	0.722	0.727	0.731	0.567	0.658	0.673	0.704	0.688
2017	0.363	0.969	0.875	0.363	0.502	0.432	0.592	0.476	0.528
2018	0.398	0.412	0.608	0.608	0.608	0.397	0.613	0.713	0.933

计算出关联系数之后（见表6-8），再根据公式得到各影响因素与电气机械及器材制造业发展的关联度结果，如图6-4所示。由图6-4可知，科技创新与电气机械及器材制造业发展的关联度为0.66，科技产出比科技投入与电气机械及器材制造业发展的关联度更大。进一步地，影响电气机械及器材制造业发展的科技投入因素依次是新产品开发经费支出、R&D经费支出和R&D人员，影响电气机械及器材制造业发展的科技产出因素依次是专利申请数、新产品产值和发表科技论文数。因此，为促进电气机械及器材制造业与科技更好地融合，应该进一步加强新产品的开发和专利的申请。

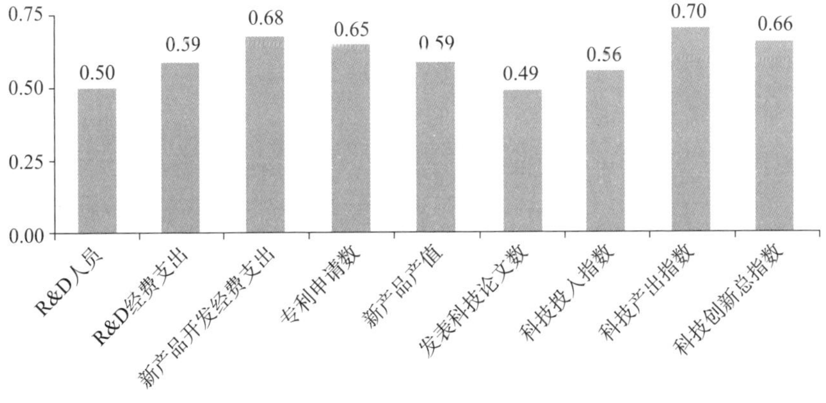

图 6-4 电气机械及器材制造业关联度结果

5）通信和其他电子设备制造业灰色关联度分析。

表 6-9　通信和其他电子设备制造业关联系数结果

年份	R&D人员	R&D 经费支出	新产品开发经费支出	专利申请数	新产品产值	发表科技论文数	科技投入指数	科技产出指数	科技创新总指数
2014	0. 888	0. 888	0. 888	0. 431	0. 474	0. 341	0. 8	0. 451	0. 577
2015	0. 418	0. 85	0. 851	0. 601	0. 418	0. 484	0. 778	0. 763	0. 771
2016	0. 601	0. 775	0. 731	0. 829	0. 431	0. 59	0. 823	0. 581	0. 681
2017	0. 757	0. 726	0. 669	0. 824	0. 398	1	0. 728	0. 605	0. 661
2018	0. 525	0. 825	0. 825	0. 825	0. 406	0. 351	0. 669	0. 59	0. 627

计算出关联系数之后（见表 6-9），再根据公式得到各影响因素与通信和其他电子设备制造业发展的关联度结果，如图 6-5 所示。由图 6-5 可知，科技创新与通信和其他电子设备制造业发展的关联度为 0. 66，科技投入比科技产出与通信和其他电子设备制造业发展的关联度更大。进一步地，影响通信和其他电子设备制造业发展的科技投入因素依次是 R&D 经费支出、新产品开发经费支出和 R&D 人员，影响通信和其他电子设备制造业发展的科技产出因素依次是专利申请数、发表科技论文数和新产品产值。因此，为促进通信和其他电子设备制造业与科技更好地融合，应该进一步加强研发投入和专利的申请。

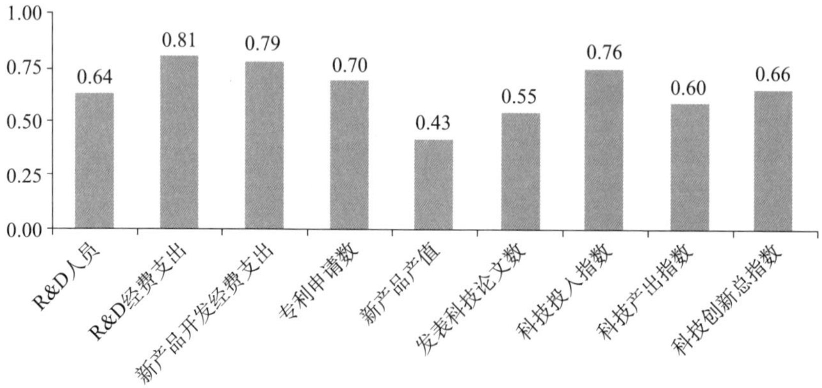

图 6-5　通信和其他电子设备制造业关联度结果

6）通用设备制造业灰色关联度分析。

表 6-10 通用设备制造业关联系数结果

年份	R&D人员	R&D经费支出	新产品开发经费支出	专利申请数	新产品产值	发表科技论文数	科技投入指数	科技产出指数	科技创新总指数
2014	0.459	0.682	0.79	0.459	0.838	0.768	0.784	0.737	0.759
2015	0.823	0.584	0.552	0.552	0.685	0.83	0.727	0.633	0.676
2016	0.452	0.456	0.416	0.479	0.378	1	0.439	0.462	0.45
2017	0.648	0.622	0.605	0.575	0.929	0.545	0.609	0.746	0.968
2018	0.594	0.51	0.51	0.74	0.51	0.815	0.855	0.612	0.714

计算出关联系数之后（见表 6-10），再根据公式得到各影响因素与通用设备制造业发展的关联度结果，如图 6-6 所示。由图 6-6 可知，科技创新与通用设备制造业发展的关联度为 0.71，科技投入比科技产出与通用设备制造业发展的关联度更大。进一步地，影响通用设备制造业发展的科技投入因素依次是 R&D 人员、R&D 经费支出和新产品开发经费支出，影响通用设备制造业发展的科技产出因素依次是发表科技论文数、新产品产值和专利申请数。因此，为促进通用设备制造业与科技更好地融合，应该进一步加强研发人员的引进和科技论文的发表。

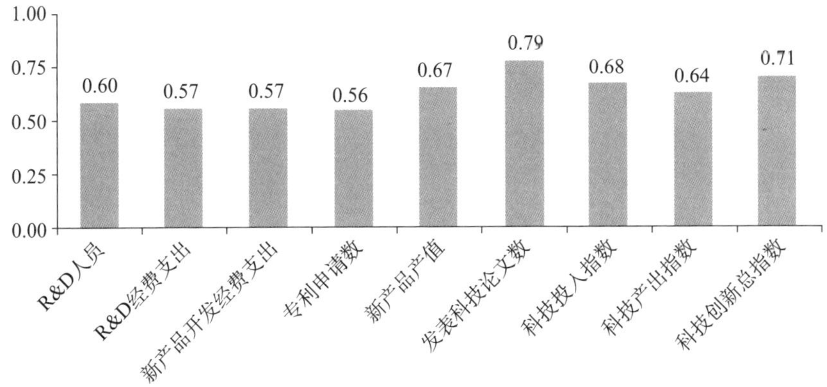

图 6-6 通用设备制造业关联度结果

7）金属制品、机械和设备修理业灰色关联度分析。

表 6-11　金属制品、机械和设备修理业关联系数结果

年份	R&D人员	R&D经费支出	新产品开发经费支出	专利申请数	新产品产值	发表科技论文数	科技投入指数	科技产出指数	科技创新总指数
2014	0.937	0.694	0.688	0.675	0.55	0.468	0.881	0.828	0.985
2015	0.908	0.779	0.779	0.972	0.379	0.779	0.997	0.625	0.768
2016	1	0.596	0.418	0.364	0.743	0.756	0.599	0.591	0.595
2017	0.342	0.342	0.342	0.452	0.539	0.452	0.342	0.477	0.398
2018	0.341	0.505	0.395	0.45	0.862	0.862	0.389	0.716	0.505

计算出关联系数之后（见表 6-11），再根据公式得到各影响因素与金属制品、机械和设备修理业发展的关联度结果，如图 6-7 所示。由图 6-7 可知，科技创新与金属制品、机械和设备修理业发展的关联度为 0.65，科技投入和科技产出与金属制品、机械和设备修理业发展的关联度相差不大。进一步地，影响金属制品、机械和设备修理业发展的科技投入因素依次是 R&D 人员、R&D 经费支出和新产品开发经费支出，影响金属制品、机械和设备修理业发展的科技产出因素依次是发表科技论文数、新产品产值和专利申请数。因此，为促进金属制品、机械和设备修理业与科技更好地融合，应该进一步加强研发人员的引进和科技论文的发表。

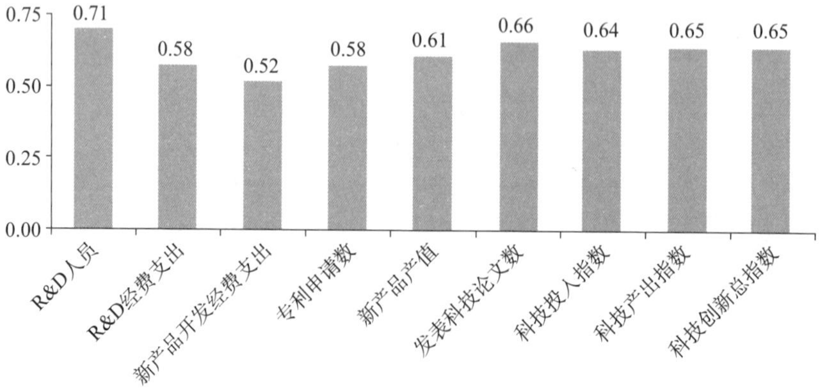

图 6-7　金属制品、机械和设备修理业关联度结果

8）金属制品业灰色关联度分析。

表 6-12 金属制品业关联系数结果

年份	R&D人员	R&D 经费支出	新产品开发经费支出	专利申请数	新产品产值	发表科技论文数	科技投入指数	科技产出指数	科技创新总指数
2014	0. 344	0. 344	0. 481	0. 959	0. 344	0. 344	0. 365	0. 512	0. 426
2015	0. 779	0. 507	0. 507	0. 848	0. 855	0. 507	0. 627	0. 774	0. 692
2016	0. 643	0. 682	0. 884	0. 62	0. 62	0. 91	0. 904	0. 742	0. 815
2017	0. 5	0. 823	0. 818	0. 428	0. 488	0. 422	0. 825	0. 508	0. 629
2018	0. 334	0. 592	0. 583	0. 576	0. 66	1	0. 552	0. 622	0. 585

计算出关联系数之后（见表 6-12），再根据公式得到各影响因素与金属制品业发展的关联度结果，如图 6-8 所示。由图 6-8 可知，科技创新与金属制品业发展的关联度为 0. 63，科技投入比科技产出与金属制品业发展的关联度更大。进一步地，影响金属制品业发展的科技投入因素依次是新产品开发经费支出、R&D 经费支出和 R&D 人员，影响金属制品业发展的科技产出因素依次是专利申请数、发表科技论文数和新产品产值。因此，为促进金属制品业与科技更好地融合，应该进一步加强新产品的研发投入和专利的申请。

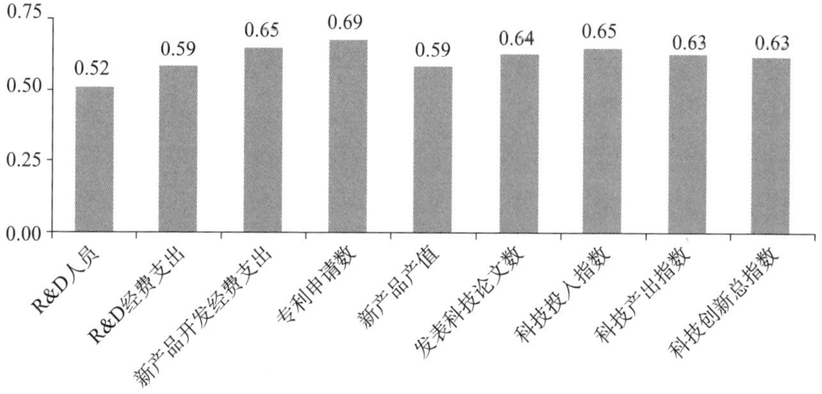

图 6-8 金属制品业关联度结果

9）铁路、船舶、航空航天和其他运输设备制造业灰色关联度分析。

表 6-13 铁路、船舶、航空航天和其他运输设备制造业关联系数结果

年份	R&D 人员	R&D 经费支出	新产品开发经费支出	专利申请数	新产品产值	发表科技论文数	科技投入指数	科技产出指数	科技创新总指数
2014	0.377	0.336	0.382	0.736	0.736	0.736	0.356	0.736	0.583
2015	0.578	0.411	0.361	0.839	0.891	0.685	0.53	0.992	0.691
2016	0.437	0.437	0.464	0.876	0.712	0.723	0.557	0.941	0.7
2017	0.796	0.779	0.702	0.964	0.728	0.409	0.688	1	0.821
2018	0.364	0.364	0.364	0.628	0.53	0.628	0.429	0.954	0.592

计算出关联系数之后（见表 6-13），再根据公式得到各影响因素与铁路、船舶、航空航天和其他运输设备制造业发展的关联度结果，如图 6-9 所示。由图 6-9 可知，科技创新与铁路、船舶、航空航天和其他运输设备制造业发展的关联度为 0.68，科技产出比科技投入与铁路、船舶、航空航天和其他运输设备制造业发展的关联度更大。进一步地，影响铁路、船舶、航空航天和其他运输设备制造业发展的科技投入因素依次是 R&D 人员、R&D 经费支出和新产品开发经费支出，影响铁路、船舶、航空航天和其他运输设备制造业发展的科技产出因素依次是专利申请数、新产品产值和发表科技论文数。因此，为促进铁路、船舶、航空航天和其他运输设备制造业与科技更好地融合，应该进一步加强研发人员的引进和专利的申请。

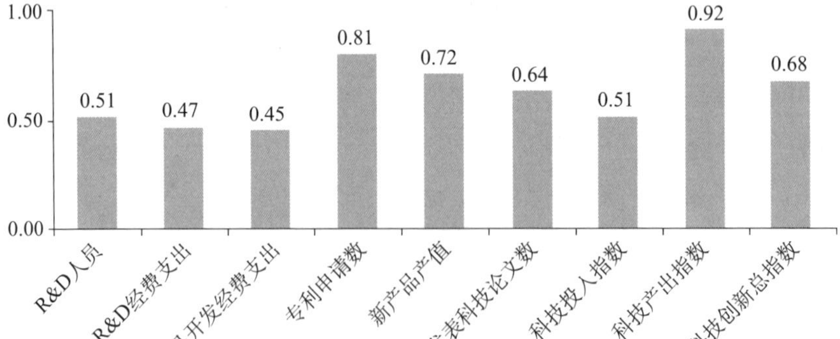

图 6-9 铁路、船舶、航空航天和其他运输设备制造业关联度结果

（3）小结。

1）装备制造业发展与科技发展有较高的关联度。

科技投入指数、科技产出指数、科技创新总指数与装备制造业发展的关联度（除专用设备制造业外）均大于0.6，说明目前陕西装备制造业与科技发展的关联度较高。

2）科技产出与装备制造业发展的关联度大于科技投入。

整体而言，科技产出与装备制造业发展的关联度大于科技投入。这是因为科技产出是科技投入的结果，相比于科技投入，科技产出更能够直接度量科技活动为装备制造业发展所做的贡献。

3）新产品开发活动和专利申请是装备制造业发展的重要驱动力。

整体而言，科技投入项目中，增加新产品开发经费是推进装备制造业发展最重要的驱动力，其次是增加 R&D 经费，最后是引进 R&D 人员。专利是最能促进装备制造业发展的科技产出，其次是发表科技论文数，最后是新产品产值。因此，推进装备制造业发展的关键是提高专利的申请量。

6.2 关中地区装备制造业与科技融合的实证分析

6.2.1 关中地区装备制造业与科技融合的指标体系构建

装备制造业与科技融合的指标体系构建在科技发展指标体系与装备制造业发展指标体系的基础上，分为两个一级指标：创新活动的融合指数与新产品开发的融合指数。二级指标分别利用各个项目占比情况来反映，百分比可以直观显示出装备制造业与科技的融合情况。如表 6-14 所示。

表 6-14 关中地区装备制造业与科技融合指标体系构建 （%）

	指标	指标含义
装备制造业与科技融合指标体系	R&D 经费占工业总产值的比重=R&D 经费支出/工业总产值	科技创新活动占企业活动比重
	R&D 人员占总用工人员的比重=R&D 人员/平均用工人数	
	企业的平均专利申请数=专利申请数/企业数	
	新产品开发经费占工业总产值的比重=新产品开发经费支出/工业总产值	新产品开发占总产值比重
	新产品销售收入占营业收入的比重=新产品销售收入/营业收入	

6.2.2 主成分分析方法的介绍

（1）基本思想。

在实际处理数据中，为了避免遗漏某些重要信息选取了尽可能多的指标，但在指标增多的同时往往存在指标间相关性的问题，主成分分析法可以帮助我们从这些指标中提取有用信息，它主要起降维作用，将复杂问题简单化。

（2）基本理论。

将 p 个指标分别用 X_1，X_2，X_3，…，X_p 表示，这 p 个指标构成的 p 维随机向量为 $X=$（X_1，X_2，X_3，…，X_p）。随机向量 X 的均值为 μ，协方差矩阵为 ε。对 X 进行线性变换，可以形成新的变量，用 $Y=$（y_1，y_2，y_3，…，y_p）表示，新的变量可以由原来的变量线性表示，由于可以任意地对原始变量进行上述线性变换，因此由不同的线性变换得到的综合变量 Y 的统计特性也不尽相同。我们希望 $y_i=\mu_i Xi$ 的方差尽可能大且两者之间相互独立。线性变换约束为：$\mu_i Xi=1$（$i=1$，2，…，p）。y_i 与 y_j 相互无关（$i\neq j$；i，$j=1$，2，…，p）。

（3）基本步骤。

①对给定的原始数据进行标准化处理，计算样本相关系数矩阵。

②求相关系数矩阵的特征值和相应的特征向量。

③根据方差累计贡献率的大小（一般要达到80%以上），选取 k 个主成分（$k<p$），写出主成分表达式。

④根据各个主成分和其相应的方差贡献率构造综合评价函数。

⑤结合主成分分析对问题进行分析并深入研究。

6.2.3 关中地区装备制造业与科技融合的综合指数测度

首先，通过 SPSS18.0 软件，采用 KMO 检验和 Bartlett's 检验对 45 个样本的所有数据进行适用性检验，检验结果见表 6-15。从表 6-15 可以看出：KMO 为0.571，大于0.5，但是小于0.6，满足主成分分析 KMO 值大于0.5 的基本要求。Bartlett's 检验对应 p 值小于 0.05，也说明适合进行主成分分析。

表 6-15 KMO 和 Bartlett's 检验

KMO 值	0.571	
Bartlett's 球形度检验	近似卡方	78.161
	df	10
	p 值	0

其次，根据特征值大小和方差累计贡献率来提取主成分。图 6-10 的碎石图也可以用于辅助判断主成分提取个数，当折线由陡峭突然变得平稳时，陡峭到平稳对应的主成分个数即为参考提取主成分个数，可见能够提取出两个主成分。第一个主成分的方差解释率为 49.38%，第二个主成分的方差解释率为 22.285%。表 6-16 显示前两个主成分的累计方差贡献率达到 71.665%，说明这两个主成分包含原来 5 项指标 71.665%的信息量，保留了较充分的原始信息，有较好的代表性。

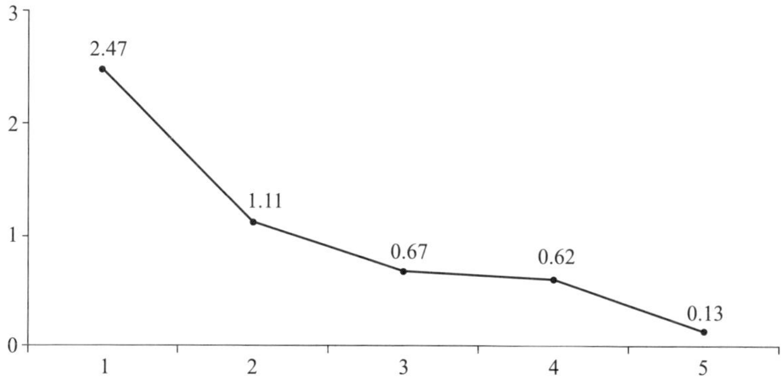

图 6-10 碎石图

表 6-16 方差解释率

编号	特征根			主成分提取		
	特征根	方差解释率/%	累计方差解释率/%	特征根	方差解释率/%	累计方差解释率/%
1	2.469	49.380	49.380	2.469	49.380	49.380
2	1.114	22.285	71.665	1.114	22.285	71.665
3	0.665	13.302	84.967	—	—	—
4	0.617	12.339	97.306	—	—	—
5	0.135	2.694	100.000	—	—	—

再次，采用方差最大正交旋转法对初始载荷矩阵进行因子旋转，使因子具有命名解释性。从表 6-17 中的结果可以看出两个主成分分别在哪个指标上有较高的因子载荷。第一个主成分在 R&D 经费占工业总产值的比重、R&D 人员占总用工人员的比重和新产品开发经费占工业总产值的比重上有较高的因子载荷，这 3 个指标集中体现了研发活动和新产品开发活动与装备制造业发展的融合程度，我们将主成分 1 命名为科技投入融合指数。第二个主成分在

新产品销售收入占营业收入的比重和企业的平均专利申请数上有较高的因子载荷，主要体现的是新产品和专利作为科技产出与装备制造业发展的融合程度，我们将主成分2命名为科技产出融合指数。

表6-17　载荷系数

名称	载荷系数		共同度（公因子方差）
	主成分1	主成分2	
R&D经费占工业总产值的比重	0.805	-0.535	0.935
R&D人员占总用工人员的比重	0.665	0.310	0.538
新产品开发经费占工业总产值的比重	0.835	-0.437	0.888
新产品销售收入占营业收入的比重	0.630	0.430	0.581
企业的平均专利申请数	0.534	0.597	0.642

最后，以两个主成分各自的方差贡献率占其累计贡献率的比重作为权重进行加权，进而计算综合得分，如表6-18、表6-19所示。

科技投入融合指数=0.326×R&D经费占工业总产值的比重+0.269×R&D人员占总用工人员的比重+0.338×新产品开发经费占工业总产值的比重+0.255×新产品销售收入占营业收入的比重+0.216×企业的平均专利申请数

科技产出融合指数=-0.480×R&D经费占工业总产值的比重+0.278×R&D人员占总用工人员的比重-0.392×新产品开发经费占工业总产值的比重+0.386×新产品销售收入占营业收入的比重+0.536×企业的平均专利申请数

综合得分由方差解释率与成分得分相乘后累加计算得到。针对当前数据的计算公式为：（49.380×科技投入融合指数+22.285×科技产出融合指数）/71.665，最终为：0.689×科技投入融合指数+0.311×科技产出融合指数。

表6-18　成分得分系数矩阵

名称	成分	
	成分1	成分2
R&D经费占工业总产值的比重	0.326	-0.480
R&D人员占总用工人员的比重	0.269	0.278
新产品开发经费占工业总产值的比重	0.338	-0.392
新产品销售收入占营业收入的比重	0.255	0.386
企业的平均专利申请数	0.216	0.536

表 6-19 线性组合系数及权重结果

名称	主成分 1	主成分 2	综合得分系数	权重/%
特征根	2. 469	1. 114		
方差解释率/%	49. 38	22. 29		
R&D 经费占工业总产值的比重	0. 5125	-0. 5066	0. 1956	12. 01
R&D 人员占总用工人员的比重	0. 4230	0. 2936	0. 3827	23. 50
新产品开发经费占工业总产值的比重	0. 5312	-0. 4141	0. 2372	14. 57
新产品销售收入占营业收入的比重	0. 4009	0. 4070	0. 4028	24. 73
企业的平均专利申请数	0. 3400	0. 5657	0. 4101	25. 19

2014—2018 年关中地区 9 个装备制造业综合得分结果和排名如表 6-20 所示。装备制造业大部分子行业与科技融合的综合得分处于上升或曲折上升态势（但金属制品业、通信和其他电子设备制造业除外），装备制造业子行业综合得分和动态排名呈现出非平衡性。从时序得分和排名来看，大部分子行业的排名波动较大，变动幅度超过 4 个位次。平均而言，通用设备制造业，金属制品业和金属制品、机械和设备修理业的排名靠前，汽车制造业和专用设备制造业的排名靠后。

表 6-20 2014—2018 年关中地区装备制造业子行业综合指数得分和排名

	行业名称	综合得分	排名
2014 年关中地区装备制造业子行业综合指数得分和排名	金属制品业	1. 5188	1
	通信和其他电子设备制造业	1. 4047	2
	专用设备制造业	0. 938	3
	通用设备制造业	0. 8651	4
	仪器仪表制造业	0. 7557	5
	电气机械及器材制造业	0. 6158	6
	汽车制造业	0. 3527	7
	铁路、船舶、航空航天和其他运输设备制造业	-0. 1179	8
	金属制品、机械和设备修理业	-0. 243	9
2015 年关中地区装备制造业子行业综合指数得分和排名	行业名称	综合得分	排名
	铁路、船舶、航空航天和其他运输设备制造业	0. 6292	1
	金属制品业	0. 4237	2
	通信和其他电子设备制造业	0. 3349	3

续表

	行业名称	综合得分	排名
2015年关中地区装备制造业子行业综合指数得分和排名	金属制品、机械和设备修理业	-0.0269	4
	汽车制造业	-0.4957	5
	电气机械及器材制造业	-0.6965	6
	通用设备制造业	-0.8103	7
	专用设备制造业	-0.8499	8
	仪器仪表制造业	-1.2116	9
2016年关中地区装备制造业子行业综合指数得分和排名	行业名称	综合得分	排名
	铁路、船舶、航空航天和其他运输设备制造业	0.6521	1
	金属制品、机械和设备修理业	0.2763	2
	仪器仪表制造业	-0.169	3
	金属制品业	-0.2665	4
	电气机械及器材制造业	-0.4849	5
	通信和其他电子设备制造业	-0.6502	6
	专用设备制造业	-0.7908	7
	汽车制造业	-0.8201	8
	通用设备制造业	-1.008	9
2017年关中地区装备制造业子行业综合指数得分和排名	行业名称	综合得分	排名
	金属制品、机械和设备修理业	0.9023	1
	金属制品业	0.7197	2
	铁路、船舶、航空航天和其他运输设备制造业	0.4987	3
	通用设备制造业	0.364	4
	汽车制造业	0.194	5
	仪器仪表制造业	0.0484	6
	专用设备制造业	-0.6176	7
	电气机械及器材制造业	-0.7693	8
	通信和其他电子设备制造业	-0.9454	9
2018年关中地区装备制造业子行业综合指数得分和排名	行业名称	综合得分	排名
	仪器仪表制造业	1.1922	1
	专用设备制造业	0.7815	2
	电气机械及器材制造业	0.5545	3
	通用设备制造业	0.4933	4
	汽车制造业	0.2006	5

续表

	行业名称	综合得分	排名
2018年关中地区装备制造业子行业综合指数得分和排名	铁路、船舶、航空航天和其他运输设备制造业	-0.3535	6
	通信和其他电子设备制造业	-0.941	7
	金属制品、机械和设备修理业	-1.2239	8
	金属制品业	-1.2239	9

6.2.4 关中地区装备制造业与科技发展融合度的影响因素分析

（1）引进 R&D 人员是最能有效提升装备制造业与科技发展融合度的科技投入。

由表6-19可知，作为科技投入的方式，R&D 人员占总用工人员的比重占综合得分的权重最大，为23.50%，新产品开发经费占工业总产值的比重和 R&D 经费占工业总产值的比重占综合得分的权重相对小一些，分别为14.57%和12.01%。说明增加 R&D 人员占总用工人员的比重最能有效地提升装备制造业与科技发展的融合度。因此，应当继续加强装备制造行业对高层次研发人才的引进。

（2）增加专利申请和新产品开发均能有效提升装备制造业与科技发展融合度。

以企业的平均专利申请数衡量专利作为成果的科技产出，以新产品销售收入占营业收入的比重衡量新产品作为成果的科技产出。由表6-19可知，企业的平均专利申请数占综合得分的权重最大，为25.19%，新产品销售收入占营业收入的比重占综合得分的权重次之，为24.73%。说明增加专利申请和加强新产品的开发都能有效地提升装备制造业与科技发展的融合度。因此，应当继续加强装备制造行业对专利的研发和对新产品的开发。

（3）增加科技产出比增加科技投入更能有效提升装备制造业与科技发展融合度。

由表6-19可知，作为科技投入的方式，新产品开发经费占工业总产值的比重和 R&D 经费占工业总产值的比重占综合得分的权重分别为14.57%和12.01%。作为科技产出的形式，企业的平均专利申请数和新产品销售收入占营业收入的比重占综合得分的权重分别为25.19%和24.73%。可见，相比于增加 R&D 经费和产品研发经费，增加专利申请和提升新产品销售收入占营业收入的比重更能有效地提升装备制造业与科技发展融合度。因此，关中地区装备制造业应当进一步提高科技创新的效率，在现有科技投入的基础上增加科技产出。

7 关中地区装备制造业与科技融合的发展思路与目标定位

7.1 关中地区装备制造业与科技融合的发展思路

目前世界正处于“百年未有之大变局”的发展背景下，基于国内外大转变的世界格局，中共中央常委会2020年5月14日首次提出应“构建国内国际双循环相互促进的新发展格局”，这成为推进我国经济高质量发展的重大战略部署。目前我国高端装备产业基础较为薄弱，存在大量难以突破的“卡脖子”技术，制约了先进制造业的发展，但是，我国高端制造业也取得了一定的发展成果，孕育出一批在数控机床、航天航空装备、精细芯片自动化制造等领域具有自主技术实力的本土新锐企业。在“双循环”的大格局下，产业链中众多下游产业对国产高端装备的需求在数量与质量方面都将不断上升，再加上国内多层次产业政策支持、产业链的协同合作，这一批本国高端装备企业将迎来高速发展的历史性机遇期，并助力中国制造的转型升级①。

聚焦于陕西省来看，以关中地区为代表的制造业也呈现出联动融合的发展趋势，在降低制造业成本、提高物流业服务水平、提升产品质量等方面取得积极成效。但当前仍存在融合层次较低、融合领域较少、融合处于表层等问题，与实现现代化发展的总体要求还不相适应。习近平总书记来陕考察时强调制造业对一国的重要性，在这个充满机遇与挑战的发展关口，陕西省应抢抓机遇，为形成以国内大循环为主体的发展格局贡献力量。

为推动关中地区装备制造业与科技融合发展，现提出以下发展思路：

（1）政府应留住人才、激励企业、引导区域融合，企业应投入资金、高效分配、联合科研院所，人才应储备知识、培养能力、树立创新意识。三者相互配合、紧密合作，为提高制造业的创新能力提供全力支持。

---

① 参考资料：第三届中国国际进口博览会“大变局时代高端装备制造业的新机遇”主题研讨。

（2）内部结构的优化：在加强现有产业园与科技融合的同时强化园区内部企业合作，进一步延伸产业链，最终构建跨区域基地网络建设，优化产业集群效应。

（3）外部环境的完善：构建市场化平台以提高成果孵化率，发展服务化平台以优化外部配套体系，完善法制化平台以健全专利保护制度。

关中地区装备制造业与科技融合的发展思路如图 7-1 所示。

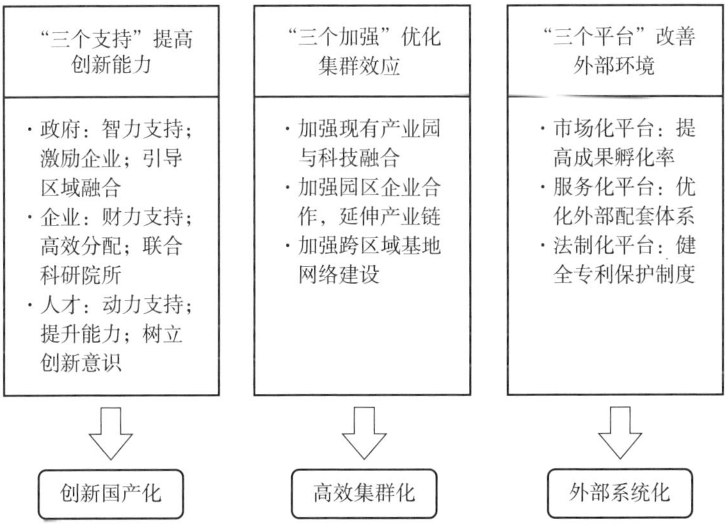

图 7-1 关中地区装备制造业与科技融合的发展思路

7.1.1 "三个支持"提高创新能力

第一，政府不仅要打造专业化人才，更要贯彻落实好引进人才的激励机制。如向高层次团队提供资金支持的同时为其下一代制定适当教育优惠政策，留住专业化人才，为科技与制造业融合提供智力支持。一方面，设立高科技企业发展基金，鼓励企业进行创新产品的研究，并定期组织区域内企业创新成果分享交流讲座，推广创新成果，增强企业的创新意识①。另一方面，从关中地区的实际情况看，虽然有陕西秦川机床工具集团有限公司、西安陕鼓动力股份有限公司以及陕西建设机械股份有限公司等知名企业，但与发达国家先进制造业相比，核心竞争力明显不足，因此可首先致力于培育一批关中地区内拥有高科技、强人才的高成长性企业，培养行业龙头企业，形成示范效

① 周义国．陕西装备制造业产业集群品牌构建策略研究［D］．西安：陕西理工大学，2014.

应，带动整个关中地区产业园区科技与装备制造业的融合。

第二，企业主动增加研发资金投入，为科技与制造业融合提供财力支持。调整资金的分配，高效利用资金，重点投入到高新科技项目、先进产品研发中去，如年初国家半导体照明产品质量监督检验中心（陕西）通过评审，在基础设施、资产质量、仪器装备、人员素质等方面，该中心组织机构设置合理，管理体系运行有效。可加大对该行业科技研发的投入，这将对推动西部地区半导体照明产品及相关产业的快速发展起到重要的技术引领和支撑保障作用。还应加强与高等院校、科研院所的合作交流，面向需求，培育一批具有强针对性的人才。

第三，引导区域内高校以产业需求为导向，培养出一批具备专业知识、善于创新的高素质人才，为科技与制造业融合提供动力支持。高校学生也应重视创新能力的培养，意识到科技对当今发展先进制造业的重大意义，为推动关中地区乃至全国的科技与制造业高度融合贡献出自己的一份力量。科技与制造业融合的核心在于科技创新和人才培育，这需要陕西省政府、企业、高校与人才的共同努力，将陕西打造为工业大省、制造业强省。

总的来说，提高企业的科技创新能力，将先进技术渗透到传统制造业中，不仅要掌握核心技术，还要形成具有关中特色品牌，减少进口依赖，实现核心技术的自主研发。国产化是制造业发展进程不可缺少的一部分①。目前我国大多数企业国产化的方式为引进—吸收—再创新，但更重要的是高科技产品的自主研发与运用，鉴于高精机械的复杂性，可先进行工业产品成套设备中零部件的自行设计，进一步形成成套设备的国内供应，最终实现先进制造业产品成套设备关键技术出口，增强我国产品的核心竞争力。完全的国产化不仅包括自主研发的装备制造业产品走出国门，还包括与成套产品相关的生产性服务业国产化，实现围绕创新制造业成套设备的系统性服务向全球化发展。

7.1.2 “三个加强”优化集群效应

第一，加强现有产业园与科技融合。依据差异化、特色化、集群化原则，陕西省规划高新区布局，设立 3 个省级高新区以及 7 家国家级创新型特色园区，其中位于关中地区的有 5 家，基本实现省级高新区地级市全覆盖。近年

① 金敏．工业 4.0 视角下国际技术溢出对装备制造业转型升级影响评价研究［D］．合肥：合肥工业大学，2018.

来，关中地区的国家高新区与陕西金控集团、科技控股集团共同设立的关中科技协同创新发展基金，募集总规模达 15 亿元，已完成基金合伙企业工商登记。未来应坚持“高效、互补、共赢”的发展理念，发挥联动效应。在“十四五”规划期间，努力发展智能制造、轨道交通装备、工业机器人等领域，促进产业发展向中高端迈进。

第二，加大技术研发力度，加强园区企业合作，延伸产业链。近年来，关中地区注重建立并完善科技成果化权益的分配机制，逐步破解科技成果转化评级不健全、收益分配不公等突出问题，从多主体、全链条、全要素打通科技成果转化通道，形成了促进科技成果转化工作法规政策的“三部曲”，坚持问题导向，培育第三方机构，改进科研管理和组织方式。完善既存产业链，尽可能向上下游拓展延伸，使产业链向上进入高新技术研发环节，向下则深入契合市场，优化产品定位。通过强化集群企业的合作延伸产业链，加快传统制造业向先进产业端转移，注重产品研发、商标建设、品牌文化和市场营销等环节。增强产业园区的综合实力，与政府部门加强沟通，争取园区用地、用能和专项资金指标，同时，大力推进招商引资工作，为园区成长性企业引入战略投资。

第三，加强区域网络基础设施建设。针对创新需求，打破空间局限，推动区域之间的创新合作议题。从共同需求出发，加强开发区和工业园区之间的交流合作，优势互补，实现整体联动。[①] 定期举办工业品“双创活动展示周”，展示创新工业品，各产业园互联互通创新要素、联合组织技术攻关，重点扶持发展新型服务业，逐步建成绿色、智能、创新、开放、共享的世界级产业集群。引导西安先进科技向全省辐射扩散，促进区域共同发展。例如，支持渭南在高新区设立孵化器，并与榆林高新区、安康高新区签署合作开发协议。从总产值占比看，七个高新区总产值占全省 GDP 的 24.85%，高新区已成为陕西省推进科技融合的核心载体。2017 年成立的陕西省装备制造协会联盟平台有利于推进创新发展战略，推动“陕西制造 2025”的有效实施，促进装备制造相关协会的互补、联动、协同创新，形成共同发展、协同改革的稳定体系。这对于提升关中地区装备制造业的国际影响力具有重要意义。

总的来说，产业集群是各个行业内企业增强自身优势，实现突破性发展

---

① 梅洪常，马华骏．重庆市高端装备制造业技术创新效率评价研究［J］．科技管理研究．2019，39（10）：23-28.

的必由之路，关中地区现存的制造业园区大而不精、联系松散，与美国波士顿128公路高技术园区、德国斯图加特的机床产业群等发达园区相比还有许多不足，只注重量的聚集，忽视了质的发展。今后应不断进行园区重组与改造，提供优惠政策，完善基础设施，吸引先进企业，杜绝形式主义，成为高效聚集区。

7.1.3 “三个平台”改善外部环境

第一，提高创新成果孵化率。目前高校的创新创业氛围浓厚，但是大学生创新成果的“最后一公里”转化不通畅。因此高校应增强与校外企业的交流座谈，让学生直观地了解社会的需求，同时打开大学生科技创新成果与社会需求之间的通道，搭建科技创新成果转化平台，实现产品市场化。另外，关中地区应设立线上科技成果推广平台，学习全国性的科技创新成果，加强与其他省市的交流合作，学习先进经验，进一步提高关中地区创新技术的成果化水平。

第二，优化外部配套服务业体系。加速发展关中地区先进装备制造业的同时，必须统筹资源配置，只有完善生产性服务业的配套发展体系，才能促进先进装备制造业的持续发展。生产性服务业是指为保持工业生产过程的可持续性和提高生产效率而提供保障服务的行业，如科技服务业、现代物流和信息服务业等。同样，关中地区也可以推动建立现代服务业聚集区，在人力、物流、商业服务等多领域协同发力，与制造业相互合作、共同发展。

第三，健全专利保护制度。目前科技创新专利的申请程序繁杂，耗时较长，且需额外专利维护费，专业化人才创新热情低，专利保护意识淡薄。因此关中地区未来应做好科技创新成果保护工作，宣传专利权相关法律法规知识，构建先进制造生产的知识保护机构，借助专利维护的服务平台，维护科技成果的合法权益。创新人才应学习专利权法规知识，增强保护意识，积极申请专利，尽快将其转化为生产力。

总的来说，与传统制造业不同，随着客户需求的多样化，当今的制造业尤其是先进装备制造业必须高度重视以客户需求为主导的研发工作，将创新产品成果化，制定精准的市场营销方案，提供完善的售后服务。国家应规范对专利权的保护，形成配套的外部体系，与企业、市场共同打造全面的制造业产业链。以售后网点、跨国公司为载体，形成全面服务体系，其中售后服务既包括为本公司产品质量保证服务，还包括为非本公司产品销售服务，甚至提供成套服务。陕西省关中地区也应紧跟国家前进步伐，以信息网络为基础，以技术创新为驱动，加快5G网络、数据中心等新型基础设施建设进度。

7.2 关中地区装备制造业与科技融合的目标定位

目前，在国内外环境发生显著变化的背景下，党中央提出“双循环”新发展格局。当前我国在核心高技术及基础性关键技术上的投入与研发均不足，将研究成果转化成生产力的能力也不够，这些问题导致我国在国际竞争中屡屡被“卡脖子”。而在“双循环”的背景下，我国应当抢抓“工业4.0”发展新机遇，以5G技术、大数据、人工智能等新技术推进传统产业与科技融合，实现传统产业的高质量发展，进而推动国内国际双循环的战略布局。同时，紧抓创新这一驱动发展的不竭动力，尽快打通创新全流程链条，使得科技不断创新并将创新成果作用于产业发展，让“中国制造”在国际上站稳脚跟。

陕西省是全国的科教大省，关中地区更是聚集了陕西省的科教资源，拥有众多高等院校、科研院所和国有大中型企业，培养了众多科研人才，具有深厚的科研资源。同时关中地区拥有较为雄厚的装备制造业基础，在陕西省现有的10大产业集群中，8个产业集群位于关中地区，因此一般来说陕西装备制造业通常是指关中地区的装备制造业，其在全国范围占有重要地位。

综上所述，推进关中地区装备制造业与科技融合，从而实现装备制造业的高质量发展与加快建设“制造强国”“质量强国”高度契合，呼应了当下时代的重要命题。在“双循环”发展背景下，应打造关中地区装备制造业与科技融合发展新高地，打造“现代化”“高级化”的关中地区高端装备制造业集群，为推进“制造强国”“质量强国”贡献陕西力量，走出一条贯彻中央要求、遵循自然规律、带有陕西特色的发展之路。关中地区装备制造业与科技融合发展的具体目标定位有如下几个方面。

7.2.1 以专业化园区建设为承载，构建关中地区装备制造业创新集群

关中地区在打造装备制造业集群时应注重以专业化园区作为承载，首先，要加强专业化园区建设，以大数据、人工智能等先进科技为载体，提高园区的科技化水平，同时注重将现代新型服务业与装备制造业融合，逐步打造现

代、高级、智能、绿色的专业化装备制造园区；其次，要增强园区间的聚集，实现园区间的取长补短、协同互助，以专业化分工和协作配套为基本发展思路，不断加强园区间的合作互助。

关中地区包括西安、宝鸡、咸阳、渭南、铜川、杨凌五市一区，在打造关中装备制造业集群时还应该注重各个城市间的协调。该地区装备制造业的整合发展应寻找各城市具有比较优势的产业，各城市找到自己的核心发力点，坚持因地制宜，突出当地特色，尽可能实现效用最大化。实力雄厚的西安、咸阳可为核心技术研发中心，实力较强的宝鸡等地可作为辅助研发和主要生产制造基地，渭南等装备制造业规模较小和其他实力较弱的地区，可作为辅助的产业配套设备加工制造基地。

7.2.2 实现关中地区装备制造业的数字化、网络化、智能化和服务化

当前，世界正面临着新一轮产业技术变革，数字化、网络化、智能化和服务化将成为制造业发展的主流，关中地区的装备制造业自然也不例外，必须在新的发展浪潮中寻求机遇，加快向数字化、网络化、智能化和服务化转型，实现现代、高效、绿色的生产制造。

（1）数字化建设。

数字作为引领未来发展的新型经济形态，既是产业发展提质增量的重要力量，又是未来经济发展的新蓝海。目前，关中地区装备制造业要实现高质量发展必须要紧抓“数字”这一核心变量。首先，关中地区装备制造业应建设以数字为核心的装备制造工厂，以数字刻画装备产品的生产全流程，从数字信息中挖掘制造业的内部规律，进而管理和优化产品制造链，帮助企业对产品、市场和经济运行的动态做出反应，帮助企业家作出合理的分析和决策。其次，应促使数字信息在装备制造行业内共享，推广大数据在装备制造业中的应用，大力宣传大数据技术的优势，并支持龙头、骨干企业在装备制造过程中加强对大数据的使用，提升企业经营效率。最后，鼓励各装备制造企业建立客户数据库，实施更精准的客户服务，让营销能力大幅度提升、服务水平更加精细。

（2）网络化建设。

首先，应对装备制造企业进行网络化覆盖，实现制造企业在基础网络设施上的畅联畅通，加大力度引进高精尖网络技术。其次，加快完善产品制造网络化链条，将产品从原料采购、设计制造、产品销售到售后服务等全流程

生产链条实现网络化，进而实现产品制造的现代化。最后，使用网络技术增强装备制造企业间的畅联畅通，企业间可以相互借鉴先进的生产工艺，并实现企业的协同合作。再进一步，加强企业利用互联网技术对社会资源的有效使用，快速汲取外部有效资源，实现企业的利润最大化生产。

（3）智能化建设。

首先，关中地区装备制造企业应建立并完善智能制造系统，提升智能制造系统在生产过程中不断吸取制造经验，智能收集、理解并分析环境信息及对信息作出理性判断的能力，进而更加科学有效地规划自身行为，帮助企业进行高效有序的智能化生产，降低生产过程中不必要的成本。其次，充分利用传感器、射频技术等智能设备和技术实现产品生产的过程控制、生产环境监测、远程诊断管理以及质量跟踪监控等流程的实时控制，确保企业进行安全生产。最后，通过智能化装备实现企业的绿色生产。运用智能装备进一步提升企业的节能减排能力、排污处理能力，加快传统产业的绿色化、现代化改造，在加大力度提高企业经济效益的同时注重对生态环境的保护，积极响应党中央“既要金山银山，也要绿水青山”的号召。

（4）服务化建设。

根据“微笑曲线”理论，“微笑曲线”的左右两端上翘，左边的获利高位是技术和专利，右边的获利高位则是品牌和服务，中间组装和制造则处于利润的下陷部分，只能获得较低的利润附加值。“微笑曲线”形象地展示了企业经营中研发、制造和营销三大环节的相互关系。陕西关中地区的装备制造业大多停留在中间环节的利润低端，而在今后的发展中关中地区装备制造业不仅要向左端发展，突破技术和专利难题，还要向右端发展，优化制造企业的服务能力，打造具有关中特色的品牌，向服务型制造企业发展。

陕西关中地区装备制造业应该积极引导金融服务、财税服务、商务咨询服务等现代服务业有效融入装备制造企业中，加快培育服务型制造企业，提升装备制造企业的现代化服务能力，以满足现代更高水平的人民需求。同时，应实现柔性制造，根据客户的需求生产制造，以需定产。近年来，陕鼓集团在从生产型制造向服务型制造转型方面获得了一些有效经验，更多地关注了用户的需求，不仅包括显性需求，还包括隐性需求，使得企业业务板块不断扩展。陕西政府应深挖服务型装备制造企业的先进典型，树立行业标杆，鼓励陕西关中地区的其他装备制造企业及时学习“陕鼓模式”，转变经营模式，创新发展理念，并不断打造自己的品牌。

7.2.3 关中地区装备制造业应构建并完善五大创新体系

陕西关中地区装备制造业应构建并完善创新互补联动体系、创新型人才培养体系、新兴产业培育体系、创新型企业孵化体系以及创新服务环境优化体系，助推关中地区装备制造业与科技的有机融合。

（1）构建创新互补联动体系，打破阻碍创新的“无形之墙”。

首先，陕西关中地区装备制造业应构建以“互联网+”为核心的跨区域创新网络，在各个产业园区、各个高新开发区、各个城市之间建立起优势互补、互联互通的创新互补联动网络。推动园区之间和区域之间互通有无、互通创新要素、联合攻克技术难关，从而增进各区域的整体协作能力，彼此之间取长补短、共谋发展，推进关中地区装备制造业集群的建设。其次，鼓励开展企业技术难题竞标等活动，鼓励技术人才、高等院校、科学研究院所等承接企业所招标的难题，聚集众人智慧攻克技术难关，提高创新水平，完善创新互补体系。最后，建设并完善创新成果转移体系。鼓励制定关中地区科技成果目录，同时打通将科技成果运用到企业生产中的路径，充分发挥技术市场和技术转移机构的中介作用，实现科技成果产业化。

（2）构建创新型人才培养体系，加速助力“关中智造”。

首先，注重当地高校及科研院所的人才培养。应在关中地区众多高校中注重培养掌握领先技术的高层次人才，鼓励企业和高校共同开设创新人才培养班，加大力度促进产学研在关中地区的落实。同时在人才培养过程中应注重科研人才的基础素质培养，切实提高科研人才的德育水平、学习能力、创新能力，以及科研人才的见识和眼界。其次，积极引进外地的高层次人才。为高层次人才提供健全的晋升渠道、科研奖励、落户住房、子女教育等保障服务，提升当地对外地人才的吸引力和外地人才的归属感，确保高端人才引得进、留得住。最后，加快培养一流的创新企业家。企业家也是不可或缺的创新人才，优秀的企业家可以为企业带来极高的价值，关中地区应注重培养装备制造业企业家的社会责任感、战略眼光，以及创新精神，进而打造一批战略性重点创新团队。

（3）切实加大新兴产业培育力度，加强重大科技攻关。

随着我国综合国力的提升，我国对更高端装备制造业的需求也日益提升。因此，关中地区要将以往的产业做大做强，持续扩大汽车产能，提高本地配套率，着力将关中地区打造成为全国的重点汽车生产基地；围绕集成电路、平板显示、智能终端等，壮大信息技术产业等。关中地区的装备制造业不应仅局限在既有的产业，应着眼于更高端、耗能更低、污染更少的产业。要不断突破核心技术，提升科技攻关水平，对先进制造、新材料、新技术等领域进行超前科技攻关，优化产业布局。

（4）构建创新型企业孵化体系。

对创新型企业的培养主要应该注意以下几个方面：第一，对于创新型企业来说最重要的就是自主研发技术，因此相关部门要注重支持和保护相关科技企业的创新研发成果，提供合理的补贴和优惠政策。第二，应为创新企业人员提供较高的薪资，充分激发员工的工作热情，吸引创新型人才。如采取增加薪资、分配股权等措施。第三，加速培养创新型企业家，支持企业家的创新活动，对关中地区具有企业家潜质的人才进行重点培养，提升其创造力、决心、意志力以及眼界。第四，鼓励关中地区创新型装备制造企业“走出去”，一方面要研发自己的核心科技，树立良好的品牌形象，让关中制造走出国门；另一方面要和国际市场互动，积极向国际上好的企业学习，完善自身，不断扩大国际产品占有率。

（5）完善创新服务环境，降低市场运行成本。

首先，深入推进服务型政府建设，为制造企业提供更好的服务，出台优惠政策，鼓励和保护相关企业的创新，减少企业在创新过程中的外界阻力。其次，积极实行以增加知识价值为导向的分配政策，将成果转化和转让收益更多地分配到科研人员及其研发队伍中，以此激励创新。再次，加大知识产权的保护力度，进一步完善专利许可等制度，对侵权、盗用行为实施处罚，改善科研环境。最后，积极拓宽科研成果转化和产业化的渠道，确保产学研的畅通，让科研成果能够快速实现市场价值。

8 关中地区装备制造业与科技融合的政策建议

8.1 打造装备制造业产业集群，打通经济大循环中的“制造内循环”

紧抓国家强调经济内循环的政策导向，贯彻落实“促进我国产业迈向全球价值链中高端，培育若干世界级先进制造业集群”的方针政策，充分发挥地区内需潜力，利用我国超大的市场规模、完整的工业体系和完备的基础设施加快形成规模效应，促进关中地区的制造内循环与转型升级。

8.1.1 以“产业集群”为建设方向，促进装备制造业内大中小企业间的“互动循环”

产业园区是产业集群的重要载体和组成部分，在经济效应上能够充分发挥集群优势。根据相关统计，陕西省产业园区建设明显滞后于四川省、安徽省等地区，因此关中地区装备制造业的产业园区建设迫在眉睫。一是必须大力支持战略性新兴产业聚集区、国家新兴工业化示范基地建设，增加3D打印产业基地、国创中心技术创新园和电池产业园等国家级项目引进，引导不同园区间的差异化发展；二是提供装备制造业园区建设的政策支持，科学规划城市工业区的基本设施建设，优先考虑产业园区用地，制定适当的土地优惠政策，为装备制造业企业发展减轻负担，保障水、电、气、煤、运等资源要素供应，为整个产业园区建设打下坚实基础；三是不断深化相关企业间的关联度，装备制造业企业之间加强协同合作，共同攻克装备制造业的关键领域，以核心技术攻关、关键共性、前沿引领、现代工程、颠覆性创新为突破口，实现制造业关键核心技术自主可控，把制造业科技进步和发展的主动权掌握在自己手中；四是装备制造业行业协会充分发挥引导作用，利用集群优势，将单个企业的优势推向整个装备制造业产业，通过引导龙头企业向配套企业转移产品，帮扶中小零部件企业提升配套技术能力，打造生产配套、区域协同、产业集聚的发展格局。

8.1.2 以“协同发展”为战略方针，促进装备制造业与生产性服务业间的“互动循环”

生产性服务业对重塑增长动力有重要作用，是装备制造业转型升级的新动力和主引擎，因此要不断加快装备制造业和服务业融合发展进程。一是推进装备制造业和服务业市场一体化，通过多样化城市合作模式充分发挥空间外部性作用，使融合发展的各种要素能够在关中地区内各相邻城市或更大空间范围的其他城市之间自由流动和优化配置①。二是鼓励装备制造业企业将生产性服务业务外包，促进装备制造业产业链向前后延伸，通过将属于生产性服务业的业务外包，推动生产性服务业向规模化、专业化发展，同时装备制造业企业本身也能获得更高效率的服务，最终在装备制造业与服务业互动循环下完成关中地区装备制造业的产业升级。

8.1.3 以“融合共进”为发展目标，促进装备制造业与国防军工业的“互动循环”

国防军工业是高端制造的“集大成者”，在军民融合大趋势下，军工行业“高精尖”的技术也将提升关中地区装备制造业整体的利润率（ROE）水平。随着“军民融合”产业的不断深入推进，关中地区高端装备制造业经过了两年的高速发展期，但是2018年以来，关中地区高端装备制造业增速开始放缓，因此必须着手解决“军民融合”产业道路上的问题。一是长期以来，需求不同步和采购体制不兼容导致民用需求拉力不足、军队需求表达不清楚等问题，因此精心设计军民市场对接机制以推动需求融合十分必要，应不断打破军工体系的制度隔离障碍，推进信息、技术、资源等诸多领域的融合②，完善军民融合人才培养和对接机制。二是设立军民融合产业示范园区，重点发展关联军民两用的智能制造技术，从企业层面要重点发展产品融合，以共性技术为切入点，在关中地区培养出一批符合融合发展导向的市场主体，“军转民”“民参军”，由政府相关机构牵头，鼓励并引导装备制造业与军工企业开展合作，举办技术交流会、行业论坛等，加快军民融合产业发展，培养一批专业技术人员，将一些合适的先进军工科学技术用于促进关中地区装备制造

① 吴传清，邓明亮．长江经济带制造业和服务业融合发展水平测度及影响因素研究［J］．扬州大学学报（人文社会科学版），2020，24（4）：44-62.

② 李海海，苗龙．以军民融合推动我国智能制造装备产业发展研究［J］．经济纵横，2016（10）：70-74.

业的转型升级，鼓励以军工科研人员成果创办高新技术企业或参与装备制造业企业的发展。同时也可制定政策措施和风险补偿机制，鼓励本地优势民营企业优先使用军工科技成果。三是航空装备产业作为关中地区高端装备制造业的主导产业，是军民融合产业深入开发和探索的重点领域，通过政府的政策倾斜，不断提高航空装备制造业对关中地区高端制造业增长的拉动率。

8.2 提升关中地区的对外开放水平，助力装备制造业转型升级

抓住全球产业链重构与发达国家再工业化带来的机遇，在中国市场化改革的背景下，深化对外开放水平。经济内循环绝不是在闭关锁国情况下的内循环，而是开放条件下的内循环，是以内循环来支撑开放，因此仍然要统一对外开放思想，以更高层次的开放统筹关中地区装备制造业的发展。

8.2.1 充分利用技术外溢效应，加大国际产品先进技术的“引进来”

一是认清本地区目前装备制造业科技水平与国际技术前沿的明显差距，加大关键零部件项目、中间投入品的引进力度，对相关项目的引进制定进口设备减免税政策，推动重大进口项目落地；二是通过直接引进国外的先进设备和融合技术，在一定程度上减少与国外装备制造业的技术差距，同时注重用技术引进消化吸收再创新的方式累积自主创新能力，提高创新质量和创新效率，突破中国式创新双低困境；三是鼓励企业对国外高科技公司部分开放融合发展过程中的技术问题或者与跨国公司建立适度的合作机制，共同攻克融合发展过程中的技术难关和关键技术，提高与他国产业进行跨境生产联系的程度。

8.2.2 积极发展国际市场，推动关中地区高端装备制造业产品的“走出去”

国际市场的认可可以提高装备制造业出口量与国际影响力，因此，关中地区要进一步重视装备制造业出口的作用，适度有序地开放关中地区高端装备制造业领域，扩大航空航天、输配电、汽车、机床工具、轨道交通、石油装备、冶金煤炭重型装备等重点领域的相关产品出口，促使其广泛参与国际市场竞争，抢占国际市场份额。在这个过程中，政府要注意保护高新技术企

业在国际竞争中的正当合法权利，为企业在国际市场上参与公平公正的竞争保驾护航。

8.2.3 不断深化金融开放层次，加大关中地区装备制造业招商引资力度

全面审视外资进入的创新效应，扩大装备制造业引进外资的力度，不仅能获得更多的发展资金，还能够通过 FDI 的技术溢出效应提升关中地区装备制造业的技术发展水平，因此应继续坚持高水平深层次的对外开放，不断在金融开放中寻求开放与安全的平衡点。一是完善装备制造业领域外商投资保障体系，鼓励外资和境外金融机构进入关中地区的金融市场，利用“一带一路”发展机遇，吸引更多外资投向关中地区装备制造业的转型升级。通过不断努力，打破外资进入时存在的“玻璃门”“弹簧门”“旋转门”等障碍，逐步取消部分装备制造业的外资持股比例限制，促进“两头在外”的外资企业转向“深耕关中”。二是注重高端制造业领域外资的引进，由于目前关中地区中低端制造业供给产能过剩，而高端制造业却出现产能供给不足，因此要结合“中国制造 2025”中重点发展的产业与关中地区重点新型装备制造业，如 3D 打印、新能源汽车、机器人等产业，积极大胆吸引外商直接投资，扩大关中地区高端装备制造业的供给水平。

8.3 探索云服务新模式，打造“云技术+制造业”新格局

工业云平台具有开放性、交互性优势，有利于制造业企业实现跨领域的互联互通，打破“信息孤岛”，促进集成共享。截至 2019 年上半年，关中地区工业云平台应用率达到 30.7%，工业互联网平台建设成效初步显现，装备制造业要在保持原有成绩的基础上寻找新的突破点。

8.3.1 探寻云服务平台突破口，推进工业云平台建设

伴随着第三次科技革命的浪潮，计算机技术在工业领域得到应用，“互联网+制造业”的模式得到迅速发展，互联网与制造业的融合能够为装备制造业提供信息交流与共享的服务云平台。服务平台主要包括交易平台、物流平台、人才平台、金融平台等。该平台的职能主要包括为政策、金融、人才、知识

产权、科技成果孵化等服务[①]。传统的信息平台以单纯实现信息提供为主，但是制造云平台侧重智能化，促进和优化资源能力的聚合，不仅能获取制造资源信息，最重要的在于能将这些信息转化为实体注入制造过程。工业云平台的引入与运行，可以促进制造业发挥优势，进一步提升产能，加速智能制造发展[②]。关中地区要努力打造全国领先的工业云平台，在“中国制造+互联网”关中行动的引领下，加速信息化与工业化两化融合，推动企业智能制造发展，建立便捷的云服务平台。

8.3.2 完善工业云平台建设，推广工业软件云平台

鉴于关中地区在工业云平台建设方面已经初见成效，基于工业互联网平台开发并运行工业 APP 不失为一个新的思路。以湖南省为例，根据该省 2020 年第一季度工业互联网平台建设情况通报，截至 2020 年 3 月底，湖南省内重要工业互联网平台培育工业 APP 突破 10000 个，工业互联网平台线上注册用户超 6 万个，其中企业用户超 4.7 万户，影响到的工业设备价值超万亿元[③]。关中地区可以借鉴湖南工业 APP 经验，加强平台关键技术研究，推动新一代信息技术融合应用，打造出工业软件体系中心，通过多领域专业知识运用和良性氛围营造，为用户群体带来具备高度体验感的场所，并有序推进用户学习，此外也需要不定期按照区域实际情况，对区域中的企业进行工业软件培训，进一步深化该区域信息化服务意识[④]。

8.4 加快装备制造业发展方式转变，突破价值链“低端锁定”困境

关中地区装备制造业技术复杂程度远在全国平均水平之上，但是需要注意中国的水平与德国、日本、美国等发达国家之间存在着巨大的差距。针对价值链“低端锁定”现象，关中地区政府需要从根本上改变以廉价能源和要素补贴方式维持代工企业融入价值链分工体系的传统做法，鼓励装备制造业企业自主创新，激发其研发活力，推动中低端装备制造业转型升级。

---

① 乔桂银，倪红军，杨丁勇．南通工业云平台与产业创新平台发展思路构建［J］．南通航运职业技术学院学报，2018，17（4）：4-8.

② 孙学珊，杨欣，李民．工业云平台的构建与服务新模式研究［J］．中国市场，2019（2）：191-192.

③ 2020 年第一季度湖南省工业互联网平台建设情况通报。

④ 张李伟．工业云平台建设及其实践路径［J］．电子技术与软件工程，2020（14）：183-185.

8.4.1 明确关中地区装备制造业在全球价值链新型分工体系的位置和得失

在对外开放政策的指导下，中国经济取得了巨大的发展，然而我们必须理性看待参与全球价值链对本地产业的影响。一是强化危机意识，避免过度依赖于进口高质量高技术的中间品，企业越依赖于 GVC 生产链，越愿意从价值链中直接进口以代替原有的低质量低技术的本国中间品，导致其丧失研发创新的动力①；二是提升装备制造业的技术吸收能力，打通将 GVC 溢出技术转化为自身研发创新能力的渠道，从而带动关中地区装备制造业企业的创新能力提升，避免将过多的技术创新资源投入附加价值极低的生产环节，整合技术创新资源，重构竞争优势；三是深度参与国际贸易规则的全球治理，改变当前装备制造业企业与国际化分工中利益分配不对等局面，为实施国际品牌战略的企业提供政策性支持，改善装备制造企业的营商软环境。

8.4.2 顺应“五链融合”政策号召，提升关中装备制造业水平

走创新链、产业链、人才链、政策链、资金链融合的发展路径，在人才链与资金链等基础资源要素支持下，产业链与创新链、政策链要共同发力、深度融合，才能实现装备制造业价值链的不断攀升，才能构建起关中地区经济高质量跨越式发展的良好生态。

（1）基于大数据技术，谋划搭建“五链融合”的信息化平台。构建以数据为基础的五链融合体系，大数据要与装备制造业深度融合，充分发挥数据的基础资源作用和创新引擎作用，加大网络化、数字化、智能化技术应用。搭建信息平台解决信息不对称问题，让科研人员知道企业面临哪些技术难点，使科研院所的专家学者选择的研究课题符合关中地区装备制造业发展方向；组织中小企业云上服务资源对接会，实现上下游间的信息沟通与电子商务、物流管理等众多平台信息共享。

（2）牵住创新“牛鼻子”，推动产业链与创新链的有效嫁接。围绕“产业链”部署创新链，不断为关中地区装备制造业提供发展动力。以“政府搭台+企业唱戏+构建生态”的发展模式，全方位为关中地区装备制造业的创新链建设服务。支持以企业为主体进行产品创新，不断在“微笑曲线”的两端

---

① 吕越，陈帅，盛斌．嵌入全球价值链会导致中国制造的“低端锁定”吗？［J］．管理世界，2018，34（8）：11-29.

发力，攻克装备制造业重大核心技术难关，将落户关中地区的科技型初创企业作为招商引资的重点企业和重点项目进行推介，通过市校合作、院企合作平台持续聚集创新资源，通过市场化、产业化手段推动科技成果变现，促使创新优势资源转化为装备制造业的发展优势，创造出“1+1>2”的效果。

（3）定好政策“风向标”，促进产业链与政策链的无缝衔接。作为关中装备制造业与科技融合发展的重要支撑力量，政策保障应贯穿于融合发展战略运行的各个环节。应围绕产业链设置政策链，使技术创新潮流在关中地区装备制造业中蔚然成风。一是持续降低制度性交易成本，精简行政审批事项，简化办理流程，保持部门信息畅通，不断深化“放管服”改革；可设立关中融合发展战略专项绿色通道提高战略实施过程中政府相关部门的工作效率，如设立融合发展战略咨询委员会和接待室，打破信息壁垒，消除以邻为壑等现象，以促进各项政策之间的有效衔接；定期组织干部之间的交换学习、参观活动，开展工作经验交流会、座谈会、研讨会，互通有关情况，商讨融合发展工作的对策措施。二是减税降费政策，围绕关中地区融合发展主题积极进行税收改革，对新型技术研发机构、进行技术升级的装备制造业企业等规划导向企业实施增值税转型、出口退税、进口设备免税、减免土地使用税与房产税等税收减免政策，持续扩大减税政策在装备制造业中的应用范围，增加小微企业普惠性减税政策，降低装备制造业企业的社会保险缴费费率，清理各种不合理费用。三是专项补助政策，加大对关中地区装备制造业与科技融合发展战略的资金补助力度，设立专项补助基金，使已有工业转型升级专项资金向符合融合发展方向的项目倾斜，增加对试点示范机器人企业、人工智能企业、新型研发机构、首台（套）装备研制应用，以及使用新技术的装备制造业产品与企业的资金补助，保证专项资金管理的公开透明、公平公正、注重绩效，从而提高符合规划的装备制造业和科技企业的融合发展积极性。同时，立足关中地区传统优势特色，选取科技水平高、具有示范意义的项目，积极争取国家专项资助政策对项目的支持。四是金融扶持，政府应加大金融精准扶持力度，拓宽装备制造业企业和科技公司的融资渠道，完善关中地区的金融体系，促进金融创新，鼓励并支持相关企业进入金融市场进行融资，引导银行以及其他金融机构向相关企业注入资金，开展投资活动，提升金融市场对关中地区装备制造业与科技融合发展的服务水平。

8.5 聚焦制造业数字化转型，创造数字化制造业新生态

早在2017年，党的十九大报告就明确指出，要加快建设制造强国，加快发展先进制造业，推动互联网、大数据、人工智能和实体经济融合。数字技术与制造业产业集成融合开启了智能制造数字化新时代。关中地区要解决装备制造业高质量发展所面临的难题，需抓住数字革命所带来的机会窗口。

8.5.1 发挥大科学装置价值效益，助推装备制造业数字化

大科学装置具有跨学科性和团队合作特征，是集聚科研资源、解决复杂科学问题、开展持续科学研究活动的重要物质基础，是提升基础创新能力、推动装备制造业发展的重要抓手，是技术发明、产品创新、技术增长点以及对应产业链整合升级的始发性动力源泉。要加速装备制造业与数字经济的深度融合，可以借助大科学装置这一学习研究平台，促进高校、科研院所与企业使用大科学装置，充分发挥大科学装置对内外部实验团队实行开放共享服务的优势，以此来克服单个创新主体在创新能力提升方面的局限性，节约信息搜寻成本、交易成本并降低风险性，在共享数据、设计等制造资源的过程中提高资源利用效率和生产效率。信息共享为企业注入了新的活力，对于企业创新思维的开发及创新能力的提升大有裨益。大科学装置的开放共享服务以及非特殊情况下实验结果共享使用，加速了创新成果的转化。

8.5.2 把握区块链创新机遇，深刻重塑装备制造业

近年来，区块链技术受到国内外产业与学术领域的高度重视。习近平总书记在中央政治局第十八次集体学习时强调："把区块链作为自主创新的重要突破口，明确主攻方向，加大投入力度，着力攻克一批关键核心技术，加快推动区块链技术和创新产业发展。"因此，要解决关中地区装备制造业数字化转型动力不足、质量不高等问题，可以考虑以区块链技术为切入点，积极响应国家战略，统合高校、科研院所的实验室资源，接受国家实验室指导，以"区块链+智能制造"为契机深刻重塑装备制造业。目前装备制造业普遍存在信息不对称、资源不共享、互动不通畅、响应不迅速、交易费用高昂、企业自主核心技术较弱等行业痛点，严重制约了行业的发展。而区块链技术的特点，是能够将装备制造企业中的各个系统连接起来，并通过统一的账本技术，让企业、设备厂商和安全生产监管部门能够长期、持续地监督生产制造的各

个环节，提高生产制造的安全性和可靠性。同时，区块链账本记录的可追溯性和不可篡改性也有利于企业审计工作的开展，便于发现问题、追踪问题、解决问题、优化系统，极大提高生产制造过程的智能化管理水平①。

8.6 营造良好营商环境，助力创新与科技融合

制造业是对营商环境最敏感的领域之一，良好的营商环境是加快实现制造业高质量发展的重中之重。习近平总书记多次指出，要改善营商环境和创新环境，降低市场运行成本，提高运行效率。在这样的政策背景下，政府及相关部门应出台相应政策，着力改善营商环境。

8.6.1 着力培育“灰领”人才，加速助力“关中智造”

要加快关中地区装备制造业与科技融合，加速“关中制造”向“关中智造”转变，就要着力培育高级技术人才。不同于一般的“白领”和“蓝领”，“灰领”是一种兼备较高知识层次、较强创新能力和丰富实践经验的复合型技能人才②。作为关中地区装备制造业转型升级的中流砥柱，“灰领”这一新兴阶层在企业创新的各个方面发挥着不可替代的作用。就我国现状而言，能够完全胜任高新技术工作的“灰领”人才在数量上仍存在较大缺口，在质量上也有待提升。因此，为装备制造业培养、输送高新技术人才已成为由“制造”向“智造”转变的关键环节。制造业的深刻变革催生了新型技术人才的需求，推行工学结合、校企合作是培养“灰领”人才的必由之路。常规的校企合作模式更多的是在帮助企业提升职工的技能熟练程度和基本职业素养，而制造业的变革需要学校和企业之间更深层次的合作，在这一深层次合作模式下，学校和企业之间形成密切的交互关系，学校根据企业发展需要确定科学研究方向，企业也主动向学校投资，提供资金支持，这种互利共赢关系的建立真正促成了“教学—科研—开发”三位一体格局的形成③。除了积极引导中小微企业向高校、科研院所等机构购买技术服务以及开展产学研合作活动之外，组建省级科技创新孵化股份公司，整合使用创新孵化资金，也有助于提升资

---

① 西安市决策咨询委员会．决策咨询建议［Z］．2019.

② 张霖，黄湘．高职“灰领”人才培养和科技服务融合创新体系研究［J］．电子世界，2020（1）：65-66.

③ 张霖，黄湘．高端装备制造业“灰领”人才培养模式的研究［J］．电子世界，2019（24）：85-86.

金营运效能，加速科技成果的转化①。

8.6.2 推进数字政府建设，推动营商环境优化

建设数字政府是深化“放管服”改革，推动政府职能转变，优化营商环境的核心环节。作为打造优质营商环境的重要抓手，数字政府是对冲疫情造成经济影响的有力手段，是推进政府职能转变，构建政府有为、市场有效、企业有利、百姓受益体制机制新优势的必然要求。浙江通过“掌上办”实现企业开办当天办结，至少为企业节省 2/3 的成本；上海则在国内率先实现企业开办电子执照、电子印章同步发放，开启“无纸化”创业模式；广东省通过“单一窗口”在政企间搭建起可信的互认网络，当企业申请融资、退税时，通过互认网络可以实现政府侧企业认证数据和市场侧企业资质数据相互流转、对接，企业不用跑路便可退税融资，成为缓解企业资金压力的“及时雨”。开展务实高效的政务服务，有利于大幅缩短企业办事流程，提高企业办事效率，节约企业办事成本，加快实现营商全流程优化。因此，关中地区要学习其他省市数字化政府改革经验，强化“数据治理思维”，以协同应用和服务发展为牵引，通过系统“大整合”，推动数据资源“大集中”，促进和规范政府数据共享，实现“数据替人多跑路”②。

8.6.3 建立多层次金融支持体系，全面推动企业科技创新

由于装备制造业企业科技含量高、产业链长，短期内经济效益的获取和衡量都具有很大难度，在资金支持科技创新方面，难免出现动力不足的问题③。因此，要着力培育多层次、多元化的金融支持体系，企业内外部金融支持“双管齐下”，多方金融供给主体“全面发力”，为企业科技创新提供资金保障。企业自身要加大创新投入力度，资金配置可以适当向研发部门倾斜，在技术研发和市场开拓阶段加大科研经费投入。企业在增加产业化投资的同时，还应注重优化和完善创新成果转化机制，使创新成果真正成为现实生产

① 胡健．构筑国内先进的关中高端装备制造业新高地　探索省域供给侧结构性改革新路径［J］．西安财经学院学报，2019，32（1）：5-11.

② 王婧媛，张佳宁，陈才，崔颖．数字政府建设助推营商环境优化［J］．中国信化，2020（7）：109-110.

③ 张伟，高翔．如何加强对装备制造业企业科技创新的金融支持——以沈阳为例［J］．银行家，2017（11）：131-134.

力①。政府也要积极引导金融市场各主体加大对装备制造业的资金支持力度，助力企业进行科技创新。针对关中地区的大、中、小型装备制造业企业获取资金的难易程度，对于获取资金难、贵的企业实行合理的减费降税、产业补贴、优惠利率等政策扶持。政策性银行、商业银行与开发性金融机构协同发挥各自优势，发展多样化金融产品，为装备制造业提供综合金融服务，尤其要推动地方金融机构为当地企业提供特色金融服务②。进一步完善直接融资市场，鼓励装备制造业企业利用债券市场进行直接融资，优化企业自身融资结构。同时，也要鼓励社会资本进行风险投资，建立风险投资支持体系，实现装备制造业企业融资渠道的多元化。

① 张玉明，梁益琳．企业自主创新的多元资金支持模型实证研究［J］．科技进步与对策，2011，28（20）：80-86.

② 刘凤芸．金融支持装备制造业发展研究［D］．马鞍山：安徽工业大学，2019.

专题一　关中地区国有装备制造业企业与科技融合发展的路径研究

（一）引言

2020年全国人民代表大会政府工作报告中明确提出“推动制造业升级和新兴产业发展”的工作部署。目前对于我国来说，制造业的转型升级是一项急需实现的主要目标。作为国之重器，装备制造业在我国重工业中占据重要地位，对于国民经济的发展来说意义非凡，加快推动其转型升级和高质量发展至关重要。同时，国有企业作为国民经济发展的中流砥柱，其改革发展意义重大，做大做强国有企业，是我国实现高质量发展的必然要求，具有重要性、紧迫性。

关中地区是陕西省装备制造业企业的主要力量，它由处于陕西中部的西安、宝鸡、咸阳、渭南、铜川以及杨凌示范区五市一区组成。关中地区国有装备制造业企业在关中地区装备制造业全行业中占据主导地位，发挥引领作用，其发展水平对于关中地区装备制造业整体发展意义重大。在2020年发布的《2019年中国装备制造业100强排行榜》中，中国西电集团有限公司列第82名，是关中地区乃至陕西省唯一上榜的国有装备制造业企业。中共十九届五中全会审议通过了《中共中央关于制定国民经济和社会发展第十四个五年规划和二〇三五年远景目标的建议》，郑重提出，“十四五”期间到2035年期间，直到2050年更长远的期间，形成以“内循环为主、双循环互相补充、互相支持”的新格局。站在新的历史起点，在新的内外形势下，原有的旧模式已经不再适合国有装备制造业。因此，在双循环新格局下，探索关中地区国有装备制造企业发展新路径，实现与科技融合的高质量发展迫在眉睫。

（二）双循环格局对关中地区国有装备制造业企业发展提出的新要求

实现装备制造业高质量发展，关中地区需站在“以国内大循环为主体、国内国际双循环相互促进”的新发展格局下，着眼于我国社会经济发展阶段、环境、条件以及国际环境的变动，及早了解新情况、发现新问题，紧跟国家政策风向标，加快形成关中地区装备制造业的竞争新优势，在全面深化改革与高水平开放过程中助力经济高质量发展。在新的历史起点上，“双循环”战略的提出对关中地区国有装备制造业企业既是一种机遇，又是一种挑战，我们要重新审视自身发展模式及方向，加快加深装备制造业融合科技创新，并加速科技创新成果的转化应用，畅通国内国际双循环。

1. 自主创新推进内循环

在新发展格局要求下，国内大循环是主体，自主自立自强的创新就是最重要的内循环。要想实现国内大循环的新格局，必须以创新驱动内涵型增长，以自主创新突破技术瓶颈，打好关键核心技术攻坚战，坚持创新驱动发展，解决好各类“卡脖子”和瓶颈问题。在新的发展模式下，关中地区国有装备制造企业要主动运用科技创新来提升产业水平，改善供给侧结构，提高供给效率，进一步提升其整体功能和影响力。首先，要把更多的资源用于提高自主创新能力，让国有企业在创新工作中充分发挥“领头羊”的作用，加强国有企业和其他各类型企业的协同合作，以“优势互补，互利共赢”为准则努力打造产业龙头。其次，要调整国有企业在产业链中的位置及产业链本身结构，即提高企业自身在产业链中的地位并对产业链结构进行优化，更多地强调本地化，让更多的产业链环节在终端留在或靠近本国市场①。最后，要在与产业集群中其他企业进行协同创新、共同发展，打造生产配套，加强区域协同、产业集聚的过程中，发挥龙头和引领作用，促进关中地区装备国有制造企业与区域内相关产业形成互相联动的格局。从企业层面到产业链再到产业集群、整个区域直至全国，通过“点—线—面”进行扩散，推进国内大循环的形成。

2. 开放创新助力外循环

新发展格局决不是封闭的国内循环，而是更加开放的国内国际双循环②。国内循环将作为国际循环的基础和保障，处于主体地位；而国际循环将作为国内循环的外延和补充，起到优化作用③。双循环体系本质上是一个开放的体

① 李奇霖，张德礼．“双循环”下的宏观调控政策取向［J］．中国外汇，2020（17）：22-24.

② 贾俊生．习近平关于新发展格局的论述［J］．上海经济研究，2020（12）：14-21，112.

③ 周景彤，叶银丹．如何有效推动双循环发展新格局的形成［J］．小康，2020（30）：22-23.

系，并没有放弃国际分工与合作。在新一轮科技革命和产业变革的浪潮中，科技创新也在全球范围内密集活跃起来，颠覆性技术创新层见叠出，新产业新业态也相继涌现。“跨界融合、协同联合、包容聚合”的特征进一步显现，对科技创新能力提出了更高要求，加强科技创新能力的国际合作成为大势所趋①。在新的发展格局下，关中地区国有装备制造企业要重新审视其对外开放程度，积极主动对外开放，深度融入全球经济，利用好国际贸易中的技术溢出，通过技术引进消化吸收再创新方式累积自主创新能力，在开放创新中推进技术进步、提高创新质量和创新效率。此外，还需要调整在全球产业链中的位置和参与度，积极参与国际产业链的分工，为国际外循环助力。

3. 科技创新畅通双循环

以国内经济循环为主，并不意味着轻视甚至忽视国际经济循环，经济开始内卷化②。新发展格局不是闭关锁国、闭门造车式的封闭式发展，而是要进一步扩大对外开放水平，通过发挥内需潜力，使国内市场和国际市场更好联通，利用国际国内两个市场、国内国外两种资源，形成国内大循环带动国际大循环，国际大循环促进国内大循环的双循环模式，实现更加强劲可持续的发展。科技创新乏力，尤其是核心技术创新不足，会严重影响到产业链及供应链的安全，造成我国国民经济无法形成有效循环。要想形成国内大循环为主体、国内国际双循环相互促进的发展新格局，科技创新无疑是“主心骨”。科技创新实力提升既要依靠国际经济大循环的力量，更要通过内部循环畅通和自我技术不断进步来实现。关中地区国有装备制造企业要积极响应国家相关政策，紧跟政策指引，自主创新、开放创新“双管齐下”，充分利用国内国际科技力量和创新资源，疏通国际国内双循环，提高关中地区国有装备制造企业在全国乃至全世界的核心地位。

总而言之，构建“双循环”的新发展格局意义非凡，是牵动全局的系统性、深层次变革，科技创新在畅通循环中发挥着关键作用。国有装备制造企业要积极主动进行科技创新，集中力量打好关键核心技术攻坚战，分析供应链、产业链优劣势，锻造长板、补齐短板；加强国际科技交流与合作，学习

---

① 周武英．以科技创新开放合作来应对挑战［N］．经济参考报，2019-06-05（001）．

② 汤铎铎，刘学良，倪红福，杨耀武，黄群慧，张晓晶．全球经济大变局、中国潜在增长率与后疫情时期高质量发展［J］．经济研究，2020，55（8）：4-23．

借鉴先进经验，在开放中促进科技能力提升①。找准自己在国内大循环和国内国际双循环中的位置和比较优势，以新发展格局为背景、新发展理念为指引，结合自身特点制定具体的实现路径和实施措施，让新发展格局变为现实、落到实处。

（三）双循环格局下关中地区国有装备制造业企业与科技融合的问题

1. 关中地区国有装备制造业与科技融合发展的基础条件

（1）关中地区国有装备制造业产业体系比较完整。

装备制造业是整个关中地区产业的重要支柱，发挥着其独有的作用。其中，武器装备制造业规模及产品销售收入在国内首屈一指，其他各类装备制造行业如航空、航天、兵器、船舶、核工业等在国防建设中的地位也不容小觑。据陕西省统计局相关数据，陕西省装备制造业在工业中所占比重基本保持在20%左右，除2018年外，规模以上装备制造业总产值占工业总产值的比例也基本呈现逐年增长的趋势。

装备制造业支柱产业地位愈加凸显。以关中地区的典型城市西安为例，2018年，规模以上装备制造企业694家，占全市规模以上工业企业数的50.1%；从业人员为22.69万人，资产总计4109.80亿元，分别占规模以上工业的59.7%和59.5%；实现工业总产值3390.55亿元，实现主营业务收入3205.90亿元，实现利润总额235.50亿元，分别占规模以上工业的59.1%、61.5%和66.8%②。装备制造业是全市工业实力最强、从业人员最多、贡献最突出的第一大支柱产业。

作为全国重要的老工业基地，陕西省97%以上的装备制造业集中在西安、宝鸡、咸阳和渭南几个关中地区城市。我们可以陕西的国有装备制造业来窥探关中地区相应情况，2019年，陕西国有及国有控股装备制造业工业总产值为2644亿元，约占陕西装备制造业工业总产值（约为6701亿元）的39.46%，比例较大；陕西国有及国有控股装备制造业工业总产值占陕西国有及国有控股工业总产值（约为12415亿元）的21.30%，可见在装备制造业领域，陕西国有企业的发展水平、发展规模还有很大的空间。

从龙头企业方面来看，国有独资企业陕鼓有限责任公司入选“2020中国

---

① 刘鹤．加快构建以国内大循环为主体、国内国际双循环相互促进的新发展格局［N］．人民日报，2020-11-25（006）．

② 资料来源：《西安统计年鉴（2019）》。

机械500强”，排名较2019年上升38位，是500强前100名中唯一一家陕西企业。2019年中国装备制造业100强排行榜中，中国西电集团有限公司列第82名，是关中地区乃至陕西省唯一上榜的国有装备制造业企业。在2019年发布的陕西十大企业名单中，国有装备制造业企业有2家，分别是第7位的国网陕西省电力公司和第8位的陕西汽车控股集团有限公司，由此看出关中地区国有及国有控股装备制造业对整个关中地区、陕西省的装备制造业有着重要影响。

（2）关中科技资源优势凸显。

“十三五”期间，陕西省的科技创新能力得到了大幅度的提升。陕西省科技厅2019年统计报告指出：陕西省科技创新发展迅速，综合科技创新水平指数为67.04%，其中科技活动产出指数为75.42%，分别居全国第9位和第4位。科技进步贡献率达到59.2%，较2016年的57.5%增长了1.7个百分点；有效期内高新技术企业数量4371家，净增1233家，创历史最大增量，提前三年完成“十三五”预定目标值；技术合同成交额达到1467.83亿元，居全国第5位，提前两年完成“十三五”预定目标值；万人发明专利拥有量达12.04件，居全国第7位，提前两年完成“十三五”预定目标值[①]。

陕西省研究与试验发展（R&D）经费投入连续多年保持较快增长，2019年，陕西研究与试验发展（R&D）经费投入584.58亿元，排名全国第七；投入强度达2.27%，超过全国平均水平。其中，关中地区研究与试验发展（R&D）经费支出超过10亿元的有西安、宝鸡、渭南、咸阳等4个市，关中6个地区共支出538.26亿元，占全省的92.07%。研究与试验发展（R&D）经费投入强度超过全省平均水平的仅有关中地区的西安市和杨凌示范区，分地区情况详见表1。

其中，陕西省2019年在装备制造业的R&D投入为160.87亿元，强度达到2.32%，相比2018年提高0.06个百分点，同时比全国平均水平高出0.25个百分点。其中，投入经费最高的是铁路、船舶、航天航空和其他电子设备制造业，为50.96亿元；其次为计算机、通信和其他电子设备制造业，为34.28亿元；专用设备制造业为28.43亿元。

关中地区聚集大量高水平的教育资源，同时拥有全省80%的科技资源，是全省高科技产业的聚集地。尤其是作为中心城市的西安市，西安交通大学、

① 资料来源：陕西省科技厅。

西北工业大学和西安电子科技大学三所大学已经开设了人工智能与大数据、大数据交叉应用、智能制造与工业大数据等相关专业或成立了研究团队①。陕西省政府重视数字经济与平台建设的发展，2019 年陕西省数字经济增加值规模超过 5000 亿元，又建立了 38 家 3D 打印、大数据与云计算等产业技术创新联盟、一批科技研发和孵化平台，在西安市、高新区、西咸新区相继获批成立创新改革示范区。政策上的支持为整个市场深耕了科技创新的沃土。

表 1　2019 年关中各地区研究与试验发展（R&D）经费情况

地区	R&D 经费/亿元	R&D 经费投入强度/%
全省	584. 58	2. 27
西安市	481. 76	5. 17
铜川市	1. 23	0. 35
宝鸡市	25. 28	1. 14
咸阳市	12. 26	0. 56
渭南市	12. 97	0. 71
杨凌示范区	4. 76	2. 85

资料来源：根据陕西省政府办公厅统计公报整理所得。

从龙头企业科技水平方面来看，关中地区各大型国有装备制造业集团普遍积极进行自主创新研发，敢于对标国际领先水平，不断提高自身综合技术水平。2019 年国有独资有限责任公司西电集团自主创新研发出的多套发电机断路器成套装置等新产品设备，不仅通过了中国机械工业联合会组织的行业鉴定，部分产品还领先国际水平，打破了国外对我国的技术垄断，填补了我国在该领域的技术空白。陕鼓集团紧跟我国工业经济的高质量发展趋势，拥有世界领先水平装备制造设备，并且持其 100%的自主知识产权。陕鼓集团为众多煤化工装置提供原料气压缩机组等各类离心压缩机组，其科技创新在中国高端装备制造领域处于领先地位，综合性能已达到国际先进水平。从工业互联网平台的建设来看，各个龙头企业如法士特、陕鼓等皆积极响应政府“两化融合”的政策号召，制定了适合自己的工业互联网平台，平台的作用已初步得到发挥，将会为企业自身运作和发展提供更好的服务。

---

① 牛亚莉．数字经济条件下工业互联网与装备制造业深度融合的策略研究——以陕西省装备制造业为例［J］．经济研究导刊，2020（24）：122-124.

2. 关中地区国有装备制造业企业发展过程中出现的问题

（1）供需错位，经济“内循环”运转不畅。

在供给侧。过去，我国主要依靠需求侧进行经济宏观调控。然而，近年来我国经济发展进入新常态，消费者消费升级速度加快，过分依赖需求侧调控带来的问题逐渐暴露[①]。目前，我国经济下行压力加大，部分制造业产能出现严重过剩情况，供给需求不匹配的结构性矛盾渐渐浮现。自 1978 年开启改革开放至今，我国装备制造业经历了 40 多年的洗礼，民营企业得到巨大的发展，同时又淘汰了一大批国有企业，“国退民进”的发展趋势延续至今。在通用设备、专用设备、电器、电子、仪器仪表等领域，国有经济占比已缩减到 8%~12%，民营和外资已占主体地位[②]。但是，在多个子行业中，国有骨干企业仍居首位，地位不可动摇。国有装备制造业中，产能过剩会引发资源浪费问题，严重时会带来产品销路受阻，如钢铁和汽车行业等。2019 年陕西国有及国有控股装备制造业亏损企业的数量为 52 家，比例为 9. 80%，工业产品销售率低，淘汰落后产品及制造技术迫在眉睫。

在需求侧。国有装备制造业企业软实力弱，品牌价值与社会声誉不高，国有装备制造业企业存在市场信任障碍，一些重要装备产品的性能质量未得到用户充分认可，市场对国产设备存在歧视，设备购置招标条件苛刻，国有高端设备市场打不开，做大做强易形成“无米之炊”的境况，没有使用方的检验，装备制造企业就得不到改进完善的机会，这都导致了以需求为动力的装备制造业的内循环运转不畅。

（2）供应链中断风险加大，产业链科技水平低端。

关中地区国有装备制造业产业层次低端，高端产品占比低。改革开放以来，工业总产值中国企的比重从 1978 年的 75%减少到 2017 年的 23. 4%[③]，不仅如此，国有装备制造业的产业主要分布在基础性、战略性产业中，总体技术水平较低，高端产业发展不够，这些都说明了我国国有装备制造业“大而不强”，难以进入国际产业链高端。

2018 年陕西省国有企业 R&D 人员数为 3611 人，约占国有企业从业人数

---

① 张厚明，关兵．基于问题导向的中国制造业国内国际双循环新发展格局构建［J］．湖湘论坛，2020，33（6）：64-69.

②③ 高梁，杨青，章毅，孙喜，简练，周建军．装备制造业国企的改革和产业升级［J］．经济导刊，2019（3）：38-47.

的0.718%①，占比很低，企业运作方式仍以劳动密集型的加工型产品生产为主，资源占比高，存在企业核心技术“空壳化”、自主创新能力不足等问题。关中地区装备制造业在研究与发展方面投入比全国平均水平高，但科技创新成果并不显著，其重要原因之一在于研发费用集中度不高。近几年，随着国家对装备制造业中的科技研发与产业升级的倡导，关中地区对装备制造业研发费用投入不断提高，但是“核高基”研发费用占比不高，即对核心技术、高技术、基础科技的投入水平是远远不够的，而“核高基”的发展是装备制造业产业升级的关键与基础要素。

另外，装备制造产业链中存在着“技术孤岛”“管理孤岛”“信息孤岛”“价值孤岛”“资源孤岛”等现象，各要素系统之间流动不畅，供应链体系中产业业态融合程度低，骨干国有装备制造业对非公有制企业带动作用不够，外溢作用有所减弱，尚未实现一个国有骨干企业、大中小企业、人才市场、金融机构、生产性服务机构等要素组成的完整的生态系统，产业链上下游之间存在应用难题。

（3）经济双循环新通道尚未形成，创新潜能未能充分释放。

关中地区政府相关部门对装备制造业做大做强一直以来都非常重视，相关投入与政策支持相对突出，但是装备制造业企业却没有得到相应水平的发展，其主要原因为市场规划和风险控制不成熟、缺乏有效内部控制评价体系、管理制度相对粗放、创新创造的企业氛围淡薄、缺乏市场竞争意识等。

首先，关中地区还存在相当一部分国企尚未把传统的国有企业制度改革成灵活高效的市场化经营机制，现代企业制度建设缓慢，“老国企”痕迹明显，惯性思维严重，缺乏市场意识、竞争意识，“隐蔽市场畏惧症”等问题严重。同时，国有企业缺乏对市场变化反应的灵敏性，行政化色彩浓厚，容易错过技术变革的良机。其次，企业办社会的问题普遍，大部分国有企业都有待进一步解决政策性负担重和历史遗留问题，过重的公益性事业负担和过于庞大的生产部门都会阻碍国有装备制造业企业的高质量发展。最后，合理的公司治理模式尚未完全形成，企业管理存在“多重虚化”“多头监管”，缺乏容错机制等问题，总而言之，目前对于大部分国有企业来说，建立现代化企业和对标世界一流企业的公司治理体系仍然是一项十分艰巨且复杂的任务。

---

① 资料来源：《陕西统计年鉴（2019）》。

3. 关中地区国有装备制造业企业与科技融合发展存在问题的原因

（1）国有企业本身“固有”顽疾。

1）缺乏转变发展方式的自觉性。

部分关中地区的国有装备制造企业是在计划经济时代第一个五年计划时期建设发展起来的老国企，比如陕西黄河集团、西电集团等，这导致其在很长一段时间内都受到计划经济体制的影响，企业体制机制的创新速度落后于市场经济的发展速度，企业的成长由此受到一定的阻碍。国有装备制造企业对粗放型发展方式存在路径依赖，其发展大都依靠自然资源投入、低廉的要素成本优势，以牺牲环境为代价，企业缺乏向集约型发展转型的自觉性和迫切性。此外，原有发展方式导致企业热衷于追求短期经济效益，而知识创新、企业转型升级等长远战略规划普遍缺乏，同时，摒弃粗放式发展转向依靠科技创新和技术进步的集约化发展的过程成本高、阻力大、风险高、见效慢。因此企业对转变发展方式的动力不足，重要性和紧迫性不强。纵使国有企业近来不断对其体制机制进行改进，但是仍然难以快速转入新的发展轨道，由此可见，对国企体制机制必须进行一次深度的改革创新。

2）缺乏自主创新的积极性。

在改革开放、对外开放的政策指导下，中国经济取得了巨大的发展，然而却没有重视参与全球价值链，对本地产业产生了潜在的负面影响。在经济全球化的发展背景下，我国的装备制造业企业可以较容易地从 GVC 生产链中进口到高质量高技术的设备产品，大量资金被用于购置国外先进技术与装备，导致企业普遍缺乏选择自主化产品、进行自主创新创造的积极性和主动性。重引进轻消化、重生产轻研发的不良现象在装备制造行业中盛行，不可避免地导致行业陷入“引进—落后—再引进—再落后”的怪圈。因此，过度依赖全球价值链将导致本国行业形成价值链“低端锁定”，难以突破国外企业对本国的技术垄断，陷入技术“卡脖子”的尴尬境地。

另外，市场的不信任，有可能会成为挫伤企业自主创新积极性的重要因素之一。我国为鼓励和支持企业首台（套）重大技术装备国产化，营造了良好的政策环境，但是目前，由于国产化的首台（套）重大技术装备缺乏严格的质量保证，产品认定工作设计得不够健全，缺少相应的风险规避机制，产品用户不信任导致的市场受阻问题难以解决，市场不能充分打开。自主创新设备应用问题难以解决，内循环需求端渠道不畅，花费大量人力、物力、资本等进行技术创新创造的装备制造企业将承担很大风险，严重影响企业自主创新的积极性。

3）缺乏研发经费投入的主动性。

从各个产业部门来看，关中地区装备制造业中金属制品、机械和设备修理业，废弃资源综合利用业R&D经费投入强度相对较低，铁路、船舶、航空航天和其他运输设备制造业最高，为5.31（见表2）。以欧盟统计标准来说，具有充分研发竞争优势的企业，其R&D研发投入强度需要达到5%，然而从表2可以看出，除了铁路、船舶、航天航空和其他运输设备制造业外，其他装备制造业的投入强度与5%的这一国际标准存在较大差距。现以关中地区几家国有装备制造业企业为例进行说明，随着国家高质量发展战略的不断引导，许多大型国有装备制造业企业不断提高其研发投入强度，如国有独资企业陕鼓有限责任公司，其研发投入占销售收入比重超过了10%，但是许多小型的企业仍然缺乏创新投入的积极性，研发投入占比较低。

表2　2019年陕西装备制造业研究与试验发展（R&D）经费情况

行业	R&D经费/亿元	R&D经费投入强度/%
金属制品业	4.91	1.13
通用设备制造业	5.25	1.03
专用设备制造业	12.62	1.92
汽车制造业	28.43	1.57
铁路、船舶、航空航天和其他运输设备制造业	50.96	5.31
电气机械及器材制造业	17.77	1.80
计算机、通信和其他电子设备制造业	34.28	2.64
仪器仪表制造业	6.66	2.34
其他制造业	0.35	1.57
废弃资源综合利用业	0.20	0.17
金属制品、机械和设备修理业	0.06	0.20

资料来源：根据陕西省政府办公厅统计公报整理所得。

（2）外部环境不确定因素带来的融合障碍。

1）缺乏高端人才供给的持续性。

在发达国家的高端装备制造企业，高中级技术工人占技术工人总数的60%以上，从这个水平来看，关中地区从质量到数量都存在着一定程度上的不足。此外，西安作为关中地区的高校聚集地，拥有丰富的教育资源和创新人力资源，但近几年人才流失严重，人力资源增长率不升反降，《陕西统计年鉴（2018）》披露的数据显示，陕西省2018年流失的100万人才中，制造业行业流失占比11.4%，科学研究和技术服务业流失占比1.5%，拴心留人的工作没做到位，人才吸引机制还有待完善。面对高层次人才“引、留”难题，还需借鉴发达地区的人才引进及培养机制，具有鲜明特色的中长期人才发展规划体系亟待建立。

另外，关中地区虽然在高校科研院所方面占据规模优势，但是相应的产业转型人才不足，专门从事工业互联网技术研究与开发的机构、团队数量较少；领军人才和高端人才的培育、引进较少，高技能人才培养力度不够，数字技术研发人才和数字生产管理人才的数量不能满足需求；高校对于学科交叉的重视程度不够，高端人才和复合型人才存在结构性短缺。这些问题的存在，使得关中地区人力资源难以满足其装备制造业的快速发展扩张，严重影响地区企业的战略转型升级进程，因此，建设关中地区装备制造业高质量人才队伍，打造一批引领关键技术突破与外延研究团队人才的任务迫在眉睫。

2）金融服务科创的经济环境尚未形成。

创新活动、科技发展需要金融的强力支撑，高技术、关键技术的研发本身就存在高风险，融资需求比较大，但是国有装备制造业的研发资金以政府资金为主，融资渠道少。目前陕西省科技型活动经费主要来源于政府资金、企业资金、境外资金和其他资金4部分，其中，政府资金又是这4部分资金中占比最大的，政府资金可以说是企业长期以来研发经费支出的最主要来源。近几年来，政府资金补助研发的额度在逐年上升，虽然资金占比有所下降，但是仍然可以达到所有研发经费支出的50%以上。从融资渠道来看，社会融资包括以信贷为主的间接融资和以股票、债券等为主的直接融资，而目前关中地区企业发展的融资渠道还是以银行贷款为主，直接融资在整个融资总量中占比较低，发展滞后①。关中地区应把握好“十四五”规划的“注册制”改革，不断推动资本市场对科技创新工作的支持与服务。制造业的转型升级离不开金融（资本）的支持，目前我国制造业产业资本“脱实向虚”现象较

① 张强，刘晓科，王永强．金融支持陕西省实体经济发展效率分析［J］．宝鸡文理学院学报（社会科学版），2019，39（3）：30-37.

为严重，实体经济被边缘化，大量资金流入金融、房地产市场，严重制约了制造业行业的创新能力。关中地区政府要意识到这一问题的严重性，加强引导资本向实体制造业涌流，抑制不适当的产业资本虚拟化。

3）数字经济新业态尚处于初级阶段。

数字经济与实体经济的融合发展，是盘活传统产业全链条的重要契机，已成为经济高质量发展的重要驱动力。近年来，陕西省紧抓数字经济发展机遇，积极部署和出台一系列发展规划、重点任务、扶持政策等，着力建设数字陕西，深耕数字经济发展沃土，旨在为经济高质量发展插上“数字翅膀”。目前陕西省数字经济发展仍然不够充分，发展水平低于全国平均水平，且关中地区各地区、各行业、各企业之间数字经济发展不平衡，不仅不利于装备制造业的进一步发展，对于区域协调发展也十分不利。

《2020年中国数字经济发展报告》显示，2019年数字经济发展指数中国省级排名中，陕西省得分为26.5，列全国第19位，与位于榜首的广东省（得分69.3）差距明显，与同为西部地区、列第8名的四川省也有一定差距。同时，陕西省的数字经济基础指数、数字经济产业指数、数字经济融合指数皆低于全国平均水平，由此可见，不仅是关中地区，整个陕西省的数字经济都还处于初级阶段，急需充分发展。

首届数字陕西建设高峰论坛发布的《陕西省数字经济发展报告（2019年）》显示，关中各地区得分与排名情况如下：西安市凭借数字经济发展水平得分4.75，列全省首位，遥遥领先于地处陕北地区的榆林市（得分1.64）。其他关中地区城市得分较低，具体来说：宝鸡、咸阳得分情况相近，进入全省前5位；渭南排名位于中下游水平；铜川位列第10。由此可见关中各地区的数字经济整体水平不高，且区域发展不平衡，数字经济发展潜力仍有待深入挖掘。

4）工业互联网及平台建设相对落后。

“上云”是产业数字化的必选项，也是实现装备制造业高质量发展的重要推动力，作为新一代信息技术与制造业深度融合的产物，工业互联网对新工业革命所起到的关键性支撑作用日趋深刻，也成为深化“互联网+先进制造业”的重要基石，工业互联网对未来工业发展产生的影响将会是全方位、深层次、革命性的①。早在2017年4月，浙江、江苏就已首推10万企业上云；

① 李锋白．依托工业互联网平台打造制造新生态［N］．中国工业报，2018-11-12（002）．

随后山东、湖南、贵州、广东等省跟进企业上云。而直到 2019 年 3 月陕西省才跟进企业上云。相较于浙江和江苏等较早推进企业上云的省份，陕西省的推进政策滞后了两年，因此 2019 年省级数字产业指数排名中，陕西位于全国第 13 位，但是在“用云量”Top20 城市用量行业排名中，没有一个关中地区乃至陕西省的城市入榜。我国工业互联网标识解析国家顶级节点布局在北京、上海、广州、武汉、重庆 5 个城市，全部上线运行后已实现互联互通，“东西南北中”的格局已然形成，而陕西省仅于 2020 年 7 月建成二级节点并开始运营。可见，陕西在推进工业互联网平台化转型上相较于其他省份较为滞后，导致其平台化转型滞后。

国有、民营工业企业技术能力差距大，嵌入工业互联网的强度有待均衡。关中地区国有装备制造业集团规模大、设备技术较为先进，尤其是在航空航天、武器装备、机械制造等方面，其自主科技创新能力明显强于民营企业。但是，相对于国有企业而言，民营装备制造企业规模小，对构建、融入工业互联网的需求并不强烈，且企业管理者的数字经济意识不强。这种不平衡和发展差距，导致国有与民营装备制造业企业难以找到融入工业互联网的最佳切入点，严重影响国有龙头企业对其他中小企业带动作用的发挥。

互联网安全问题是发展工业互联网必须要解决的问题，随着设备上云、数据上云，数据保护、数据安全等问题日益凸显。无论从全国范围还是从关中地区来看，标准建设和运行机制滞后，技术不确定性和安全风险问题依然突出。工业互联网技术标准和技术规范仍有待完善，主要体现为设备安全、网络安全、控制安全和数据安全等方面尚缺乏统一的标准体系。

5）逆全球化思潮盛行，国际大循环受到冲击。

当今世界正经历百年未有之大变局，我国发展面临的外部环境可能出现重大变化。过去的 40 多年，在改革开放和经济全球化的时代背景下，我国经济实力和综合国力都有所提升，关中地区经济得到了巨大的发展。但最近几年全球化浪潮遭遇打击，保护主义开始抬头，新冠肺炎疫情的来袭更让一些国家政府以提高经济安全为由，试图阻碍经济全球化趋势，不断加剧逆全球化的思潮，这严重影响现有的国际市场秩序，对整个中国甚至全球经济来说，都是一个不容忽视的问题。

中国作为制造业大国，对全球价值链过度依赖，原材料供应端与消费端都高度依赖国际市场，由于缺乏核心竞争力，常常在国际市场上处于被动地位，在大宗商品交易市场上经常出现“中国买啥啥贵，中国卖啥啥便宜”的现象，中国企业缺乏市场定价权。这种局面的形成，使得企业经常受到国际原材料市场与消费终端市场的双向挤压，利润变得异常单薄，严重影响制造业企业的发展。

关中地区整体贸易开放程度较低，进出口水平低，也没有充分利用外资支撑装备制造业与科技融合，逆全球化会进一步对关中地区开放水平产生影响，技术封锁使整体供应链面临严重断裂风险，并且导致装备制造业不能充分利用国际贸易中产生的技术溢出，妨碍技术进步。因此，用“双循环”战略应对贸易逆全球化，发挥本国潜在内需优势，将出口增长模式转变为内需驱动型是当前应对疫情冲击的需要，也是保持我国经济长期持续健康发展的需要。

（四）关中地区国有装备制造业企业科技创新效率研究

双循环新格局要求关中地区国有装备制造企业积极探索新发展路径，在实现高质量发展的进程中，科技创新必将是其中的重要环节。一方面，关中地区国有装备制造业企业具备科技融合发展的现实条件；另一方面，供需错配、技术“卡脖子”等问题的暴露也要求关中地区国有装备制造业企业加快与科技融合的速度。因此，有必要量化关中地区国有装备制造业企业的创新效率，把握其与科技融合的程度，找准融合进程中出现的问题，才能“对症下药”。

一般来说，测量技术创新的绝对效率不常为学者所用，这是因为技术创新过程的投入、产出是多变量、异量纲的。因此，我们一般采用相对效率来进行测量分析。

并非所有的投入产出关系都可以达到生产前沿面，即并不是所有企业的技术创新都是有效率的。若企业可以较少的创新要素投入获得更多的创新产出，那么我们认为这样的要素投入调整可以使其创新效率提高。数据包络分析（DEA）是目前得到普遍认可的衡量企业技术创新效率的方法之一，它可以让我们求解到技术创新效率前沿面，即企业此时的投入产出比处于技术创新效率最佳状态。本专题运用 DEA 模型分析法（数据包络分析法）对陕西省关中地区装备制造业国有上市企业科技创新效率的有效程度进行研究和分析，鉴于国有上市企业规模较大，技术创新带来的正外部性有利于推动创新的发展，这部分企业的创新对关中地区国有装备制造业企业的发展具有引领作用，可以在一定程度上反映其科技创新效率的整体情况。

1. DEA 评价模型原理简介

前沿分析法（见图 1）是当前效率评价研究中使用频率较高的分析方法。

其中，数据包络分析法（DEA）与随机前沿方法（SFA）是被广泛使用的效率测算分析方法。而 DEA 模型优势为可以处理多投入、多产出的情况，SFA 只能处理单产出情况。鉴于本次研究的效率对象为科技创新，涉及多个投入指标以及多个产出指标，故采用 DEA 方法来研究和评价关中地区国有装备制造业的科技创新效率。

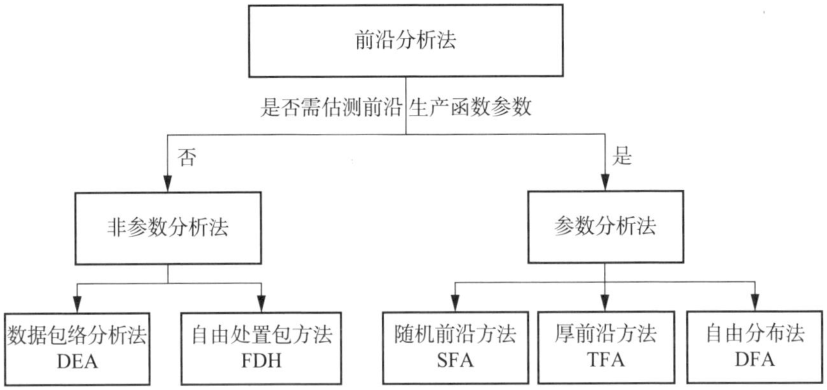

图 1　前沿分析法

DEA 模型具体又可分为两种类型：①CCR 模型：该模型假定规模报酬不变，其结果用来衡量技术效率，也可以说是综合技术创新效率；②BCC 模型：规模报酬可变的 DEA 模型，其结果用来衡量纯技术效率。它们的关系可以用这样一个公式来表示：综合效率（CCR）= 纯技术效率（BCC）× 规模效率（RTS）。下面我们简要说明将采用的 CCR 模型。

CCR 模型由 Charnes、Cooper 和 Rhodes 在 1978 年提出，可以用来计算规模报酬不变情况下的资源配置效率。以第 j_0 个决策单元的效率指数为目标，以所有决策单元的效率为约束，可以得到以下模型：

$$\max h_{j0} = \frac{\sum_{r=1}^{s} u_r y_{rj_0}}{\sum_{i=1}^{m} v_i x_{ij_0}}$$

$$\text{s.t.} \quad \frac{\sum_{r=1}^{s} u_r y_{rj}}{\sum_{i=1}^{m} v_i x_{ij}} \leqslant 1, \; j = 1, 2, \cdots, n$$

$$u \geqslant 0, \; v \geqslant 0$$

其中，x_{ij}表示企业对第 i 种输入技术创新要素的投放量，y_{rj}表示企业的第 r 种技术创新输出产品量，v_i 和 u_r 分别是第 i 种类型投入与第 r 种类型产出的权重系数。

令 $w=\frac{1}{v^T x_0}v$，$\mu=\frac{1}{v^T x_0}u$，经过 Charnes-Cooper 变换，可得到如下线性规划模型：

$$\max h_{j_0}=\mu^T y_0$$
$$\text{s. t. } w^T x_j-\mu^T y_j \geqslant 0,\ j=1,\ 2,\ \cdots,\ n$$
$$w^T x_0=1$$
$$w\geqslant 0,\ \mu\geqslant 0$$

在上述规划的对偶规划中引入松弛变量 s^+ 以及剩余变量 s^-，它们分别表示若想要达到最优配置，需要增加和减少的产出量，此时约束条件变为等式约束：

$$\min \theta$$
$$\text{s. t. } \sum_{j=1}^{n}\lambda_j y_j + s^+ = \theta x_0$$
$$\sum_{j=1}^{n}\lambda_j y_j - s^- = \theta y_0$$
$$\lambda_j \geqslant 0,\ j=1,\ 2,\ \cdots,\ n$$
$$s^+\geqslant 0,\ s^-\leqslant 0$$

CCR 模型可以用来判断技术有效和规模有效是否同时成立，其判定规则如下：

若同时满足 $\theta^*=1$ 且 $s^{*+}=0$，$s^{*-}=0$，则决策单元 DMU_j 为 DEA 有效，企业的技术创新活动即为技术效率有效且规模效率有效；若满足 $\theta^*=1$，但至少某个投入或者产出大于 0，则为弱 DEA 有效，即决策单元的技术创新活动要么为技术有效但规模无效，要么为技术无效但规模有效；若满足 $\theta^*<1$，决策单元不是 DEA 有效，即技术创新活动技术无效且规模无效。

在研究中通常对数据同时做 CCR 模型和 BCC 模型的 DEA 分析来评判决策单元的规模效率（SE）。如果关中地区上市国有装备制造业 CCR 和 BCC 的测量结果中技术效益数值不同，则表明此国有上市装备制造业企业单元规模效率 RTS 不等于 1，即规模无效。我们还可以通过两个模型技术效益之间的差异计算出具体的规模无效效率。

2. 科技创新效率评价模型设定

（1）指标体系构建。

结合所选取指标的相关性及原始数据的可得性，并参考学术文献中广为采用的科技创新效率评价指标，本节构建的 DEA 模型的输入及输出变量各选取了 2 个指标，其中，输入指标为：R&D 投入占比、技术人员人数占比；输出指标为：新增专利数、利润占比。在技术创新投入方面，主要从经济投入和人力投入两方面入手，其中，R&D 投入占比用来衡量企业技术创新资金投入水平，技术人员人数占比可用来衡量企业技术创新的人力资本投入状况。在技术创新产出方面，主要从科技产出和经济产出两方面考虑，其中，企业新增专利数用来衡量企业进行技术创新的科技成果产出水平，利润占比可用来衡量企业进行技术创新给企业带来的经济利益产出水平。具体指标含义及其计算方法如表 3 所示。

表 3　关中地区国有装备制造业企业科技创新效率 DEA 评价指标体系

一级指标	二级指标	计算方法
科技创新投入	技术人员人数占比/%	当年技术人员总数/当年公司员工总数
	R&D 投入占比/%	当年研发支出总额/当年营业收入
科技创新产出	新增专利数/件	当年新增的专利申请数
	利润占比/%	年度归属母公司股东的净利润/当年营业收入

（2）数据来源。

首先需要明确，数据包络分析方法（DEA）对于决策单元（DMU）数量的确定有一定的要求，决定公式如下：

$$n \geqslant \max\{m \times s,\ 3(m+s)\}$$

其中，n 为 DEA 决策单元 DMU 的个数，m 为 DEA 模型的输入指标个数，s 为 DEA 模型的输出指标个数。由于本次模型选取的输入及输出变量均为 2 个，即 $m=2$，$s=2$，故满足要求的 n 应该不小于 4 和 12 中的最大值，即 DMU 至少为三倍的（输入+输出）变量数 12。针对本专题的研究主题，以 2015—2020 年关中地区所有的国有装备制造业上市企业为样本，筛选整理之后获取 14 个样本。分析各企业技术创新效率水平，为企业进一步发展改进提供方向参考。

考虑到数据的可获取性，虽然所选取的样本企业为 14 家关中地区国有装备制造业上市企业，但是由于在搜集企业相关信息的过程中发现，中天火箭（股票代码：003009. SZ）数据缺失较为严重，无法寻找其替代值，故在实证分析中只考虑了13家企业的情形，此时实际的样本数13满足上文中所描述的DEA评价模型所要求的最小样本数量。

本次研究聚焦关中地区国有装备制造业的科技创新效率，研究数据根据Wind金融终端、企业年报、企查查提供的信息整理得出，时间范围为2015—2020年。当年研发支出、营业收入、技术人员总数、当年公司总人数、年度归属于母公司股东的净利润取自各企业2015—2020年披露的财务报表及Wind数据库，当年申请专利数来自企查查网站及企业年报，缺失数据用同类已知数据的平均值代替。样本上市企业具体情况如表4所示。

表4　样本上市公司信息简介

序号	公司简称	国民经济行业分类	主营业务
1	烽火电子	计算机、通信和其他电子设备制造业	我国军事通信装备和电声产品研制生产
2	秦川机床	通用设备制造业	中国精密数控机床与复杂工具研发制造
3	派瑞股份	计算机、通信和其他电子设备制造业	电力半导体器件和装置的研发、生产、实验调试和销售服务
4	标准股份	专用设备制造业	缝制设备、精密机械零部件、模具的生产制造与研发
5	彩虹股份	计算机、通信和其他电子设备制造业	液晶基板玻璃的研发、生产与销售
6	建设机械	专用设备制造业	工程机械制造和工程机械租赁两大板块
7	陕鼓动力	电气机械及器材制造业	能量转换设备制造、工业服务、能源基础设施运营
8	中航西飞	铁路、船舶、航空航天和其他运输设备制造业	各种大中型军民用飞机、起落架和机轮刹车系统的研发、制造、销售、维修与服务
9	中天火箭	铁路、船舶、航空航天和其他运输设备制造业	以小型固体火箭技术为核心，进行多层次、多领域业务拓展
10	中航电测	计算机、通信和其他电子设备制造业	以研制军民用测量和控制产品及系统解决方案为主
11	中环装备	专用设备制造业	电工专用设备、高电压试验、检测设备以及高纯特种电子材料的研发、生产、销售、技术服务
12	航天动力	专用设备制造业	从事系列民用产品的设计、开发、生产和销售
13	航发动力	铁路、船舶、航空航天和其他运输设备制造业	航空发动机及衍生产品、外贸出口转包业务、非航空产品及其他业务
14	中国西电	电气机械及器材制造业	公司主导产品是110千伏及以上电压等级的高压开关、变压器、电抗器、电力电容器、互感器、直流输电换流阀等

资料来源：Wind金融终端。

3. 实证分析

现有的 DEA 及其复杂拓展模型可通过诸如 Maxdea、DEA－SOLVER、Mydea、DEAP 以及 Stata 实现模型测度，在 Stata 软件中，通过 DEA-CCR，不仅可得出规模报酬可变下的技术创新效率值，还可以得出规模报酬不变下的技术创新效率值，通过两者的分析对比我们可获得关于企业技术创新效率的更多信息。

通过分析权衡，本节选取在 VRS 即规模报酬可变的情况下，使用 Stata 16 对 13 家关中地区国有装备制造业上市公司中的科技创新效率进行测算，分析结果如表 5 所示。

总体来看，关中地区国有装备制造业上市企业的综合效率的平均值较低，在 2015—2020 年 6 个年度中，2019 年有 4 个企业的综合效率达到 DEA 有效，成为测算年度中综合效率 DEA 有效企业个数最多的年份；而在有效数目最少的年份，仅有 2 个企业的综合效率能够达到 DEA 有效。这说明大部分关中地区国有装备制造业企业的投入产出结构需要进行调整，研发投入带来的技术创新产出率未达到最大值，装备制造业的科技创新效率还有进一步提升的空间。

表 5 2015—2020 年关中地区国有装备制造业企业科技创新效率整体状况

年份	效率	综合效率 企业家数（占比(%)）	纯技术效率 企业家数（占比(%)）	规模效率 企业家数（占比(%)）	规模报酬 递增数	规模报酬 递减数	规模报酬 不变数
2015	有效	2（15.38）	5（38.46）	3（23.08）	8	2	3
	无效	11（84.62）	8（61.54）	10（76.92）			
2016	有效	3（23.08）	4（30.77）	3（23.08）	10	0	3
	无效	10（76.92）	9（69.23）	10（76.92）			
2017	有效	2（15.38）	5（38.46）	3（23.08）	10	0	3
	无效	11（84.62）	8（61.54）	10（76.92）			
2018	有效	3（23.08）	4（30.77）	4（30.77）	10	0	3
	无效	10（76.92）	9（69.23）	9（69.23）			
2019	有效	4（30.77）	5（38.46）	4（30.77）	8	4	1
	无效	9（69.23）	8（61.54）	9（69.23）			
2020	有效	2（15.38）	3（23.08）	2（15.38）	11	0	2
	无效	11（84.62）	10（76.92）	11（84.62）			

根据公式“综合效率（CCR）= 纯技术效率（BCC）×规模效率（RTS）”，

从纯技术效率来看，关中地区国有装备制造业科技创新的纯技术效率还比较低，每年达到 DEA 相对有效的企业数量不足半数，但该值大于综合效率 DEA 有效的企业数量，说明研发投入和非研发投入的使用效率有待提高，应该继续保持足够的投入使其科技创新能力得到更好的发展。纯技术效率有效但综合效率无效的企业，综合效率无效的原因是其规模效率未达到有效，对于这类企业来说，改革的重点应该在于如何更好地发挥其规模效益。

（1）2015—2020 年关中地区国有装备制造业科技创新趋势分析。

首先，对 2015—2020 年 13 家关中地区国有装备制造业上市企业进行数据包络分析，从而得出如图 2 所示的样本企业的 DEA 效率数据统计图。通过观察图 2 可以发现，关中地区国有装备制造业已经具备一定程度上的科技创新实力，但近几年来，其整体科技创新效果仍然不够理想。科技创新效果在 2016 年小幅上升后，于 2017 年发生回落，此后直至 2019 年都稳步攀升，但在 2019 年达到近几年来的峰值后，又在 2020 年出现明显的下降，降到这 6 年中的最低水平。可能的原因是受到新冠肺炎疫情的影响，企业生产经营遭受打击，科技创新也受到阻碍；即使在企业复工复产之后，经济的复苏和创新的重启也需要一个过程。如果关中地区国有装备制造业可以保持好此前科技创新增速加快的良好态势，其科技创新效果有望重回峰值或达到高水平。进一步地，我们可以分析模型结果中的 DEA 有效企业个数以及占比的情况，关中地区国有装备制造业在 2015 年至 2020 年有效企业个数整体处于上升状态，由最初的 2 家占比 15.38%逐步升至占比约为 30.77%的 4 家，在 2020 年发生回落。

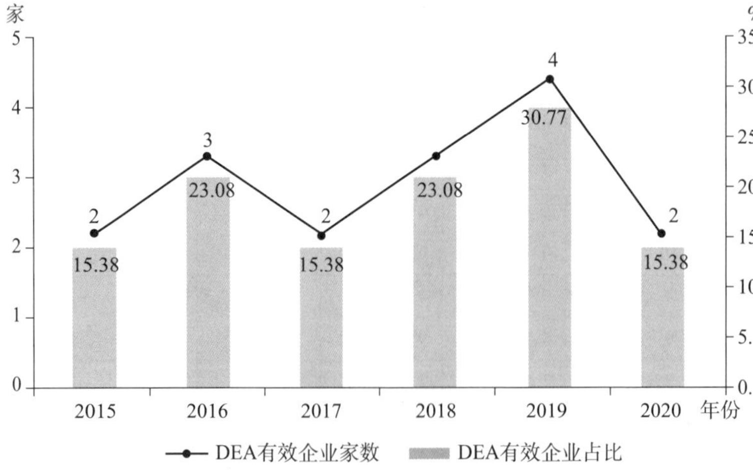

图 2　2015—2020 年关中地区国有装备制造业企业 DEA 效率情况

从图 3 展示的情况来看，2015—2020 年的这 5 年中 DEA 效率平均值均在 0. 4 左右徘徊，2017 年和 2020 年发生了两次下降，其余年份均有所上升。2019 年 DEA 效率平均值接近 0. 5，达到近 6 年以来的峰值水平，但是在之后的 2020 年该值发生了下降，达到较低值 0. 3834。从这一变化趋势可以看出，关中地区国有装备制造业拥有一定的科技创新经验，虽然个别年份科技创新出现一定程度的下降，处于不太理想的趋势，但 DEA 效率平均值上升的年份相对更多，且 2020 年发生的明显下降主要是受到了新冠肺炎疫情这一系统性风险的冲击。总体来看，关中地区国有装备制造业企业还是具有较大的科技创新潜力，科技创新发展的上升空间还很大。

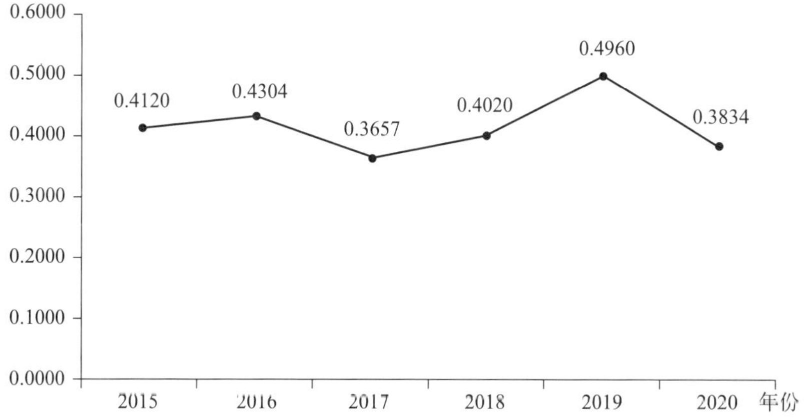

图 3　2015—2020 年关中地区国有装备制造业企业 DEA 效率平均值

其次，由于规模收益是企业生产经营中的一个重要概念，是企业发展过程中不容忽视的因素，故对近 6 年以来关中地区国有装备制造业各企业的规模收益情况进行数据分析，有助于把握其市场整体的生产规模情况，具体情况如图 4 所示。13 家样本企业中，规模收益递增的企业从 2015 年的 8 家增长到 2020 年的 11 家，且每年处于规模递增状态的企业数量均超过了 60%。从这组数据可以看出近几年关中地区大多数国有装备制造业企业都比较重视科技创新的投入，只有少数企业存在科技创新投入不足的现象。

规模收益递增的企业在 2015—2020 年整体位于 10 家上下，更是在 2020 年达 11 家，占比为 84. 62%，处于规模递增状态，说明陕西省高端装备制造业整体处于快速发展阶段，企业应继续扩大规模，利用规模优势提高科技创新效率，尽快达到规模效率有效状态。

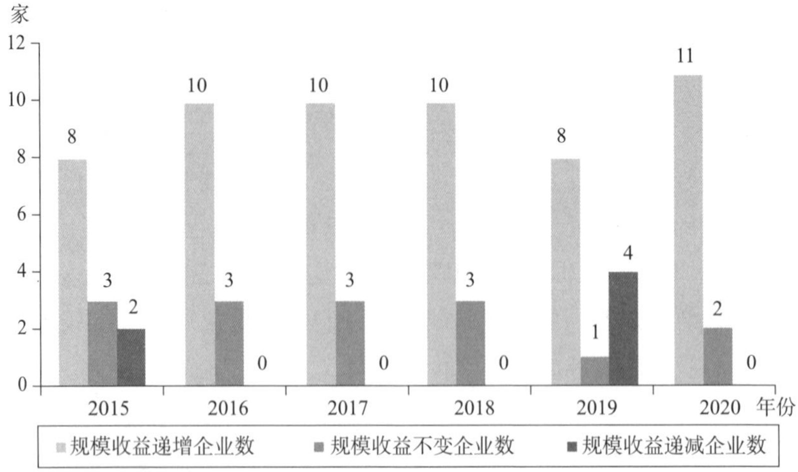

图 4　2015—2020 年关中地区国有装备制造业企业规模收益情况

规模收益不变的企业 2015—2020 年处于缓慢下降状态，且总体数量不高，说明陕西省高端装备制造业企业规模效率有效企业不增反降，企业应科学评估适合企业发展的最佳规模，以提高企业创新与生产效率，而不是盲目寻求扩张。

规模收益递减企业在 2015—2020 年的数量和占比都处于少数，说明大部分企业没有出现科技创新投入过多但产出不足的情况，但是 2019 年存在 4 家企业处于规模效率递减状态，这说明部分年份仍有企业盲目扩张，没有找到适合企业发展的最佳规模，降低了整个企业的综合技术创新效率，在一定程度上会对企业的长期发展产生不利影响。

（2）2019 年关中地区国有装备制造业科技创新 DEA 评价结果分析。

2019 年底，突然暴发的新冠肺炎疫情席卷全球，对装备制造业企业造成的外部冲击巨大。伴随着企业的停工停产，企业科技创新也大大受阻，即使到了企业复工复产的阶段，科技创新的重启也需要一个循序渐进的过程。科技创新效率的恢复及提升不可能骤然间实现，这就导致了 2020 年关中地区国有装备制造业企业的 DEA 效率不高，甚至接近几年来的创新效率低谷。鉴于新冠肺炎疫情是“黑天鹅”事件，新冠肺炎疫情下的企业科技创新效率并不能有效地代表关中地区国有装备制造业企业最新的科技创新效率水平，故选取了样本企业在 2019 年的科技创新 DEA 结果进行分析评述，以衡量关中地区国有装备制造业企业与科技融合的进展。

表6详细列明了2019年陕西省各国有上市装备制造业企业的技术创新效率以及其分解情况，综合创新效率有效的企业其规模效率、纯技术效率（产出效率和投入效率）均有效，但是综合效率无效的企业必定有一项指标效率无效。下面就技术创新效率无效的典型例子进行解读分析。

首先，从表6可以看出，2019年度，陕西航天动力高科技股份有限公司（简称航天动力）处于纯技术效率有效（投入产出有效）、规模无效状态（I），在这种状态下该公司首先应该调整的是公司规模，由于其处于规模收益递增阶段，企业应进一步扩张，达到最佳规模，同时保持或进一步提高当前投入产出效率，这样该企业便可进入DEA综合技术创新效率有效阶段。其次是中环装备（中节能环保装备股份有限公司），2019年处于规模无效（I）、纯技术效率也无效阶段，且纯技术效率无效源于经济产出不够，表现为净利润占比过低。因此，在这种状态下，企业应扩大产业规模，保持当前技术创新投入比重，努力加大技术创新的产出，尤其应提升企业技术创新成果的变现能力，从而提高企业纯技术创新效率，使企业进入DEA综合技术创新效率有效阶段。最后中国西电电气股份有限公司，即中国西电，在2019年也处于规模无效（D）且纯技术效率无效阶段，通过数据分析可得，这一情况的出现缘于企业创新投入的冗余，表现为R&D投入相对过多，R&D投入过多不仅直接影响企业绩效，无效的R&D投入也会降低企业技术创新效率。因此，在这种状态下，企业应保持或适当减小其产业规模，如停止低端耗能大、收益率低下的产品业务，在保持当前技术创新产出效率的基础上，适当减少R&D支出比重，这样可以提高企业纯技术创新效率，使企业进入DEA综合技术创新效率有效阶段。

表6 2019年关中地区国有装备制造业企业技术创新效率情况

序号	公司	Score	R&D规模（D规模递减，I规模递增，C规模不变）	投入		产出	
				技术人员占比	R&D支出占比	专利申请数	净利润占比
1	烽火电子	0.080072	无效（I）	有效	有效	无效	有效
2	秦川机床	0.063581	无效（I）	有效	无效	无效	无效
3	派瑞股份	0.646804	无效（I）	无效	有效	无效	有效
4	标准股份	0.043194	无效（I）	有效	无效	无效	无效
5	彩虹股份	1	有效（C）	有效	有效	有效	有效

续表

序号	公司	Score	R&D 规模（D 规模递减，I 规模递增，C 规模不变）	投入		产出	
				技术人员占比	R&D 支出占比	专利申请数	净利润占比
6	建设机械	1	有效（C）	有效	有效	有效	有效
7	陕鼓动力	0.242714	无效（I）	有效	有效	无效	有效
8	中航西飞	1	有效（C）	有效	有效	有效	有效
9	中天火箭	—	—	—	—	—	—
10	中航电测	0.32947	无效（I）	有效	有效	无效	有效
11	中环装备	0.207485	无效（I）	有效	有效	有效	无效
12	航天动力	0.198887	无效（I）	有效	有效	有效	有效
13	航发动力	1	有效（C）	有效	有效	有效	有效
14	中国西电	0.635609	无效（D）	有效	无效	有效	有效

表 7 和表 8 列示的企业 DEA 投入/产出规划分析表展示了 DEA 有效与无效的企业 Projection 规划数与 Data 原始数据的差异以及为了达到 DEA 有效各项指标应该调整的方向及数值大小。通过观察两张表中的数据可以发现，DEA 技术创新有效企业的 Projection 规划数与 Data 原始数据应相等，即其投入及产出指标都不需要进行调整，如彩虹股份、建设机械、中航西飞等。而 DEA 非有效企业的 Data 值与 Projection 值不相等，这意味着投入指标中的一项或几项、产出指标中的一项或几项，甚至是投入与产出指标都需要调整。

表 7　关中地区国有装备制造业企业 DEA 投入规划分析表

序号	DMU	Score	Rank	技术人员人数占比/%			R&D 投入占比/%		
				Data	islack/%	Projection	Data	islack/%	Projection
1	烽火电子	0.0801	13	39.69	0.00	39.69	14.35	0.00	14.35
2	秦川机床	0.0636	11	10.53	0.00	10.53	10.72	2.65	8.07
3	派瑞股份	0.6468	6	40.30	2.43	37.87	3.17	0.00	3.17
4	标准股份	0.0432	10	9.30	0.00	9.30	7.34	1.40	5.94
5	彩虹股份	1.0000	1	24.08	0.00	24.08	4.44	0.00	4.44
6	建设机械	1.0000	1	5.49	0.00	5.49	2.94	0.00	2.94
7	陕鼓动力	0.2427	9	24.31	0.00	24.31	3.74	0.00	3.74

续表

序号	DMU	Score	Rank	技术人员人数占比/%			R&D 投入占比/%		
				Data	islack/%	Projection	Data	islack/%	Projection
8	中航西飞	1.0000	1	27.02	0.00	27.02	0.39	0.00	0.39
9	中天火箭	—	—	—	—	—	—	—	—
10	中航电测	0.3295	8	23.10	0.00	23.10	4.79	0.00	4.79
11	中环装备	0.2075	12	31.77	0.00	31.77	5.35	0.00	5.35
12	航天动力	0.1989	1	14.12	0.00	14.12	1.83	0.00	1.83
13	航发动力	1.0000	1	23.57	0.00	23.57	2.56	0.00	2.56
14	中国西电	0.6356	7	20.46	0.00	20.46	4.93	0.07	4.86

以烽火电子为例，该企业的 DEA 效率值为 0.0801，要在 2019 年达到 DEA 有效，其两项投入指标及产出指标中的利润占比均不需要调整，产出指标中的新增专利数达到约 133 件时才可实现 DEA 评价有效，这意味着该企业的当年专利数需要再增加 113 件，这对于企业来说是一项挑战。再以中国西电为例，该企业 DEA 效率值为 0.6356，其两项产出指标及投入指标中的技术人员人数占比都达到了规划数，为实现企业当年 DEA 有效，中国西电需要调整其投入指标中的 R&D 投入占比，即研发支出占当年营业收入的比重应当减少 0.07 个百分点。最后以秦川机床为例进行说明，该企业的 DEA 效率值为 0.0636，由于其 R&D 投入占比、新增专利数、利润占比的原始数据均与规划值存在差异，为实现企业当年 DEA 有效，其投入与产出指标都需要做出调整。当秦川机床将 R&D 投入占比减少到 8.07%，将当年新增专利数增加到 123 件，并且将年度归属母公司股东的净利润占当年营业收入的比重提高到 4.28%时，其 2019 年的 DEA 效率值可以达到 1。

表 8 关中地区国有装备制造业企业 DEA 产出规划分析表

序号	DMU	Score	Rank	新增专利数/件			利润占比/%		
				Data	oslack/%	Projection	Data	oslack/%	Projection
1	烽火电子	0.0801	13	20	113	133	7.82	0.00	7.82
2	秦川机床	0.0636	11	15	108	123	-29.92	34.20	4.28
3	派瑞股份	0.6468	6	6	187	193	27.36	0.00	27.36
4	标准股份	0.0432	10	9	114	123	-64.30	68.58	4.28
5	彩虹股份	1.0000	1	272	0	272	59.25	0.00	59.25

续表

序号	DMU	Score	Rank	新增专利数/件			利润占比/%		
				Data	oslack/%	Projection	Data	oslack/%	Projection
6	建设机械	1.0000	1	123	0	123	4.28	0.00	4.28
7	陕鼓动力	0.2427	9	91	48	139	8.53	0.00	8.53
8	中航西飞	1.0000	1	129	0	129	1.24	0.00	1.24
9	中天火箭	—	—	—	—	—	—	—	—
10	中航电测	0.3295	8	27	138	165	18.73	0.00	18.73
11	中环装备	0.2075	12	133	0	133	-3.40	6.82	3.42
12	航天动力	0.1989	1	56	0	56	-4.60	0.00	-4.60
13	航发动力	1.0000	1	467	0	467	7.89	0.00	7.89
14	中国西电	0.6356	7	235	0	235	13.70	0.00	13.70

在选取的13家关中地区装备制造业国有上市企业中，2019年处于IRS阶段的企业数为8家，处于DRS阶段的为1家，处于CRS阶段的为4家，表9展示了这些企业规模收益的具体情况。从这组数据可以分析出，当前关中地区国有装备制造业企业整体处于快速发展阶段，大多数企业（即规模收益递增的企业）可以进一步扩大其规模，增加科技创新投入要素，充分利用规模优势来提高企业科技创新的效率，促使企业尽快达到规模效率有效阶段。

表9　关中地区国有装备制造业企业规模收益表

序号	DMU	Score	RTS
1	烽火电子	0.0801	Increasing
2	秦川机床	0.0636	Increasing
3	派瑞股份	0.6468	Increasing
4	标准股份	0.0432	Increasing
5	彩虹股份	1.0000	Constant
6	建设机械	1.0000	Constant
7	陕鼓动力	0.2427	Increasing
8	中航西飞	1.0000	Constant
9	中天火箭	—	—
10	中航电测	0.3295	Increasing
11	中环装备	0.2075	Increasing

续表

序号	DMU	Score	RTS
12	航天动力	0.1989	Increasing
13	航发动力	1.0000	Constant
14	中国西电	0.6356	Decreasing

4. 关中地区国有装备制造业企业创新效率分析总结

在上文的分析中，首先从DEA效率和企业规模收益两个方面，对2015—2020年关中地区国有上市装备制造业企业进行分析，洞悉关中地区装备制造业国有企业的创新效率。一般来说，国有上市企业的规模较大，加上技术创新的外溢效应，研究这部分企业的创新效率状况，可为这些企业提供参考，提升其创新效率，同时带动整个关中地区装备制造业的创新效率和技术水平的提高。通过DEA效率指标的定量研究我们发现，关中地区国有装备制造业企业的科技创新发展处于低水平的波动当中，大部分企业难以达到最佳运营规模，企业规模成为其技术创新效率难以提升的重要因素之一，且通过研究发现，2019年，大部分企业的创新投入有效，但创新产出无效，说明企业的科技研究能力不足，科技创新成果转化能力不够等，针对以上问题，后文将提出相应对策建议。

（五）双循环格局下关中地区国有装备制造业企业与科技融合的路径

装备制造业是制造业的脊梁，是支撑国家综合国力的核心部分，工业和制造业要想获得高速发展，装备制造业的转型升级必不可缺。目前，中国的装备制造业正在从“中国制造”向“中国智造”转型，关中地区装备工业是以“一五”时期国家重点建设项目为基础发展起来的，国有大中型工业企业占有绝对比重。国有企业应充分发挥利用在资源、技术等方面的优势，在装备制造领域深化改革，增强企业的活力、竞争力和对抗风险能力，引领产业链转型升级，增强装备制造业与科技的融合程度，提升装备制造业的技术创新能力，破解“卡脖子”问题，进而提升行业的整体竞争能力，更好地维护国家安全，更好地发挥国企的主导作用和支柱作用，对中国制造业的转型升级起到支撑作用。基于前文的实证研究和相应观点，本专题从以下几个方面提出提高关中地区大型国有装备制造业集团创新效率、促进关中地区装备制造业与科技融合发展的政策建议：

1. 转变思想观念是前提，疏通经济双循环新通道

发展装备工业必须与国有企业的改组、改造相结合，走政府推动与市场引导相结合的道路。关中地区国有装备制造业企业必须加快改革步伐，推动股权结构改革、管理模式变革，提高企业经营效率。加快建立现代企业制度的步伐，不断推进股权的多元化，完善法人治理结构，克服国有股权创新动力不足的弊端。实施主辅分离，加快“三供一业”从国有装备制造业企业中剥离，交由社会专业单位实施管理，减轻企业社会负担，做强做大主业，以提高国有装备企业资产的质量和效益。

积极改变高耗能装备制造工业企业的发展路径，“处僵治困”，实施节能减排，淘汰老旧耗能高、效率低的生产设备，大力推广普及节能设备。能源消费总量工作中，要抓大不放小，控制高耗能行业能耗的同时，也要抓好装备制造业节能降耗工作，降低装备制造业综合能耗。

2. 信息化建设推动智能制造，数据赋能装备制造业

陕西是制造业大省，关中地区国有装备制造业企业是陕西制造业高质量发展的重要一环，近几年，工业界追逐协同制造、智能制造等新生产模式的愿望十分迫切。作为重要的科技资源富集区，关中地区在推进互联网基础设施建设、构建装备制造业工业互联网平台方面的产业优势和技术优势明显。

加速“关中制造”向“关中智造”转变，以新基建为突破口，布局关中地区国有装备制造业企业与科技的融合发展，充分利用国有企业在资源、技术等方面的优势，发挥数字工程、融合工程、创新工程三大工程在关中地区国有装备制造业企业转型升级中的推动作用。

加快5G+大数据、云计算、人工智能、区块链等工程的产业化发展，为装备制造业产业经济数字化这一融合工程奠定良好基础。通过“互联网+”、工业集成创新结合、物联网、工业云、电子商务等数字化综合平台，打破“信息孤岛”壁垒，实现关中地区国有装备制造业企业与科学技术跨领域互联互通、集成共享，促成融合工程发展。利用数字经济还可促进创新工程发展，关中地区要因地制宜规划发展具有特色的数字经济产业集群，重点探索数字产业集聚发展模式，促进创新要素在关中各地区间的流动和共享，围绕数字经济重点行业领域需求，开展关键共享技术联合攻关，加大消费端和供给端的高效协同，实现供给和需求的精准对接。

3. 完善工业云平台建设，以软件定义制造业

工业互联网对制造业数字化转型的驱动能力正逐渐显现，陕西省在工业云平台建设方面已经初见成效，应继续由政府牵头成立工业互联网及关联公共技术开发平台，由政府主导构建高校、院所和国有企业深度参与的“大校、大院、国企”合作机制；建设产业链协同平台，将智能技术应用到关中地区国有工业企业生产、管理和运营的各个环节。同时，相关部门围绕智能制造供需做好推介、协作配套等服务，实现具有智能化改造需求的企业和专业服务机构的直接供需对接。建立先进国有工业企业与中小民营企业互动、共享的技术平台，破解技术与管理壁垒，引导技术关联性强、市场互补明显的国有、民营企业有机联动①。

推进国有企业本身智能化改造，夯实工业互联网应用的基础条件。用工业数据引导国有企业的革命，包括革命工具与革命决策两方面。首先以自动化提高工作效率，从能量转换工具到智能工具，具体来说，在设备方面要大力发展 3D 打印机、数控机床，AGV 小车、电子黑板等，在软件方面加大 CAD、CAE、CAM 等软件的使用范围。其次以智能化提高国有企业决策科学性、精准性，大力推行 PLM、ERP、SCM 等辅助决策软件，最终将数据+算法的软件辅助作用上升为替代作用。

4. 产业链高端延伸是突破，充分发挥园区集聚效应

首先，大型国有装备制造集团要敢于争当带动关中地区装备制造业高质量发展的领头羊，充分利用“集中力量办大事”的体制优势，以关键核心科技攻关为目标，努力提升产业链能级。其次，集团层面上做好顶层设计和总体谋划，制定符合装备制造业高端化发展这一国家战略方向的科技发展规划，集团下属各业务板块或事业部要根据顶层规划制定并落实相应规划，明确新业务发展方向、产品发展规划、技术发展路线等。最后，关中地区应大力建设工业园区。通过充分释放工业园区的聚集效应，国有高端装备制造产业链下游可以得到最大延伸，大型国有装备制造业集团与生产性服务性企业可以更好地融合发展，国有装备制造业企业与其他中小民营企业可以更高效地相互合作、相互促进。由此，通过国有装备制造业企业的高质量发展，便可带动整个关中地区装备制造业与科技融合发展。

---

① 牛亚莉．数字经济条件下工业互联网与装备制造业深度融合的策略研究——以陕西省装备制造业为例［J］．经济研究导刊，2020（24）：122-124.

5. 打通创新链，全要素助力科学技术的创新发展

在提高高端装备制造业创新效率的创新投入方面，关中地区国有装备制造业企业要带头继续加大研发费用总量，同时提高“核高基”研究开发投入集中度，在未来5年内，将“核高基”领域的基础研究投入占研发费用的比重提高到15%左右，甚至更高。在重大科技、关键技术等核心方面加大投入力度，在能源清洁利用技术、航天航空技术、高端机床工具产品等方面取得重大突破，实施重大技术专项、重大示范工程，积极引进消化吸收国外先进技术，推动技术联合研发，提高研发水平和创新能力。

关中地区国有装备制造业企业拥有天然的资源优势，但是，若想打破壁垒，提高国际竞争力，获得可持续发展，必须重视人才这一核心要素。创新驱动的根基是人才建设，因此，必须完善人才培养体系。首先，在顶层设计方面，做好人才布局，利用智能制造及高新技术产业等领域的人才储备，挖掘现有人才潜能；推进激励与约束相结合的中长期激励机制，优化科研项目考核评价激励体系，做好工业互联网高层次人才的培养与引进。其次，在企业层面，要营造良好的创新文化氛围，在一定程度上允许科研人员犯错，对创新过程中出现的偏差开展容错与纠正。最后，在保障机制方面，持续优化人才政策，在个人所得税减免、租房补贴及子女教育等方面向从事工业互联网创业、技术开发的人才倾斜。

在知识产权保护方面，健全专利保护制度。目前科技创新专利的申请程序繁杂，耗时较长，且需额外支出专利维护费，专业化人才创新热情低，专利保护意识淡薄。因此关中地区未来应做好科技创新成果保护工作，宣传专利权相关法律法规知识，构建先进制造生产的知识保护机构，借助专利维护的服务平台，维护科技成果的合法权益。创新人才应学习专利权法规知识，增强保护意识，积极申请专利，尽快将其转化为生产力。

6. 财政、金融融合发力，攻克装备制造业的“卡脖子”技术

“卡脖子”问题的解决离不开大量的资金支持，政府要发挥引导作用，加大财政方面的投入力度，整合财政科研投入体制，加大对科技基础设施的投入力度，充分发挥财政资金的撬动作用。另外，金融行业作为经济的核心，肩负着促进新格局的引擎作用，应成立专门的政策性科技银行，紧扣高新企业关键技术、核心技术自主可控的需求，提供新金融支持，充分调动商业性金融资金投入的积极性，促进资金要素向“卡脖子”领域集中。

7. 加强科学技术转移机构的建设，促进技术成果向生产力转变

在提高高端装备制造业创新效率的创新产出方面，目前，陕西省已建设了国家级技术转移示范机构 21 家、省级示范机构 99 家，形成了较为完备的技术转移服务体系，并且取得了较高的成就，实施百项科技成果转化行动计划和科技成果转移与推广计划，促进 100 余项科技成果签约转化，全省技术合同成交额每年增长约百亿元，2019 年达 1467. 83 亿元，创历史新高，居全国第 5 位。

技术转移机构虽然数量众多，但仍存在较大缺陷，机构仅通过“依葫芦画瓢”的方式解决问题，其基础条件、服务能力、服务绩效、规范管理和社会信誉等指标均有待提高。技术转移机构应该根据装备制造业的技术特点，以市场需求为导向，加大对共性技术的研究与转移的力度，同时制定科学合理的内部收入分配机制，招募专业的科学技术经济人，增强物质、财务刺激，提高科学技术转化效率，从而推动关中地区国有装备制造业企业与科技的融合发展。

专题二　关中地区民营装备制造业企业与科技融合发展的路径研究

（一）引言

自改革开放以来，我国民营经济充分释放了其活力、潜力和创造力，取得了巨大的进步，对推动我国国民经济发展起到了重要作用。在“双循环”的时代背景下，关中地区民营装备制造业企业更应发挥其特质，促进关中地区装备制造业与科技的融合发展，助力“双循环”新格局在关中地区的构建。

（二）关中地区民营装备制造业企业与科技融合的发展现状

1. 关中地区民营装备制造业企业总体发展情况

关中地区位于陕西省中部，由于陕西省只有较少部分装备制造业企业位于汉中，其他主要集中在关中地区，所以，陕西省的装备制造业实际上是指关中地区装备制造业。因此，本专题用陕西省规模以上装备制造业企业数据减去国有及国有控股、外商及港澳台商投资装备制造企业数据，得到陕西省规模以上民营装备制造业企业数据，下文中则用陕西省民营装备制造业企业代替说明关中地区民营装备制造业企业基本情况。①

（1）工业总产值情况。

如表1所示，九类装备制造业行业2019年全省总产值合计6692.24亿元；其中，民营企业在各行业的工业产值合计2936.74亿元，占到全省工业总产值的43.88%，说明民营装备制造业企业是装备制造行业不可或缺的重要组成部分，占据较高的市场份额。其中，金属制品业的民营企业产值占比高达85.13%，可以说，在关中地区装备制造业的部分行业中，民营企业已经发展成为重要支撑力量。

① 资料来源：《陕西统计年鉴（2020）》。

表 1　2019 年陕西省民营装备制造业企业工业产值

类别	陕西省装备制造业总产值/亿元	民营装备制造业企业工业产值/亿元	民营装备制造业企业所占比重/%
金属制品业	423. 13	360. 20	85. 13
通用设备制造业	500. 69	265. 75	53. 08
专用设备制造业	719. 03	425. 84	59. 22
汽车制造业	1919. 80	341. 19	17. 77
铁路、船舶、航空航天和其他运输设备制造业	447. 61	142. 57	31. 85
电气机械及器材制造业	1128. 58	688. 17	60. 98
计算机、通信和其他电子设备制造业	1385. 97	608. 68	43. 92
仪器仪表制造业	139. 76	101. 47	72. 60
金属制品、机械和设备修理业	27. 67	2. 87	10. 38
合计	6692. 24	2936. 74	43. 88

（2）企业单位数情况。

由表 2 可知，民营企业数占陕西省装备制造业企业单位数较大比重，具体来看，陕西省装备制造业企业单位共 1739 家，民营企业则有 1401 家，占到陕西省装备制造企业总数的 80. 56%，这说明民营装备制造业企业市场活力大、竞争力强，有利于创新创造市场氛围的形成。但是，结合工业产值来看，其工业产值占比仅有 43. 88%，可见陕西民营装备制造业企业的生产效率还具有很大的提升空间，大力促进民营装备制造业企业与科技融合这一路径选择，可以使其充分释放生产力潜力，获得更大的发展进步。

表 2　2019 年陕西省民营装备制造业企业数

类别	陕西省装备制造业企业总数/家	民营装备制造业企业数量/家	民营装备制造业企业所占比重/%
金属制品业	273	246	90. 11
通用设备制造业	255	209	81. 96
专用设备制造业	333	272	81. 68
汽车制造业	167	126	75. 45
铁路、船舶、航空航天和其他运输设备制造业	127	88	69. 29
电气机械及器材制造业	292	245	83. 90

续表

类别	陕西省装备制造业企业总数/家	民营装备制造业企业数量/家	民营装备制造业企业所占比重/%
计算机、通信和其他电子设备制造业	195	141	72.31
仪器仪表制造业	82	69	84.15
金属制品、机械和设备修理业	15	5	33.33
合计	1739	1401	80.56

（3）其他经营指标。

此外，本专题还统计了陕西省民营装备制造业分行业的总资产、营业收入、营业成本、利润总额，以求更加全面透彻地了解关中地区民营装备制造业企业的现状，具体数值如表 3 所示。

表 3　2019 年陕西省民营装备制造业分行业主要经济指标　　单位：亿元

类别	资产总计	营业收入	营业成本	利润总额
金属制品业	206.81	319.75	276.99	25.58
通用设备制造业	158.10	216.61	176.46	17.31
专用设备制造业	335.90	372.54	300.98	29.34
汽车制造业	235.76	315.09	555.98	16.56
铁路、船舶、航空航天和其他运输设备制造业	119.36	-1984.39	77.42	14.89
电气机械及器材制造业	676.11	565.41	492.59	19.37
计算机、通信和其他电子设备制造业	697.66	997.67	537.34	53.05
仪器仪表制造业	116.1	94	70.1	10.69
金属制品、机械和设备修理业	4.98	3.12	2.16	0.28
合计	2550.78	899.80	2490.02	187.07

由表 3 可知，计算机、通信和其他电子设备制造业的资产总额是最高的，为 697.66 亿元，其次为电气机械及器材制造业，为 676.11 亿元；计算机、通信和其他电子设备制造业的利润总额也是最高的，为 53.05 亿元。由此可以看出，2019 年陕西民营装备制造业中的计算机、通信和其他电子设备制造业的效益最好。

总而言之，通过以上分析可以看出，目前关中地区民营装备制造业企业发展状况良好，已经在规模、营收等方面形成了一定的优势，这也为民营装备制造业企业与科技融合发展打下了一定的基础。民营企业是市场经济中最具有活力、创造力的重要角色，而民营装备制造业要想获得长足的发展，应该积极响应国家号召，充分发挥自身优势潜力，积极进行转型升级，加强企业自主创新能力，提高企业产品科技含量，坚持走高质量发展道路，以谋求更大、更高水平的发展进步。

2. 关中地区民营装备制造业企业与科技融合的状况

为探索关中地区民营装备制造业企业与科技融合发展路径，我们有必要对其现有的科技水平进行一定的分析。关中地区民营装备制造业企业与科技融合程度较高的行业主要集中在机床、电工电器、工程通用、汽车及配件四个行业。龙头企业对行业发展具有重要作用，对同行业其他企业也有很深的影响力。因此，本节尝试从各行业的头部企业与科技融合状况，如代表性民营企业西安西锻机床有限公司、陕西第二机床厂、西玛集团等，映射整个关中民营装备制造业企业与科技融合的状况。①

（1）机床行业。

机床，又称“工业母机”，是制造机器的机器，没有机床设备的发展，装备制造业甚至整个制造业都难以获得发展进步，因此，可以说机床类企业在整个工业中占据了极其重要的位置。关中地区民营机床行业企业经过几十年的发展，取得了无数伟大的成就。在发展过程中，涌现出许多优秀的企业，它们推动着关中地区乃至整个陕西的机床行业快速发展，了解它们的科技发展水平有重要意义。

1）机床行业企业技术水平不断提升，基本实现自动化和智能数字化控制。

西安西锻机床有限公司主营业务是设计制造各种机械压力机、锻造压力机及专用压力机。其生产的机械压力机是通过计算机辅助设计和优化完成的，采用了多种专业技术以及机器人、机械手自动化生产线和智能数字化控制等新技术。

陕西第二机床厂已先后两次投入资金进行技术改造，累计投入资金近千万元。目前所生产机器的加工精度稳定保证在四级精度。购入的 FTT 机床传动链误差测量机，精度达到了国家计量检测规程规定的一级标准，并且该仪器是全微机控制，既能实施机床单一传动链误差测量、数据处理及频谱分析，

① 资料来源：陕西省装备制造业协会及各企业官方网站。

还可以进行多传动链误差综合测量。

2）机床行业企业工业服务内容不断扩大。

西安西锻机床有限公司成立了工业服务部，不断扩大服务内容。现在已经具有售后服务、大修、改造、压力机周边自动化改造、备件等多种形式的专业服务队伍和服务平台，不断向服务型制造企业方向发展。

（2）电工电器行业。

电工电器行业在国民经济发展中的地位重要，它涵盖了从发电设备、输配电设备到多种用电设备（强电）以及电工基础元件和基础材料的制造业，是机械行业的重要子行业之一。关中地区电工电器行业近年来持续发展，整体技术水平得到了显著提升，总体发展势头良好，民营企业紧跟行业发展趋势，获得了喜人的成就。

1）电工电器行业研发水平有所提高。

西玛集团，从事电机研发、试验、制造等各类工程技术的专业人员超过500名，包括高级工程师13名，工程师150名，省、市、局各级专家15名，研究人员人数众多。在具体研发工作上，西玛集团不断地试验创新，先后与西安交通大学、西北工业大学、西安电子科技大学、吉林大学等多所高校合作开发电机试验机组、电机智能实验系统；此外，西玛电机还与国防工业部212所合作开发高速运动装置，并取得了显著成就。

2）电工电器行业注重提供优质快捷的系统化服务。

西玛集团，提供电机设计制造、电气控制、铸造、运输等自动化、一体化的动力系统，注重提供优质快捷的售前、售中、售后一条龙服务；合阳电力电气制造公司集产品的开发研制、生产制造、技术咨询、售后服务于一体。

（3）工程通用行业。

关中地区工程通用行业的代表性民营企业主要是陕西北人印刷机械有限责任公司（以下简称陕西北人印刷公司），拥有较强的研发能力，同时积极推进制造工艺和科技融合。

陕西北人印刷公司设有陕西省特种印刷机械研究所，拥有多台加工中心、数控车床及600多台高精度的生产及检测设备。公司积极推进制造工艺与科技融合，引进国外先进技术，消化吸收，研发出了自己的新设备，并已达到与国外同等水平，通过了国际质量体系认证，荣获中国优秀包装技术创新企业称号。公司有8种产品获重点新产品称号，12种产品获国家、省机械工业科学技术奖和企业技术创新奖。

(4) 汽车及配件行业。

目前，我国汽车及配件装备制造产业已经取得了巨大的进步，在家用轿车、大型的工程车辆等方面都有很大的进步。陕西省汽车产业拥有较完整的体系，能够进行整车制造以及发动机、变速箱等关键零部件的生产，关中地区的民营企业不断开拓创新，增强自身技术创新能力，获得了值得鼓励的科技创新成就。

陕西宝鸡专用汽车有限公司专门为部队提供装备，走出了民营企业军民融合式发展之路。该公司研制出第一台轻型轮式装甲车后，根据市场需求，自主研发生产了轻型轮式装甲车、装甲运输车、防暴驱散车等系列产品，填补了我国反恐装备的空白，取得 14 项国家专利。近年来，该公司先后被省市授予高新技术企业、科技创新型企业、最具自主创新能力企业等殊荣。

3. 总结

总的来看，关中地区民营装备制造业企业的发展状况良好，但仍存在许多不足之处。首先，民营企业数量仍然有待增加。由于装备制造业自身偏好规模大、产业链全面、科技含量高的大型国有企业，关中地区民营企业在装备制造业重要行业中的发展举步维艰，比如在电子信息仪器及仪表、石化煤机械、重型冶金行业中就缺少民营装备制造企业的身影。其次，关中地区民营装备制造业企业和科技融合的程度不高。一是和关中地区国有装备制造业企业相比，民营企业在企业规模、科研成果、科技人才等方面都有很大差距；二是和国内顶尖的装备制造业企业相比，关中地区民营装备制造业企业在科技化、智能化、信息化、配套服务上仍存在很大发展空间。

站在新的历史起点上，关中地区政府积极调整装备制造业的产业结构，鼓励支持对外开放，大力发展民营经济，促进更多的民间资本和社会资本流入装备制造业，努力打破国有工业为主、产权结构单一的局面。关中地区民营装备制造业企业应抓住这一发展机遇，利用自身优势与政府政策的支持，推动企业自身的发展，提升企业能力，争取在关中地区装备制造行业中发挥更大、更重要的作用。

（三）关中地区民营装备制造业企业与科技融合存在的问题

1. 行业整体情况不容乐观

近年来关中地区的装备制造业整体情况虽然有所改善，整体发展态势良好，对地方的经济贡献较大，但是部分问题还是十分严峻，尤其是与发达地区相比，甚至与同样身处内陆的安徽省和河南省相比，产业内部结构问题、行业整体盈利问题、投资下降问题等都很突出，在行业整体情况不容乐观的大背景之下，与科技融合更是难上加难。具体问题有以下几个。

（1）产业内部发展不平衡不充分。

近年来，虽然关中地区的经济结构不断完善，从存量看，汽车制造、电气机械制造等装备制造业对总产值的贡献率越来越高，但是产业内部发展不平衡不充分的问题也日益突出。

通过图 1 可以发现，企业数量最多的是专用设备制造业，共有 272 家，占比约 20%，其次是金属制品业、电气机械及器材制造业，数量最多的三类企业的总数占比超过了一半，而金属制品、机械和设备修理业的企业仅有 5 家，占比不足 1%，差距明显，两极分化严重。

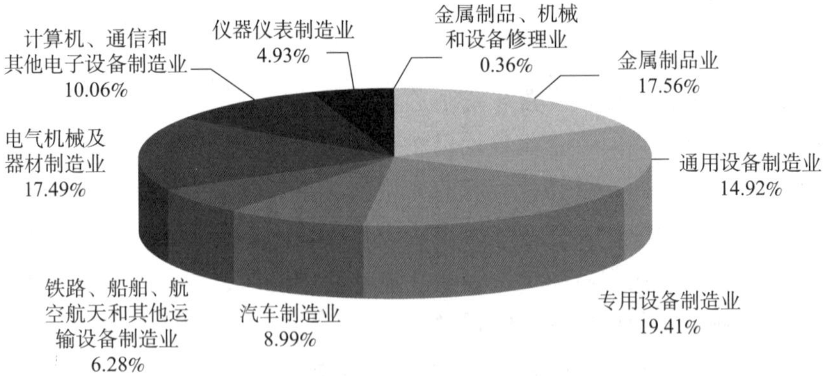

图 1　关中地区民营装备制造业企业数量分布

在工业产值方面，通过图 2 可以看出，贡献最大的企业类别是电气机械及器材制造业，其产值高达 688. 17 亿元，占比 23. 43%，在总工业产值中占比接近 1/4，具有相当大的比重，其次是计算机、通信和其他电子设备制造业，产值为 608. 68 亿元，占比约 21%，这两个类别对总产值的贡献总和接近一半，最少的为金属制品、机械和设备修理业，产值仅为 2. 87 亿元，占比仅 0. 1%。由此可以看出，各类别之间的产值差距同样较大。

因此不管是从企业数量还是产值方面来看，在装备制造业内部极端化明显，存在严重的发展不均衡问题，小微企业的发展空间有限，发展并不充分。

此外，将两张图结合来看，企业数量最多的产业类别并不是贡献最大的产业，企业的数量和产值的贡献并不匹配，比如计算机、通信和其他电子设备制造业的产值贡献较大，约为 21%，但是在数量上仅占 10%左右，由此可见，在

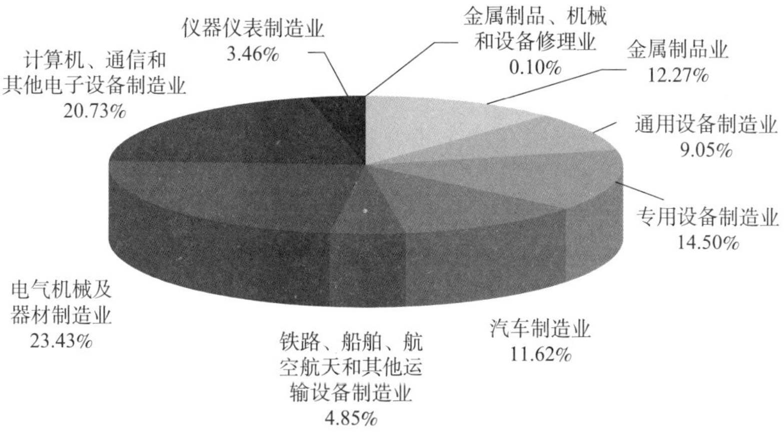

图2 关中地区民营装备制造业企业工业产值分布

各细分领域的企业数量设置上还有较大的调整空间，可据此优化产业结构。

（2）产业之间联动性不够，行业整体盈利能力较差。

关中地区装备制造业企业一直都是按区域自成体系，按隶属关系条块分割，整个关中地区内部的各装备制造企业之间的关联性不高，协同合作的程度也不高。现如今，关中地区装备制造业的产业集群仍处于起步阶段，集群内部的协作分工仍不明确，配套能力有所欠缺，特别是大企业、大集团，市场份额占比较大，但是企业之间的联动性不足，大企业对小企业的带动性不够，整体集群意识欠缺。这些问题的存在不仅影响到企业自身的市场竞争力，而且制约了整个产业的高水平发展，进而导致行业整体盈利能力较差。

（3）资金支持力度不足，导致行业整体发展放缓。

任何产业的发展都离不开资金的支持。企业产权改革滞后、公司的治理结构机制有待加强，以及地区差异造成的经济发展不平衡等多种原因，导致关中地区装备制造业的资金流入较低，这就使得装备制造业无法获得充足的资金支持，同时由于关中地区的金融体系发展尚不完善，获得的金融支持相比金融更加发达的东部沿海地区更是少之又少；此外，近年来由于项目、土地、资金等诸多因素的限制，装备制造业的投资总量与装备制造业的产值规模并不匹配，这些因素都导致整个行业发展放缓，形成恶性循环。

2. 企业内部经营实力相对较弱

（1）缺乏品牌产品和一流企业。

首先，虽然关中地区装备制造企业的数量很多，但是发展态势好的龙头企业却为数不多。尤其与发达地区相比，大企业、大集团的数量少、规模小，特别是成长性高的企业较少。比如在汽车及配件行业，国企陕西法士特集团是行业中的龙头企业。企业拥有众多品牌产品，自主研发推出的智能化新能源产品，能够全面适应国家在汽车装备制造行业的节能减排要求和汽车产业智能化、网联化等要求，具有品质较高的品牌产品。法士特集团的产品被150多家主机厂选为定点配套产品，在国内市场的占有率超过70%。而对比之下，汽车及配件行业的民营企业数量较少，仅宝鸡专用汽车公司发展状况良好，但宝鸡专用汽车公司与法士特集团在品牌产品上有较大的差距，产品专业化程度不如法士特集团。

其次，关中地区装备制造业民营企业的规模和经营范围比较小。以同样为工程通用类企业的陕西航天动力高科技股份有限公司和陕西北人印刷机械有限责任公司为例。国有企业陕西航天动力高科技股份有限公司的注册资本高达63820.63万元，公司员工2160余人，其产品已经成功应用于石油、军工等领域，销售范围达20多个国家和地区。相比之下，陕西北人印刷机械有限责任公司作为民营企业，注册资本仅有11500万元，员工人数在1000人左右。由此可见民营装备制造业企业和国有装备制造业企业在规模与经营范围上有较大差距。

最后，虽然关中地区装备制造业民营企业已经开始了“数字化、网络化、智能化、服务化”转型，但是其“四化”水平仍有很大的发展空间。比如西安西锻机床有限公司成立了工业服务部，不断扩大服务内容，现在已经具有售后服务、大修、改造、压力机周边自动化改造、备件等多种形式的专业服务队伍和服务平台；在生产制造中已经使用机器人、机械手自动化生产线和智能数字化控制等，但仍有待改进。比如，一是可以通过智能制造进一步提高产品的可靠性、稳定性。二是可以通过数字化建设进一步完善产品的质量标准体系，提高产品的技术标准，增强产品的实用性。三是可以通过服务化完善企业的品牌建设，争取形成具有国际影响力的自主品牌。

（2）科研水平和创新能力较弱。

提升行业竞争力的核心力量就是提升自主创新的能力，但是就关中地区的装备制造业来说，除交通运输设备制造业以外，其他装备制造业企业的自主创新能力不够，虽然个别产业研发出了技术含量较高的产品，但是数量不够，且占比极少，总体技术水平较低，提升速度较为缓慢，企业所需的高新技术装备和其他重大技术装备依然是以外来引入为主。相较于其他地区，关中地区大企业的自主知识体系依然还未形成，中小企业的核心竞争力更差，缺乏自主研发能力，产品更新速度缓慢，对外来引进技术的消化吸收能力不足，缺乏融合改进意识。总体来说，关中地区的装备制造业产品和设备的技术水平都有待提高，具体原因有以下几点：首先，关中地区民营装备制造业企业的工业技术体系不健全，并且能够投入科研的资金和研究人才有限，因此在关键技术和重大成果研发上自主创新能力不够，在关键性技术和大型成套设备上往往受制于人。其次，关中地区民营装备制造业企业对外部引进的技术消化吸收能力不足，以至于无法灵活运用所学的技术。具体体现为民营装备制造业企业对外部引进的技术重视程度不够，企业内部管理不到位，产学研力度不足，导致关中地区民营装备制造业企业的科技制造水平只停留在较低技术层面，没有消化吸收引进的新技术，再进一步上升到自主研发和制造的层面上，导致关中地区民营装备制造业企业少有过硬的自主研发科技。正如习近平总书记所说，关键核心技术是“要不来、买不来、讨不来”的，关中地区民营装备制造业企业必须更多地依靠自主创新。

（3）高端人才引入不足且流失严重。

沿海地区城市对陕西关中地区的高端人才具有虹吸效应，高端人才引进困难和人才流动性大的问题在关中地区的企业中普遍存在。沿海地区具有发达的经济条件、相对完善的经济制度以及大量的就业机会，相比之下关中地区的区位优势并不明显，不管是经济发展状况还是就业机会以及工资待遇，均处于劣势地位，这就使得关中地区高校培养的高端人才就业有很大一部分倾向于沿海地区，每年都有很多科研人员流出，而科研人员流入相对较少。因此，关中地区的高端专业人才的供给出现了断层，关中地区装备制造业在总体上面临着人才短缺的局面，这也是制约民营装备制造业企业科技发展、研发能力提升的重要因素之一。由《陕西统计年鉴》可得近年来陕西省装备制造业分行业从业人员年平均人数，如图 3 所示。

由图 3 可知，陕西省近年来装备制造业相关从业人数在总体上处于不增反减的局面，尤其是通用设备制造业、专用设备制造业以及汽车制造业等相关行业，以汽车制造业为代表的制造业从业人员的需求量是极大的，有行业需求却没有抓住人才，也造成了关中地区民营装备制造业企业的高端研究人才流失。

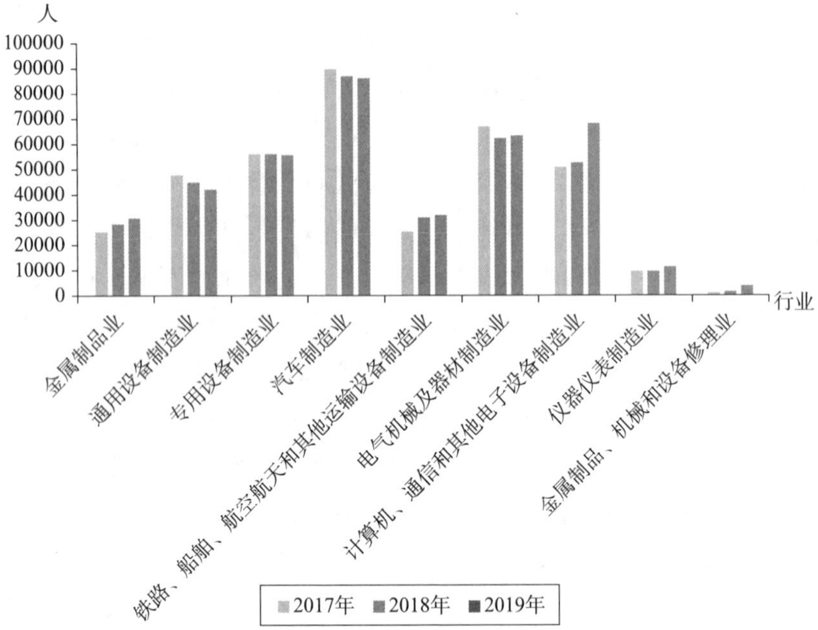

图3　陕西省装备制造业分行业从业人员年平均人数

同时，相比对机器设备等硬件设施的高要求和高投入，企业对人才引进的重视程度远远不够。硬件设施固然重要，但是创新和研发的主体是科研人员，机器设备的使用者和操作者是技术人员，大多数企业本末倒置，盲目追求设备的先进程度而忽视了人才的引进，使得企业无法将生产和科研技术高度融合，在市场中竞争能力降低。

（4）技术成果产业化不及时。

除缺少研发人员、科技创新产品少之外，技术成果不能及时产业化也是制约民营装备企业发展的因素之一。民营企业虽然投入巨额资金开展研发工作，但由于许多科研机构的产权制度和管理制度不健全，不少装备制造的研发成果已经定型但一直未能产业化推广，科研成果和装备产业化应用脱节现象比较严重。陕西省内众多高校和研究机构较强的研究实力与关中地区的经济总量极度不匹配，较强的科研实力与成果产出的能力更是差距甚大，如此不健全的体制不利于民营装备制造业企业更加高效地发展。一方面科技人才的工作热情和创新自主性被极大挫伤，降低了科技人员的工作效率；另一方面违背了科技成果转化的发展规律，降低了创新成果的创造能力，只有输入而缺少输出不利于由科研到成果的转化。因此，建议国家在技术成果转化和技术成果产业化方面给予民营装备制造业企业扶持和引导，可以出台一些优惠政策，激发民营装备制造业企业的市场活力。

（5）企业治理结构僵化。

企业的治理结构僵化也是关中地区民营装备制造业企业存在的一大问题，具体体现在以下三个方面：一是民营装备制造业企业的设备利用率低，企业对设备的使用没有合理规划，导致大量生产力被闲置；二是民营企业一直在走粗放经营的老路子，损耗高、效率低，且污染严重，一直没有进行生产方式的改革和经营方式的创新；三是关中地区民营装备制造业企业生产的产品种类单一，且档次不高，在国内、国际市场上的竞争能力不强。以上三点反映出关中地区民营装备制造业企业治理结构僵化，对市场的反应不灵敏，进而导致企业的经济效能较低。究其原因，装备制造行业的进入门槛较高，民营企业一般是中小企业，在行业内的发展空间不足，企业成长缓慢，进而带来了企业结构的僵化、不合理。

（6）民营企业抵抗风险的能力相对薄弱。

由于装备制造业属于资本密集型、技术密集型、劳动密集型产业，而民营企业中家族式中小型企业占有一定比重，因此抵御风险的能力薄弱，2020年的疫情就给出了很好的证明，疫情之下，很多中小民营企业难以为继。此外，正是由于民营企业中有很多都是家族企业，并且中小企业占比较大，企业更加注重当前的盈利状况，而忽视了企业的长远发展，更缺少对未来发展的合理规划，管理层更加关注自己任期内的绩效水平，而忽视了可持续发展的重要性。最后，随着生产要素的价格不断上涨，民营企业成本低的优势越来越不明显，相反，融资的难度不断增大，在巨大的市场竞争压力之下，企业不仅面临发展问题，同时还面临生存风险，进一步增加了民营企业未来的不确定性，当生存都成为需要考虑的问题时，科技融合就显得微不足道了，而没有科技的加持，企业就无法形成核心竞争力，最终导致恶性循环。

3. 外部经营环境亟待优化

（1）竞争环境不公平。

第一，在高端装备制造业方面，民营企业与国有企业相比缺乏公平的竞争环境。改革开放前的较长一段时间我国都实行计划经济体制，制造业的资本和技术均由国家掌控，集中在大型国有企业中。从地区分布来看，东北地区的制造业与其他地区相比更为先进，尤其是在专用设备制造业等相关行业具有长期积累的优势。在一些项目实施中，由于制度机制和内部分工问题，国有装备制造业企业往往处于垄断地位，民营企业生存空间很小，通常一些重要行业民企是无法涉足的，从而在制度上存在不公平的竞争环境。在关中地区，这一现象更加严重。改革开放以来，由于装备制造业与国家安全命脉息息相关，开放进度慢，开放程度低，民营企业进入装备制造业存在资金、技术壁垒，具有明显的后发劣势。

第二，国企形成垄断，占有大量优势资源，民企缺乏竞争力，难有市场份额。这样的局面导致民营装备制造业企业技术落后、利润微薄，资金链时常面临断裂风险，不得不寻求更多的资金支持。银行作为我国企业的主要融资来源，在金融资源的分配上对民营企业也存在严重的“歧视”。由于国有企业有国家信用支持，体量庞大，运营稳健，信用很高，众多金融中介机构倾向于将资金贷给大型国企，从而在未来获得稳定的利息收入，且能保证收回本金；而民营企业由于体量小，资本金远小于国有企业，可用来抵押的物品也较少，在本就处于劣势地位的装备制造业中面临较大经营风险，金融机构通常只将很少比例的资金贷给民营装备制造业企业，这进一步加剧了民营企业的经营困境。

第三，支持非公有制经济发展的政策落实不到位。我国的经济制度是以公有制为主体，较长历史时期内实行生产要素的行政分配。由于制造业的特殊性，国有企业优先享有国家的土地、劳动、资本的要素支持，在生产经营方面享受优惠政策，相对而言，民营装备制造业企业在基本运营中长期处于不利地位。进入21世纪以来，国家出台了大量政策规定支持非公有制经济的发展，但落实情况不佳，政策仍然停留在表面，行政色彩浓厚，政策效果不明显，民营企业尚未走出困境。

综上所述，关中地区应意识到民营企业所处的不公平竞争环境，尽快完善相关制度，采取必要措施，为民营企业的发展提供保障。

（2）国企民企合作不力。

首先，装备制造行业是资本、技术密集型行业，国有装备制造业企业在我国计划经济时期积累了雄厚的资本和技术，而民营装备制造业企业的生产往往集中在低技术含量和低附加值的装备产品上。低端产品产能过剩，高技术装备制造业领域的制造能力不足，其主要原因在于民营企业资金有限、科研能力不足，再加上装备制造业属于重工业，且其中一些行业关系到国民经济命脉，因此开放得比较慢，民营企业较国有企业在装备制造行业具有明显的后发劣势。

其次，国有企业和民营企业在装备制造行业分工不合理，两者无法协同进步。国有企业主要集中在生产资料和资金相对密集的行业，在装备制造行业具有垄断地位，而这种垄断地位降低了国有企业的技术创新能力。民营企业则主要集中在劳动密集型行业，竞争激烈，利润较低，积累的资金有限，难以在科技创新方面投入更多的资金，也不利于科技创新。

最后，在装备产品制造方面，国有企业处于垄断地位，民营企业生存空间有限。国有装备制造业企业生产模式大而全，产品全面，既生产主机，又生产零部件，和民营企业之间缺少配合，导致国有企业分散了自身资源，没有集中核心优势投入大型专业设备的研发，资源分配不合理，技术创新动力不足。同时，民营企业也无法利用自身创造优势，形成技术积累，大多数民营装备制造业企业处于低端市场，生产设备落后，技术工艺较差，产品质量有待提升，这也阻碍了二者的合作，导致民营装备制造业企业无法获取国企的信任，国有大型企业宁愿选择价格更高、技术先进的外资企业完成生产任务，进一步缩小了民营装备制造业企业的市场空间，形成了民企的恶性循环，使得国内民营企业家也不愿进入装备制造行业。合作不力阻碍了两者的技术进步，国有企业遇到技术瓶颈，民营装备企业也面临市场空间狭小、经营与生存难的问题。国有企业没有将关键零部件生产让渡给民营企业，发挥其特有优势，民营企业在制造过程中没有做到结合智能制造，核心竞争力不强，未能建设高精度数字化车间实现零部件的超精度生产。

（3）外资的负面冲击。

一是地方间的引资竞争造成民营企业的生存空间缩小。地方政府为了扩大装备制造业的规模会吸引外资投入到国有装备制造业企业的收购和改革中，而这些外资的引进，虽然短时间内可以增加其规模，但长期来看并不是利好的，因为这些外资会掌握原国有企业的关键性技术或重要生产环节，挤压当地民营装备制造业企业的发展空间，不利于民营企业的成长。从技术的角度来看，我们能向国外学习到的先进技术有限且价格昂贵，花费大量资金引入的技术只能在短期内生产急需的装备制造产品，从长期来看既不利于我国制造业技术的进步，又不利于制造业长远的发展。

二是大量的外商直接投资对装备制造业形成了挤出效应，扩大了制造业产业结构的偏差，外资通常选择风险低、效益高的轻工业和组装行业进行投资，对装备制造业的投资较小，使得产业发展不协调。同时，外商投资引起的负面效应大于外商直接投资带来的技术进步的正面效应，降低了制造业技术创新能力和市场效率，导致科技创新动力不足，许多装备制造业企业由于机制障碍难以适应行业的竞争环境，相继退出市场，这都不利于民营装备制造业企业与科技的融合。

三是并购增多，民营装备制造业企业数量减少。由于技术落后、设备低端，不少民营装备制造业企业资金周转困难，面临破产风险，再加上疫情的冲击，装备制造业市场掀起并购的风潮，国外装备制造业企业寻找装备制造业细分领域中的先进民营企业进行收购，民营市场进一步缩小，国有企业、外资企业的竞争能力和对市场资本、技术的垄断地位不断加强。而对于在细分行业中处于末端的民营装备制造业企业来说，经营难以为继的同时也找不到合理的退出途径，若国有企业和外资企业不愿收购，民营企业遇到退出壁垒，就会陷入进退两难的境地。

（四）促进关中地区民营装备制造业企业与科技融合的政策建议

一方面，新冠肺炎疫情发生以来，诸多市场主体面临前所未有的压力。三大产业均受到较大的影响，制造业停工停产，订单急剧减少，企业经营面临较大危机，装备制造业也深受影响。另一方面，装备制造业自身偏好规模大、产业链完整、科技含量高的大型国有企业，民营装备制造业企业的发展更是举步维艰。因此，帮助民企度过这一寒冬时期少不了政府、企业以及市场等社会各界的支持，最为高效的方式就是促进关中地区民营装备制造业与科技融合，加强民企自身实力。综上，提出以下针对性建议：

1. 内部激发民企经营活力，促进与科技创新融合

（1）鼓励加强现有产业园与科技融合。

按照差异化、特色化、聚集化原则，调整陕西省高新区布局。一方面，未来应坚持“高效、互补、共赢”的发展理念，发挥联动效应。通过创新模式，利用“大数据+”对产业园区进行智慧分析，合理规划，打造产业生态圈，明确较传统的产业园区模式更优的园区定位。在“十四五”规划期间，努力发展智能制造、轨道交通装备、工业机器人等相关行业，促进产业向中高端迈进。另一方面，加强校企合作，园区企业与高校签订长期合作合约，高校为企业输送人才，企业为对口学生提供实习机会。合作开展创新创意大赛，挑选优秀的设计产品，经过进一步研究讨论将成果商业化。高校学生也应重视创新能力的培养，意识到科技对发展先进制造业的重大意义，为推动

关中地区乃至全国的科技与制造业高度融合贡献出自己的一份力量。科技与制造业融合的核心在于科技创新和人才培育，这需要政府、企业、高校与人才的共同努力，将陕西打造为工业大省、制造业强省。

（2）鼓励加大技术研发力度，完善产业链，吸引投资。

尽可能将现有产业链延伸。将上游产业链延伸至基础科技研发环节，将下游产业链延伸至销售环节。通过加强集群企业合作过程，延伸产业链，加快传统制造业向先进产业转移，将重点放在产品研发、商标建设、品牌文化和营销等环节上。增强产业园区的综合实力，积极配合政府部门，争取园区用地、能耗和专项资金等指标。大力推进先进项目招商引资，积极引进有实力的企业集团来园区投资。

（3）鼓励加强跨区域基地网络建设。

一方面，围绕共同需求，加强开发区和产业园区的合作和创新，优势互补，实现整体联动。定期举办工业品“双创活动展示周”，展示创新工业品，各产业园互联互通创新要素，联合组织技术攻关，着力发展战略性新兴产业和新型服务业，将关中地区逐步建设成为融智能、现代、开放为一体的世界一流产业园区。针对创新需求，打破空间的局限性，推动区域之间的创新合作。引导西安先进科技向全省辐射扩散，促进区域共同发展。另一方面，利用好陕西省装备制造研究院的复合型平台。协会企业加强合作交流，定期举办研讨会，制定并实施创新驱动发展战略，推进陕西2025远景计划的有效实施，促进装备制造业相关各方的互补、联动、共同创新，进行共同研究，提升共同改革体系的稳定性，提高关中地区装备制造产品的品质和国际知名度。

（4）鼓励推动民营企业的数字化、网络化、智能化、服务化建设。

第一，数字化方面。加大力度建设第三方数据平台，在行业管理和推广使用大数据的经济背景下，鼓励业内信息共享，开展试点，加速工业大数据创新应用，智能优化生产调度，监控产品、市场和经济运行的动态，对运行中可能出现的风险进行预测，以防范风险。加强大数据技术优势的宣传，支持和鼓励骨干企业加强其在生产中的应用。建议企业建立大型客户数据库，提高精准营销和服务水平。

第二，网络化方面。完善工业生产基础设施，为民营装备制造业企业提供宽带网络与信息安全的基础性支持。推动装备制造企业网络基础设施建设，实现信息网络和宽带的全面升级。主动推进新一代互联网、物联网、云计算融合发展，探索互联网新技术网络的直播测试模式，提高互联网的产业服务能力。

第三，智能化方面。加快从“关中制造”向“关中智造”转变，提升智能制造成套设备的能力，针对性地解决关中地区装备制造业企业产品设计、自动化和网络化等薄弱环节。提升装备的安全性与可靠性，进而提高整套智能制造装备的整体水平。利用工业大数据、传感器及射频技术，进行产品生产过程的全面控制，按时检查生产环境、进行远程诊断管理和质量跟踪监测等，维护企业生产安全。

第四，服务化方面。关中装备制造业应不断加快与服务业的融合发展进程。一方面，加快培育服务型制造企业。关中各地要学习“陕鼓模式”，深入挖掘服务型制造先进典型，树立行业标杆，总结成功经验，帮助企业实现创新发展，转变经营模式，在全制造业中推行示范。另一方面，鼓励装备制造业企业将生产性服务业务外包，通过产业链向前后延伸带动生产性服务业产业发展，创造大量需求，从而推动行业的规模化、专业化发展，由此使装备制造业获得高效服务，进而集中力量发展其核心业务，在装备制造业和服务业的互动融合下完成产业升级。

（5）鼓励吸引高端创新型人才。

从企业角度来看，民营装备制造业由于自身的局限性难以吸引高端创新人才，研发人员与公司员工总数相比，占比过少，缺乏行业顶尖人才。在政府对其进行一系列外部政策扶持的同时，企业应深化内部结构改革，营造良好的环境吸引高素质人才加盟，支持企业与高校产融结合，为民企引进人才提供平台，并放宽政策限制。

从创新人才的角度来看，人才评价应重视论文质量和实际业绩贡献以及经济社会效益。人才评价特别是职称评审过程不公，致使有的职称名不符实，失去基本的意义，成为待遇的象征。人才的社会责任心以及使命感不强，更多人偏好选择社会地位高、收入丰厚、工作稳定的国有大型装备制造业企业，而忽视民营企业对本地区甚至一国工业发展的重要性。以德国的先进经验为例，德国装备制造行业呈现大型企业与中小型企业优势互补的整体格局，形成了独特的互补性集团优势。既有西门子、宝马等世界型集团企业，也存在大量“幕后冠军”——中小企业，制造业整体在世界市场上处于绝对优势地位。

2. 外部打造营商环境，勇于创新、促进融合

（1）完善各类市场主体公平竞争的法治环境。

实现关中地区装备制造业从“制造”向“智造”的转变。第一，应依法保护企业家合法权益，加强知识产权保护。例如航空航天发动机制造技术是装备业的核心技术，但于民企而言，虽然国家授予其航空发动机和燃气轮机的“两机”专项，但流程烦琐甚至上报无门使得多数发动机制造民营企业无法得到此类专项的支持。因此，要推进民营装备企业与知识产权服务公司的深度合作，通过产权入股、商标交易等手段保护个人劳动成果，营造尊重知识产权的经商环境。第二，制定政策时应充分考虑企业家的建议，也应构建亲清的政商关系。部门领导与企业交往应做到光明磊落，完善内控机制和社会监督机制，坚决禁止政商之间权钱交易、商业贿赂等行为破坏社会公平。第三，学习德国先进经验，采用研发过程“国企+民企”的双向合作机制。尤其在国防高端装备制造领域转变国家垄断格局，为民企营造“报国有门”的公平竞争环境。

（2）深化商事制度改革，全面实施市场准入负面清单制度。

持续深化简政放权，优化服务改革，推进数字型政府建设。一方面，强力施行“互联网+政务”服务，采取线上审批模式，解决项目审批慢的问题。加强融资、用地等要素保障，加快建设新的信息数据库、工程数据库、人才数据库，积极营造以营商、文化交流、法治为核心的良好环境。另一方面，坚持创新思维，构建“互联网+”营商环境平台，整合诉求收集、问题处理、分析判断三大系统，高效解决企业在建设运营中遇到的难题。市场主体也严格遵守市场负面清单制度，不进入国家规定的禁止准入和限制准入的行业，形成“守规则、听呼声、送政策、解决问题”的新营商环境。

（3）敢于承担风险，勇于推动创新。

提升民营装备制造业企业的技术创新能力。一是国有企业与民营企业合作不力，阻碍了我国装备制造业的技术创新。民营企业产权明晰、组织灵活、自筹资金、独立经营、自负盈亏等特性使其具备强大的生命力。而国有企业受到政府扶持，具备资产雄厚、技术先进、劳动力充足、垄断性强等特性。国家应制定发展战略，实施激励政策，结合国企与民企的优势，推动不同所有制企业的项目合作。二是鼓励企业增加研发投资，为企业提供税收优惠。对从事国防科技类等国家为国防专门设立的高端装备制造行业的民营企业给

予相应补偿，提高民营装备制造企业参与的积极性。三是对民营装备制造业企业科技成果转化和产业化给予政策支持和引导。如建立健全专利保护制度。做好科技创新成果保护工作，宣传专利权相关法律法规知识，设立先进制造业的知识产权保护机构，借助专利维护服务平台，维护科技成果的合法权益。创新人才应学习专利权法规知识，增强保护意识，积极申请专利，尽快将其转化为生产力。

（4）为民营装备企业营造良好的融资环境。

第一，提升传统金融支持的普惠性。首先，提升金融服务企业的普惠性，发展下沉市场，为关中地区的民营装备制造业提供资金支持。其次，完善组织构架，明确部门职责。各部门应加强沟通合作，在内部监督层面，可以设置独立的监督机构，把关民营企业的贷款决策，跟踪放贷资金，建立企业信用级别数据库。再次，政府部门可以积极配合金融机构成立第三方担保公司，保证担保机构的独立性和公正性，为民营装备制造企业提供融资担保，解决企业资金链断裂的问题。最后，在金融风险管理方面，规范金融交易活动的操作流程，完善风险控制制度并且制定风险控制章程，出台职工行为规范准则，做到定期向公司管理层和客户进行信息披露。官方监管机构和行业协会应对业内金融机构开展定期现场检查，对其资本充足率、流动比率、坏账准备金率等核心财务指标进行定期披露，提升行业的经营水平和企业质量。

第二，大力发展以金融云为支持的科技型民营银行，解决民营小微企业的融资困境。首先，明确经营理念，为小微企业提供针对性的金融服务。科技型银行专注解决民营企业的金融服务问题，以普惠服务的客户数量和客户满意度作为考核标准，为民营银行业务创新和服务创新提供机制保障。其次，与县域政府达成战略合作，解决企业贷款这一重大难题。民营银行应致力于服务地市级、乡镇、农村等下沉市场，探索智慧县域模式，结合企业金融需求探索风控模型和信贷产品。最后，以科技发展为定位，实现可持续的长远发展。民营银行应吸引技术人才、数据人才和风控人才，建立分布式云计算架构体系，利用人工智能开展无接触贷款模式，实现客户服务领域精准触达，以及后台管理环节的风险监控。同时，按照商业银行经营基本风险定价原则保持自身稳健发展，做好普惠金融，实现保本微利，确保长远发展。

第三，发展民间金融行业协会。行业协会在我国仍然处于萌芽期，在诸多领域并未得到普及。行业协会通常是政府监管部门和企业自身之外的自发性监督机构。我国应积极推动民间金融领域的行业协会发展，利用行业协会的集聚优势和信息优势，制定行业自律准则来规范民间金融机构的日常经营活动，优化整个行业的管理水平。行业自律规范和行为准则是多数民间金融机构共同达成的章程，符合行业的集体利益，相比于政府出台的政策法规更具有灵活性，不会出现管控过度的情况。同时，行业协会可以对已经出台的章程和准则进行及时修改，增加行业内部的信息交流与协作，有助于消除机构间的摩擦。行业协会与政府部门紧密配合，将业内需求及时反馈给监管部门，官方也会根据业内诉求调整政策，促进民间金融的健康发展，更好地为民营装备制造业企业提供金融支持。

3. 拓展国际化视野，在开放中实现融合

（1）调整产业布局和全球资源配置。

一方面，政府要继续加强顶层设计的引领作用。加强对外投资规划引导，制定公布对外投资建设和第三方合作重点区域与以鼓励投资合作为重点的行业方针。我们将进一步加强国际合作，推进自由贸易协定谈判，积极建立多边投资安全机制。另一方面，加大对海外投资和第三方合作项目的金融支持。可以设立海外投资运营和第三方合作项目的专项基金，为其提供充足的资金支持。对经评估可行的项目，可采用项目融资担保等模式。

（2）把握国际市场动向和需求特点。

支持适销对路出口商品开拓国内市场。民营装备制造企业紧跟国有大企业的步伐，加强学习交流，相互扶持，为“一带一路”建设贡献民企的一份力量。

国内装备制造业未来替代进口的趋势明显。我国装备制造业的低端领域已基本实现本土化，中高端领域的国内企业正以比较优势逐步取代进口，并有望走出国门。但不可否认的是，高端装备制造业对外依存度高，创新能力不足仍是整个行业的发展瓶颈，民营企业相较于国有大型装备制造业企业来说，这一短板尤为突出。因此，应支持外资在关中地区设立技术研发机构，吸引投资、技术和人才，支持一批海外生产基地和产业园区建设，推动重大技术装备“走出去”。

关中地区应积极构建“双循环”政策下的新格局。一方面，以国内大循环为主，加快关键核心技术的攻关，突破技术瓶颈，提高产业链、供应链的现代化水平，推动经济高质量发展。另一方面，形成国际、国内相互促进的局面。民营装备制造业企业也应积极参与“一带一路”相关项目，拓展与沿线国家的合作范围，增加合作项目，拓展海外市场，完善中欧班列的运营，推动建设开放型世界经济，推动构建人类命运共同体。

（3）加强装备制造业产品物流运输的支持。

一是根据大件物流在半导体、航天航空、能源等装备制造业不同领域的特殊性，制定相应的标准和政策，规范大件物流在不同领域的运输。为国际设备运输的安全与高效制定完善的政策法规和提供基础设施保障，确保先进设备的运输安全。二是给予装备制造业企业产品高速物流和铁路、公路、水运等多式联运优惠鼓励政策。加强国际交流合作，完善运输路线，开展多边合作，降低运输成本，提高运输效率，高效使用运输路径，实现多种分销模式，为民营装备制造企业的进出口保驾护航。三是建立大宗物流运输信息共享平台，以降低运输车辆空载率和物流成本。与周边国家共同建设运输信息共享平台，定期交流，深化合作，共享设备运输信息，提高车辆、船舶等运输工具的使用效率，节省运输空间，最大限度降低运输工具空载率，降低各国运输成本，实现合作共赢。

专题三　关中地区装备制造业与现代服务业融合发展新路径研究

（一）引言

近年来，陕西省经济快速发展，2019 年国内生产总值达到 25793.17 亿元，其中，第一产业增加值 1990.93 亿元，占比 7.7%；第二产业增加值 11980.75 亿元，占比 46.4%；第三产业增加值 11821.49 亿元，占比 45.8%，服务业占 GDP 比重快速追赶第二产业。装备制造业是工业（第二产业）的重要组成部分，其作为提高陕西省综合竞争力、实现高质量发展的根本保证，也经历了行业规模扩张、技术水平提升、门类补全和跨越式增长的阶段。但与我国装备制造业总体行业状况相似，陕西省装备制造业总体大而不强，长期处于价值链的低端。在装备制造业核心零部件受制于人、资源与环境约束加剧等问题凸显的形势下，面向行业高质量发展的大趋势、新要求，陕西省亟须依靠现代服务业的渗透与扩张来提升装备制造业的产业附加值。

根据“微笑曲线”理论，价值链回报最丰厚的区域集中在研发和市场两端，而生产制造环节处于底端。因此，对装备制造业而言，只有通过经营模式由底端向两端扩展，才能创造更多价值、获取更大收益。当前，现代服务业渗透于装备制造业发展的各个环节，通过为产业链前端的研发设计、市场研究和后端的零部件定制服务、集成服务等环节提供支撑，现代服务业能够有效提升装备制造业的产品差异化水平，推动价值增值，提升产业竞争力，因而成为延伸装备制造业产业链的重要着力点。依托现代服务业支撑，通过延伸产品价值链，装备制造业从提供单一产品向集研发、制造、销售、运行维护、回收于一体的产品全生命周期服务提供商转变，通过提供设备的融资租赁、运输安装、操作人员培训、机器定期检查与维修以及产品再制造利用等一系列服务，实现价值链的有效拓展。现代服务业与装备制造业的高质量融合发展将有力推动科技应用于产业升级，进而助力陕西经济高质量发展。

2015 年国务院印发《中国制造 2025》，提出要实现中国制造到中国创造、中国速度到中国质量、中国产品到中国品牌三大转变。2016 年工业和信息化部、国家发改委和中国工程院三部门共同发布《发展服务型制造专项行动指南》，重点引导制造业和服务业融合发展，加快制造业从生产型向服务型转变。党的十九届五中全会指出，要“推动现代服务业同先进制造业、现代农业深度融合，加快推进服务业数字化”。面对复杂多变的经济形势和国际形势，增强本土装备制造业竞争力和竞争水平已成为产业高质量发展的必然要求，加快装备制造业与现代服务业融合发展已经成为产业高质量发展的必由之路。

作为“关中—天水”城市群中的重要区域，关中地区被赋予促进“关天城市群”装备制造业与科技融合发展的重要使命。关中地区积极探索转型发展，着力打造以科技为支撑的装备制造业与现代服务业融合发展多维模式，将对带动陕西省产业转型升级和地方经济高质量发展发挥重要作用。

（二）装备制造业与现代服务业相关理论

1. 现代服务业概念的提出

生产性服务业的概念由美国经济学家 H. Greenfield[①] 于 1966 年首次提出。后续研究者围绕制造业服务化的含义、理论体系、价值创造机理和转型模式等问题进行了大量研究，形成了制造业企业服务化转型的一系列理论研究成果。根据《国民经济和社会发展第十一个五年规划纲要》，我国将生产性服务业分为以下五类：交通运输业、现代物流业、金融服务业、信息服务业和商务服务业。其中，交通运输业和现代物流业构成传统生产性服务业，金融服务业、信息服务业和商务服务业构成现代服务业。

金融服务业主要包括银行、证券、信托、保险，其主要业务是提供资金的存贷服务，促进社会资金收缩、扩张，管理金融领域消费，设计金融产品，提供和创新消费支付方式。

信息服务业主要包括信息传输服务业、IT 服务业（信息技术服务业）和信息资源产业，其是利用计算机和通信网络等现代科学技术对信息进行生产、收集、处理、加工、存储、运输、检索和利用，并以信息产品为社会提供服务的行业综合体。

---

① Greenfield H. Manpower and the Growth of Producer Service [M]. New York: Columbia University Press, 1966.

商务服务业主要包括租赁业、企业管理服务、法律服务、咨询与调查、广告业、知识产权服务业、职业中介服务、市场管理、旅行社、会展等其他行业。商务服务业是现代服务业发展、社会分工、消费结构变动和消费水平增加的必然结果，是典型的知识密集型专业服务业。在这类服务业中，凭借专业技能求生存的非公共性机构，提供以知识、技术和信息为基础的间接产品和服务，满足以高技术含量、高附加值、高投入和高产出为特征的知识经济时代的竞争需求。

2. 制造业服务化概念的提出

制造业服务化一词最早是由 Vandermerwe 和 Rada① 等于 1988 年提出的，White 等（1999）、Reiskin 等（2000）等指出，制造业服务化是通过加强顾客参与、增加服务要素的投入和供给，达到价值链中各利益相关者价值增值的目的，进一步阐释了制造业服务化的内涵。

基于电信服务化视角，胡汉辉和邢华（2003）指出电子信息技术具有渗透性、倍增性、网络性和系统性等特点，未来企业运营将是电子商务、“互联网+”融合的新模式。制造业电信服务化的“价值链升级效应”包含两个层次：一是企业层次，通过信息技术与制造技术的融合，企业可以有效控制产供销各个环节的运作，提高产出效率；二是供应链层次，企业间信息共享和协同运作以供应链信息化为基础，消除各“节点”企业的信息阻隔，提高供应链运作效率。

基于金融服务化视角，金融服务要素投入是加深企业价值链参与程度、提高企业出口附加值的关键因素。第一，金融异质性是解释企业国际化行为的重要因素（吕越等，2015）。金融机构通过充分发挥“储蓄动员”功能，缓解企业的流动性约束，降低交易成本，从而提高企业的生产效率。第二，金融服务投入能够促进企业创新。金融机构为技术创新和研发投入提供必要的资金支持，促进技术创新行为的长期可持续。

3. 内生技术变动理论

装备制造业的生产效率并不是依靠物质资料的简单堆积，而是通过人力资本和知识资本提高生产效率。现代服务业生产知识产品和人力产品，并作为一项重要的中间投入要素参与装备制造业生产过程，将极大程度地降低生

① Vandermerwe, S. and Rada, J. Servitization of business: Adding value by adding services [J]. European Management Journal, 1988, 6 (4): 314-324.

产成本、提升产品附加值，进而达到提高装备制造业生产效率的目的。

根据 Romer（1990）提出的内生技术变动模型，排除由知识投资带来的收益递增和由知识溢出产生的外部性后，收益递增只能来源于中间投入产生的“专业化”。专业化程度越高，劳动生产率越高，可支配的中间投入越大，中间投入的总量也越多。而中间投入部门的收益递增必然影响到最终产品部门。虽然最终产品最初是规模收益不变的，但是，中间投入生产部门的收益递增必然会导致最终产品部门的收益递增，因为最终产品的产出是随着中间投入的增加而增加的，最终产出是所使用的专业化中间收入的递增函数。从均衡的角度看，虽然最终产品生产企业在其所有市场中是价格接受者，中间投入生产部门在初始资源的市场中也是价格接受者，但由于每个中间投入的生产企业是具有市场权利的某种特殊中间投入的单一生产者，所以，这种以专业化产生的收益递增为基础的均衡增长，本质上是一种垄断竞争均衡的增长。这说明，装备制造业作为最终生产部门，其收益递增高度依赖于中间部门的专业化程度。当中间部门（现代服务业）通过提高专业化程度而实现收益递增，装备制造业也将实现收益递增。装备制造业属于高投入和高消耗产业，在当前我国产业转型期面临诸多转型发展的挑战下，要解决装备制造业发展效率低下的问题，离不开现代服务业专业化、规模化发展，通过促进装备制造业和现代服务业的协调融合，使得现代服务业能够深度参与到提高装备制造业生产效率的过程中来。

通过装备制造业与现代服务业的合理分工，二者会收敛于均衡增长路径，现代服务业将有力促进装备制造业发展。首先，现代服务业（特别是 R&D 部门及其相关服务业）的主要产品是知识，表现为技术创新，其为装备制造业的产品创新提供了不可或缺的技术支持，实现了装备制造业的产品升级。现代服务业将研发和设计以及知识物化到装备制造业的产品中去，提高了装备制造业产品的技术和知识含量。尤其是我国的装备制造业大部分缺乏核心技术，在整个产业链中只能完成加工、装配等低端下游生产工序，处在“微笑曲线”底端，生产效率低下并且获得利润微薄，所以现代服务业的产品——技术创新对装备制造业的发展显得尤为重要。

其次，研发设计作为现代服务业最重要的产品，是重要的生产要素之一，生产性服务业针对装备制造业生产的研发设计产品是装备制造业的中间投入品，将有力提升装备制造业产品的附加值。现代服务业的产品直接作用于装备制造业产品的整个生产过程，知识产品作为中间投入品提供给装备制造业，增加了生产环节，拓展了生产路径，生产环节越多、路径越长，产业链越长，附加值越大，产品增加值越大，进而带动了装备制造业整体发展水平的提升。

最后，现代服务业生产的知识和技术创新将带动装备制造业减少能源消耗，控制生产成本。同时，知识和技术进步本身作为高级生产投入要素，也能有效提高生产效率。

4. 产业融合理论

（1）交易成本理论。

交易成本理论（Transaction Cost Theory）于1937年在Coase的《论企业的性质》（*Nature of the Firm*）一书中提出。交易成本指企业在市场中为获取商业信息需要花费的成本，其中也包括与上下游企业谈判和履行契约的费用，具体包括收集信息成本、议价成本、缔约成本、监督成本、违约成本五部分。Williams（1981）对交易成本理论进行了进一步完善，从资产专用性、机会主义、有限理性、不确定性和交易频率等层面论证了交易成本产生的原因，还按照发生顺序对交易成本加以划分，分为事前交易成本和事后交易成本两大类。之后，“制度成本”作为一种特殊的交易成本进入学者们的研究视野，制度经济学随之得以重构和发展，更好地解释了经济生活与制度机制之间的双向联系。

交易成本理论在产业融合中的应用是比较广泛的，两类或多类产业之间的互动融合能够有效降低跨行业交易过程中买卖双方或涉及的多方各自需要支付的交易费用，一旦两类产业成功实现有效的双向深度融合，那么从整个经济整体的视角来看所减少的交易成本是双倍的，将大大有利于不同市场之间交易的发生与深化，进一步提高交易效率和促进多元化模式交易产生。

（2）内部化理论。

内部化理论（Internationalization Theory）是对交易成本理论的发展，由Berkeley和Carson（1976）在《跨国公司的未来》（*The Future of Multinational Enterprise*）一书中提出。该理论常被用来分析企业进行跨国投资的原因，企业内部化就是把原本在外部市场进行交易的业务转移到子公司或分公司等下属企业内部，通过降低交易成本以维持企业的垄断优势。随后衍生市场内部化概念指出，通过避免市场供求的脱节现象，可以降低甚至消除外部市场因垄断形成的不稳定性。内部化理论早期广泛应用于分析跨国公司对外直接投资行为，被认为是国际直接投资理论的核心理论之一。

事实上，内部化理论用于解释产业融合也是非常恰当的。具有制造技术优势的企业很容易将这种能力扩展到服务环节，而具有服务能力优势的企业也很可能为了更好响应客户需求、凭借品牌优势等“反向”向制造业拓展，从而实现产业融合。当前，在新一代信息技术作用下，平台经济迅速发展，具有平台经济优势的企业能够同时在服务业和制造业领域开展活动，产生协同作用，形成“内部化”优势。比如，内部化理论中的“知识内部化”就是指知识服务要素作为主要投入要素进入制造业企业生产环节，属于制造业投入服务化，也是生产性服务业和制造业融合的重要模式。

（3）价值链理论。

价值链理论最早由价值链理论之父——Porter 于 1985 年在《竞争优势》（*Competitive Strategy*）一书中首次提出，其最初目的是分析企业的竞争优势。该理论被学者在产业研究中加以推广和应用，形成了以整个产业为分析对象、以利益关系为基础、主要由关联企业构成的产业价值链理论。全球价值链理论随之诞生，即将连接全球范围内不同区域之间的生产、加工、销售和回收等环节的跨国性生产网络组构为全球价值链。

基于价值链理论的视角，产业融合就是价值链的分解、整合与重构的过程，产业原本的价值链断裂成不同环节，各产业之间的价值壁垒得以打破，产业所需的全部价值活动重新进行有效整合，产业价值链通道全部打开，产业互动融合由此形成。

（4）产业共生理论。

产业共生理论是产业经济理论与生物学“共生”思想结合的产物。“产业共生”是指产业之间由于彼此资源共享互补所形成的共生系统，也可以理解为产业经过关联、互补及协调发展后所形成的一种相对稳定的状态。作为一种客观的经济现象，产业共生又可分为差异性产业共生和同质性产业共生两类，核心特征有融合性、互动性和协调性，此处的“融合”是指产业创新以及产品价值增值过程中形成的互补的连接关系，一般包括技术互补、产品供需、业务组合等形式。

现代服务业向装备制造业生产环节提供中间服务，为装备制造业产品提供专业和技能，从这个意义上讲，现代服务业本身就依赖于装备制造业对其的需求，同时，装备制造业的持续发展和产品附加值提升也有赖于现代服务业为其提供重要的知识、技术和服务要素。因此可以认为，装备制造业和现代服务业具有显著的共生关系，产业共生理论应用于分析装备制造业和现代服务业融合是合理、恰当的。

5. 装备制造业与现代服务业融合发展的内在动因

随着现代服务业比重的快速上升，现代服务业与装备制造业融合的趋势越来越显著，制造业服务化持续显现。下面从技术研发、市场需求、竞争程度三个角度来分析目前我国的装备制造业与现代服务业之间互动融合的动因。

（1）技术研发。

产业融合最初就是通过技术融合实现的，新技术的出现带来了生产工艺、生产流程的变革和新产品的诞生，新产品所带动的技术传播进一步推动技术进步，使得行业间相互渗透，进而促使技术壁垒消失，产业界限逐渐模糊，最终带来产业融合。比如随着信息技术的发展，互联网与传统的金融服务业融合产生了互联网金融。装备制造业与服务业通过技术创新研发出替代性产品，使得制造业服务化，服务业也依托于制造业的新产品有了新的形式。如小米的智能家居系列，主要包括小米路由器、小米盒子等，配合其他空气调节器、智能厨房卫浴产品、互动娱乐设施，实现了远程连接操控各种智能设备，按照喜好设定个性化的智能生活场景，彻底颠覆了传统的家居家电形式，借助互联网和数字技术手段，将硬件制造业与家居服务业、广播电视业等完美结合，实现了产业融合及价值链的延伸。

（2）市场需求。

面对当前极其繁荣的市场，装备制造业产品不仅要有实用性，也要满足终端消费市场个性化需求，市场需求的改变也推动了装备制造业与服务业的融合。伴随我国经济的飞速发展，人民物质生活以及精神生活得到了极大的改善，消费者不再仅仅考虑对商品的占有性消费，而是更加注重服务的提供，比如个性化定制、购物体验、售后服务及维护等。同时，消费者对于服务业也有着更加先进、高效的需求，服务业也需要先进制造业产品提高其服务效率和质量。在这样的消费观念下，只有产品和服务的结合型消费，才能满足消费者的需求，因此，这种市场需求的变化推动了产业融合进一步发展。

（3）竞争程度。

装备制造业既面临着国内需求不足和跨国公司挤压的压力，又面临着国际上其他竞争者和价值链低端锁定的压力，产业面临的巨大竞争压力及企业间跨产业并购行为都会促进产业融合的形成。同样，现代服务业中新兴行业不断涌现，也存在着良莠不齐竞争激烈的情况。在激烈的市场竞争下，一些大企业在兼并其他企业的同时，为了使自己的产业链不断完整从而扩大盈利范围，采取跨产业并购方式，兼并掉其他相邻产业的业务或是不相关的新业务，从而扩大自身的业务范围，占据更广阔的市场，为消费者提供更全面的服务。这种激烈的角逐，不单激励了技术创新的不断涌现和技术融合的产生，也通过跨产业并购的方式延伸了产业链，使产业链的其他环节有了业务和市场方面的融合。

（三）关中地区装备制造业与科技、现代服务业融合的现实条件

1. 陕西省科技潜能逐步释放

（1）陕西省科技实力、创新水平逐步提升。截至2020年初，陕西省现有各类科研机构1340家，高等学校109所，国家级重点学科126个，省级以上各类平台605个、国家级园区平台324个、国际创新合作平台71个，高校学科创新引智基地43家；陕西省每年引进各类外国人才及专家3500余人，选派专业人才赴国（境）外培训600多人次，共有41位外国专家荣获中国政府友谊奖，127位外国专家荣获陕西政府“三秦友谊奖”。陕西科技创新水平指数由2016年的65.66%增长到2019年的67.04%，居全国第9位；全省技术合同成交额由2016年的802.74亿元增长到2019年的1467.83亿元，年均增长22.27%，居全国第5位；R&D经费投入由2016年的419.56亿元增长至2019年的584.6亿元，投入强度达2.27%，居全国第7位、中西部第1位；SCI收录科技论文数由2016年的11392篇增加到2019年的17004篇，居全国第6位。万人发明专利拥有量由2014年的4.77件增长到2018年的10.3件，居全国第7位。2015—2018年共139项科技成果获得国家科学技术奖，保持在全国前列。全省技术合同交易额年均增长100亿元以上，由2014年的639.98亿元增长到2019年的1467.83亿元，居全国第6位。陕西省连续三年作为“实施创新驱动发展战略、推进自主创新和发展高新技术产业成效明显的地方”受到国务院表彰奖励。

（2）陕西省科技产业园区迅速扩张，围绕关中地区形成一大批优质科技产业园区。近年来，包括国家级西安高新技术产业开发区、省级宝鸡蟠龙高新技术产业开发区、西安阎良国家航空高技术产业基地、西安国家民用航天产业基地等在内的一大批优质科技产业园区蓬勃发展，为区域经济增长和地方产业发展提供了强大支持。其中西安高新技术产业开发区发展迅猛，在百余家国家高新区中排名第四，成为陕西关中地区最强劲的经济增长极和对外

开放的窗口。

2. 关中地区装备制造业规模地位凸显

（1）关中地区装备制造业规模地位凸显，为融合发展打下良好基础。陕西关中地区工业生产总值年均增速保持在20%以上，为陕西装备制造业发展奠定了坚实基础，起到重要引领作用。截至2019年底，关中地区规上装备制造业企业749家，占陕西规上装备制造业企业总数的80%以上，完成增加值占全省90%以上。汽车、航空航天、输配电、机床工具、石化煤炭冶金重型装备等产业优势明显，增长势头强劲，形成了一批具有核心竞争力的大企业、大集团。其中，陕汽控股集团产销超过400亿元，成为陕西关中地区最大的装备制造集团；比亚迪、法士特、西电集团、宝石钢管、西飞集团等5家企业产销超过百亿元，在行业内占据重要地位；全省共有54家企业产值超过10亿元，初步形成了一批具有全国影响力的产业集团。

（2）制造业服务化优势突出，“两业融合”是关中地区装备制造业转型升级的必经之路。近年来关中地区现代服务业发展规模不断扩大，第三产业占生产总值的比重由2015年的49.88%增长到2019年的53.6%，与此同时，关中地区服务业吸纳就业能力不断增强，就业人数占比从2015年的29.69%增长到2019年的45.7%，现今近乎一半的人都从事着服务业的工作。伴随着经济社会发展，现代服务业对装备制造业的资金支持、技术支持和环境支持等效果愈加明显，现代服务业与制造业融合所带来的发展优势和发展潜力也在实践和理论研究中得到反复论证。面对当前复杂多变的市场条件和市场需求，装备制造业产品除保证产品质量和实用性外，还应注重产品的创新性、品牌性，在营销手段和售后服务等环节发力，以期最大限度地满足消费者需求和偏好。由此，制造业服务化及与服务业的融合发展成为必然趋势。以专门的生产性服务业企业承担制造业前后端的服务环节，将有助于完善价值链结构，推动制造业增长；以制造业专业化方案针对性满足服务业定制化需求，也将实现制造业与服务业的双向增长。

3. 互联网为“两业融合”赋予新动能

自第三次科技革命开始，全球化的经济活动和技术创新活动就成为不可避免的大趋势，特别是近十年来，我国经济进入“新常态”，更高级的形态、更复杂的分工和更合理的结构等要求对装备制造业发展提出了新命题。在此背景下，装备制造业服务化不仅可以增加产品附加值、延伸产业价值链，而且对处于产业结构调整关键时期的中国经济高质量发展具有重要意义。

（1）互联网的数字化能力助力现代服务业快速发展。互联网经济的数字化能力是支撑现代服务业与装备制造业发展的关键内容，大数据的出现促使内嵌合意需求进行生产变革，以经济活动跨界发展的方式，调解消费者、制造商、销售商、供应商、平台商多主体间天然存在的矛盾，实现产供销求及线上线下的一体化发展。新的基础性现代服务部门有利于提高数字化服务能力，互联网使“点状”的服务业态逐渐被更大的“块状”形态的“服务包”集成、替代。伴随着互联网经济的快速发展，众多线下产业业态正在努力完成线上化过程，大平台的重要性不断凸显。例如阿里巴巴的发展规划显示，其未来业务领域将涉及社交网络、物流、金融、旅游、导航、视频娱乐、医疗、教育、文化、体育等领域，其经济行为将延伸至服务业各个层面。

（2）“互联网+”促使装备制造业与现代服务业深度融合。“互联网+”所代表的新科技革命促使全球兴起新一轮产业变革热潮，借助互联网，设备制造商采集设备运行数据的能力呈几何倍数增长，传统厂商正在由售卖产品向售卖“产品+服务”转变。正在兴起的大数据、云计算、移动互联、平台和AI等新兴（技术）产业与企业的充分融合将从根本上改变经济运行状态，集中体现在交换方式、消费方式、生产方式和分配方式四大环节，进而引起业态模式、运行机制、服务内容以及监管规则等多方面的变化。依托互联网构建服务型装备制造过程中，互联网渗透于装备制造业服务化融合全过程，企业通过充分利用互联网、云计算等技术，高效地为客户提供针对性产品与服务。“互联网+”新业态的蓬勃发展，为装备制造业转型升级提供新的路径，转变生产制造模式、生产组织形式和产业组织形态，促使制造业与服务业深度融合，实现创新驱动、智能创造，大数据支撑，构建关中地区装备制造业升级多维模式，探寻智能化、服务化、集群化与可持续发展的新路径。

4. 融合型产品市场需求扩大

（1）装备制造业属于知识、技术与劳动密集型产业，其用户对产品的需求变化比普通消费者表现得更为显著，体现为要求知识技术更新的速度更快，对产品的个性化、一体化服务需求更加明显。市场需求是动态变化的，每一次市场需求的变化都会引起装备制造业与生产性服务业关系的改变。经济发展初期，消费者对装备制造业产品的需求还停留在对其数量及基本功能的要求上，不需要独立的生产性服务业，装备制造企业能通过自身生产的方式满足市场需求。随着市场需求变化加剧及工业化进程不断提速，装备制造业市场需求发生改变，消费者对产品销售方式或产品销售地点等相关需求都有了更多的要求，消费者希望可以得到更加快速、低价且方便的服务。当前信息技术和互联网技术不断发展成熟，装备制造业市场需求再一次发生了剧烈变化，消费者对装备制造业产品的要求不断提高，更注重装备产品的个性化、定制化及一体化服务，对装备产品从创意、生产到销售、售后的各个环节的服务性提出更全面的要求。“装备+服务”的市场需求凸显，与之相应的融合型产品的市场需求增长迅速，装备制造业与生产性服务业需要迎合市场变化，不断提高自身竞争力，发挥互动融合优势，形成更具竞争力的新型产业形态。

（2）“十四五”时期是我国开启全面建设社会主义现代化国家新征程的第一个五年，中央做出了“加快形成以国内大循环为主体、国内国际双循环相互促进的新发展格局”的重大决策。决策指出，要从全局和战略高度深刻认识面临的形势和任务、机遇和挑战，继续把发展服务型制造作为增强我国制造业核心竞争力、培育现代产业体系、实现高质量发展的重大举措。当前，我国装备制造业在构建国内国际双循环新发展格局中战略纵深非常广阔，新兴产业链发展迅速，中西部和东北地区承接东部发达地区产业转移潜力充足，对外合作的空间巨大。特别是我国当前疫情防控赢得先机，迎来了调整优化全球产业资源配置的重要窗口期，也为后疫情时期陕西省关中区域装备制造业参与全球产业链供应链调整、实现国内国际双循环塑造竞争新优势创造了有利条件。

（四）关中地区装备制造业与现代服务业融合现状

1. 装备制造业与现代服务业配套不足，相互促进乏力

发达的现代服务业支撑体系是装备制造业服务化转型的关键，资料显示，目前陕西关中地区产业链配套率徘徊在30%左右，且存在“四多四少”现象，即技术含量及产品附加值低的产品多，光机电一体化产品少；普通设备多，高技术含量的特色产品少；单项设备多，成套及大型设备少；中小企业较多，大企业大集团偏少，因而极大地影响了产业链延伸、规模集聚效应和竞争力提升。

关中地区虽然具备进行产业集聚发展的地域和工业基础优势，但目前未能充分发挥其中心区辐射周边的作用，未能带动邻近区域产业的发展，关联程度不高，另外省内各区域缺乏促进相关产业互动融合发展的产业配套体系，这不利于两大产业在发展过程中进行跨区域发展或者将自身的创新成果溢出

到关联度高的产业。两大产业的融合发展受现代服务业发展水平影响，核心服务力不足、专业化水平偏低，无法充分满足装备制造业产业升级的需求。关中区域两业融合发展中真正嵌入产业链环节的服务还比较少，基本处在“点对点”“点对群”的发展阶段。

关中地区装备制造业起步较早，产业体系较完整，特别是大型企业的内部部门多而全，基本可以实现自给自足，因此将自身生产环节服务外包的程度不高。然而，现代服务业的快速发展离不开专业化分工的实现，即与制造业的分离。唯此才能为制造业企业减轻负担，促进生产性服务业为制造业提供高质量服务，进而实现二者的良性互动，推动制造业转型升级。

这一结构在一定程度上造成了关中地区装备制造业的主辅分离不完全，资源配置效率低下，服务外包项目少，对相关生产服务的需求不足，在一定程度上限制了两业的充分融合。对于现代服务业来说，陕西省在利用物联网、信息和科学技术等产业提供信息服务的优势来搭建产业间信息互通平台方面还比较落后，信息渠道不畅、中介平台不足，产品信息无法及时有效地更新。以上问题的存在使得山西这两大产业间相互支撑力度不足，阻碍了两业融合。

2. 装备制造业融资渠道单一，金融服务缺位

（1）筹资方式单一，融资渠道短缺。当前的融资来源仍以内部筹集为主，且内部筹资比例大于外源性融资。此外，外源性融资的主要来源较为单一，多是银行或其他民间机构。目前陕西的融资环境已经成为阻碍装备制造业企业发展的重要因素，部分企业因为缺乏资金的支持完全无法跟上生产的需求，而企业内部融资管理水平低下进一步制约了企业发展，最终使企业发展陷入恶性循环。向银行和其他金融机构贷款的单一融资渠道制约了众多企业，中小企业的自身规模、向银行借款的门槛等种种限制，都成为困扰科技型中小企业的问题。

（2）传统融资手段结构性短板明显。金融系统具有筹集融资、资源配置、价格发现、择优筛选、信息处理等诸多方面的优势，良好的金融环境和完善的资本市场将为企业突破技术创新瓶颈提供有效支持。但目前科技贷款的形式多为短期贷款，且银行在进行贷前审查时更倾向具备一定规模的企业，因而难以满足企业科技创新的长期融资条件和中小企业的融资需求。同时，由于缺乏相应的政策和财政支持，各金融机构基本都按一般商业贷款利率投放贷款，面对疫情时代全球经济下行压力，原本利润较低的装备制造业企业难

以承担利率成本，更无力保证充足的技术研发资金投入。因此，如何加强对装备制造业企业金融科技的支持是当前关中地区经济社会发展过程中面临的一个重要课题。

（3）外延增值服务开发不足，金融服务能力有待提升。外延增值服务是装备企业提高获利能力的重要支撑，对装备产品竞争力有着重要影响，是金融衍生性产品的重要标的。关中地区装备制造业长期锁定低端加工组装环节，整体服务意识和服务意愿不足，对金融等服务业的有效接入造成了不利影响，相应地也导致本地区服务业对价值链高端服务环节的重视不足，影响了两业融合发展。装备制造业具有产业链条长、设计领域多、技术复杂度高、场景多样化等特点，在产业融合发展上具备功能附加性、全链协同性、服务专业性等优势，有利于服务业中间服务的渗透和协调。只有使服务业渗透于制造生产全产业链、全流程中，才能有效实现两者的深度融合，达到拓展制造业衍生业态和赋能增效的目的。

3. 装备制造业缺乏核心技术，服务化商业模式缺乏创新

装备制造业服务化很大程度上离不开产业链各环节相关企业的协作，关中地区尽管具备良好的工业基础，但制造业整体水平与国内领先地区仍存在较大差距，多数企业核心竞争力不足，自主知识产权和核心技术仍掌握在少数企业手中。部分企业仅在形式上跻身高端产业，但核心原材料和关键性技术仍依赖进口，产业链上下游企业间未能形成有效配套和协同，陷入了所谓“高端产业价值链低端化”陷阱。进一步地，尽管当前装备制造业企业广泛开展创新活动，持续加大创新投入，但其创新主要集中于短期见效的产品和技术领域，而忽视了需要长期投入和回报周期较长的服务和服务化技术领域，缺乏商业模式创新，导致难以形成个性化、差异化的集成服务。

（五）陕西省装备制造业与现代服务业融合度分析

产业关联是产业融合发展的前提和基础，装备制造业与现代服务业之间的关联性越高，说明二者间的资源分配越有效率，越容易形成产业融合现象。装备制造业与现代服务业的产业特性，决定了它们之间可能具有较高的产业关联关系。因此，本节对陕西省装备制造业与现代服务业融合度的测量从两个方面展开：首先，利用陕西省 2012 年、2017 年的投入产出表对两大产业之间的互动关联现状进行分析；其次，选取 2010—2018 年《陕西统计年鉴》的相关数据，利用灰色关联度分析法进行产业融合度的测量。灰色关联度分析

法在前文介绍，因此不作详细步骤解释。

1. 方法选择与数据来源

鉴于数据的可获得性，本节选用的数据为陕西省统计局发布的《陕西省2012年投入产出表》和《陕西省2017年投入产出表》数据。装备制造业主要研究对象包括金属制品业，通用设备制造业，专用设备制造业，交通运输设备制造业，电气机械及器材制造业，通信设备、计算机及其他电子设备制造业，仪器仪表及文化办公用机械制造业，金属制品、机械和设备修理服务业。现代服务业主要研究对象包括信息传输、软件和信息技术服务业，金融与保险业，租赁和商务服务业以及科学研究和技术服务业。选用影响力系数与感应度系数来衡量两大产业的互动关联情况，用灰色关联度分析法来测度其融合状况。

通过对已有文献的分析发现，在分析装备制造业和现代服务业互动融合程度时，常见的分析工具是感应度系数和影响力系数，这两者能较为真实全面地展现研究对象间的互动融合程度。因此本节也采用上述两种工具，对装备制造业和现代服务业互动融合程度进行分析。

（1）感应度系数：感应度系数是指国民经济各部门每增加一个单位最终使用时，某一部门的需求感应程度，也就是需要该部门为其他部门生产提供的产出量。其他部门生产时，i 产业部门所感应的程度为：

$$S_i = \frac{\frac{1}{n}\sum_{j=1}^{n} A_{ij}}{\frac{1}{n}\sum_{i=1}^{n}\sum_{j=1}^{n} A_{ij}}$$

其中，S_i 为感应度系数，A_{ij} 为列昂惕夫逆矩阵。

某行业的感应度系数大于1或小于1，表明该行业的感应度系数在各行业中居平均水平以上或以下。行业的感应度系数越高，表明经济各部门对该行业的拉动作用越大。

（2）影响力系数：j 产业每增加一个最终产品单位，对国民经济各产业总产出的需求（影响），称为 j 产业的影响力，影响力数值越大，j 产业的影响力越大。j 产业对其他产业部门的影响力为：

$$T_j = \frac{\frac{1}{n}\sum_{i=1}^{n} A_{ij}}{\frac{1}{n}\sum_{i=1}^{n}\sum_{j=1}^{n} A_{ij}}$$

其中，T_j 为影响力系数，A_{ij} 为列昂惕夫逆矩阵。

某产业的影响力系数大于 1 或小于 1，表示该产业的影响力在全部产业中居平均水平以上或以下。影响力系数越大的产业，表明该产业对其他部门的拉动作用越大。

2. 陕西省装备制造业与现代服务业互动关联现状分析

根据 2012 年与 2017 年陕西省的投入产出表提取出关于装备制造业与现代服务业的相关数据，计算出完全需求矩阵，进而求得感应度系数与影响力系数，如表 1 所示。

表 1　现代服务业子行业影响力与感应度系数

现代服务业子行业	影响力系数		感应度系数	
	2012 年	2017 年	2012 年	2017 年
信息传输、软件和信息技术服务业	1. 023535492	0. 983518786	0. 735530947	0. 829111664
金融与保险业	0. 818748258	0. 712807036	0. 937159646	0. 871051319
租赁和商务服务业	1. 114911003	0. 929446882	1. 049260825	1. 248487879
科学研究和技术服务业	0. 867779416	0. 916219522	0. 683753914	0. 723372324

分析表 1 结果发现，2012 年和 2017 年现代服务业四类子行业对装备制造业平均影响力系数分别为 0. 956 和 0. 885，说明陕西省现代服务业总体对装备制造业发展促进作用不强，且出现了下降态势，影响力系数超过 1 的行业仅有 2012 年的信息传输、软件和信息技术服务业与租赁和商务服务业。总体来看，陕西现代服务业对装备制造业发展的影响力相对不足，未能形成有效发展合力。

2012 年和 2017 年现代服务业四类子行业对装备制造业平均感应度系数分别为 0. 851 和 0. 918。租赁和商务服务业的感应度系数两年均大于 1，意味着其对装备制造业的依赖程度高于平均水平。总体来看，除金融与保险业感应度系数出现小幅下降，其他三类子行业感应度系数都呈现上升态势，说明装备制造业发展带动了这些行业的发展，但金融与保险业的下降态势则充分说明陕西装备制造业在发展中未能充分利用好金融和保险服务资源，金融和保险业的“输血供能”作用仍有待进一步发掘，应当引起足够的重视。

从表 2 的结果中不难发现，2012 年和 2017 年装备制造业八类子行业对现代服务业平均影响力系数分别为 1. 022 和 1. 057，呈现小幅增长。其中，通用设备制造业、交通运输设备制造业、仪器仪表及文化办公用机械制造业以及金属制品、机械和设备修理服务业两年影响力系数均大于 1，说明上述行业为陕西现代服务业发展提供了良好的支持。金属制品业影响力系数两年基本持平且小于1，说明其对现代服务业影响力较弱。专用设备制造业、电气机械和器材制造业影响力出现小幅下降，由强转弱，通信设备、计算机及其他电子设备制造业影响力小幅增长，由弱转强。上述行业的影响力系数变化较为鲜明地展示了新时期装备制造业与现代服务业发展的新变化、新特点，装备制造业为现代服务业发展提供了产品和服务，对现代服务业发展至关重要。

2012年和2017年装备制造业八类子行业对现代服务业平均感应度系数分别为1.074和1.041，说明现代服务业发展对装备制造业的带动作用较为明显。2012年，通用设备制造业，电气机械和器材制造业，通信设备、计算机及其他电子设备制造业的感应度系数大于1。2017年，除仪器仪表及文化办公用机械制造业和金属制品、机械和设备修理服务业外，其余子行业感应度系数均大于1，可以认为现代服务业对装备制造业的发展起到了良好的带动效果。

表2　装备制造业子行业影响力与感应度系数

装备制造业子行业	影响力系数		感应度系数	
	2012年	2017年	2012年	2017年
金属制品业	0.753411688	0.753819639	0.819876675	1.109334542
通用设备制造业	1.003772955	1.045164794	1.182382552	1.361290663
专用设备制造业	1.029061751	0.960440506	0.876468371	1.059673977
交通运输设备制造业	1.075081994	1.39479356	0.879874398	1.308814888
电气机械及器材制造业	1.104883994	0.906756387	1.3892451	1.01984919
通信设备、计算机及其他电子设备制造业	0.892917051	1.12054462	1.59785955	1.03984606
仪器仪表及文化办公用机械制造业	1.137060277	1.127930702	0.877481921	0.808340827
金属制品、机械和设备修理服务业	1.178833019	1.148554039	0.971103001	0.620823141

3. 陕西省装备制造业与现代服务业融合度分析

在对装备制造业与现代服务业的融合度研究中，现代服务业作为装备制造业的中间投入性产业，各子行业与装备制造业的产业互动融合也在展开。同时我们是在对两大产业的关联互动情况进行测度的基础上，再利用灰色关联度法进行分析，保证了两大产业融合度测定的准确性。

根据姜睿清（2013）的研究，产业增加值作为一项关键性指标，能综合反映行业技术水平、管理水平、产业竞争实力等要素。因此，本节在对二者的融合关系进行研究时，选择现代服务业（PS）增加值和装备制造业（EM）

工业总产值进行实证研究。在对两业融合度进行研判前，首先利用现代服务业增加值占服务业增加值比重、固定资产投资额占比、从业人数占比数据来观测陕西省现代服务业 2000—2018 年的发展情况（见表 3）。

陕西省现代服务业的增加值占比呈现上升趋势，从 2000 年的 57. 11%上升到 2018 年的 67. 57%，说明陕西省现代服务业不仅得到了很大的发展，而且已经逐渐成为陕西省服务业经济发展的主导产业，因此，应加强对现代服务业的发展规划，充分发掘其潜力，提升其服务经济社会高质量发展的能力。2000—2012 年陕西省现代服务业从业人数占比以及固定资产投资额占比呈现波动上升趋势，2012 年以后逐步回落，这说明陕西省现代服务业还未成为吸纳就业与投资的主要部门，发展潜力还有待发掘。从现代服务业就业人数占比可以看出，目前陕西省吸纳就业的主要途径仍然以传统服务业为主，其对人力资本素质要求相对不高，与现代服务业高人力资本素质需求不匹配，从而制约了现代服务业的发展，同时也制约了现代服务业对装备制造业的拉动作用。

表 3 关中地区现代服务业 2000—2018 年的发展情况 (%)

年份	现代服务业增加值占服务业增加值比重	固定资产投资额占比	从业人数占比
2000	57. 11	9. 67	20. 46
2001	55. 64	9. 29	21. 42
2002	55. 22	13	20. 37
2003	55. 48	14. 55	21. 38
2004	53. 76	12. 62	19. 46
2005	57. 53	14. 65	18. 99
2006	56. 24	12. 67	19. 01
2007	58. 27	14. 33	18. 57
2008	58. 79	14. 68	17. 93
2009	58. 47	15. 21	19. 91
2010	58	18. 03	21. 52
2011	57. 39	16. 07	32. 82
2012	58. 15	35. 09	48. 91
2013	61. 61	33. 97	43. 47
2014	62. 51	31. 59	41. 53

续表

年份	现代服务业增加值占服务业增加值比重	固定资产投资额占比	从业人数占比
2015	63. 92	31. 85	36. 86
2016	65. 5	31. 44	36. 19
2017	66. 23	31. 65	35. 04
2018	67. 57	32. 74	34. 7

灰色关联度分析：以关中地区现代服务业产业增加值作为母序列，装备制造业 9 个行业的工业总产值作为子序列进行融合度分析，从图 1 中可以看出关中地区现代服务业与金属制品、机械和设备修理业的融合程度最高，与汽车制造业的融合度最低，汽车制造业作为装备制造业的领军行业应与现代服务业加强融合。

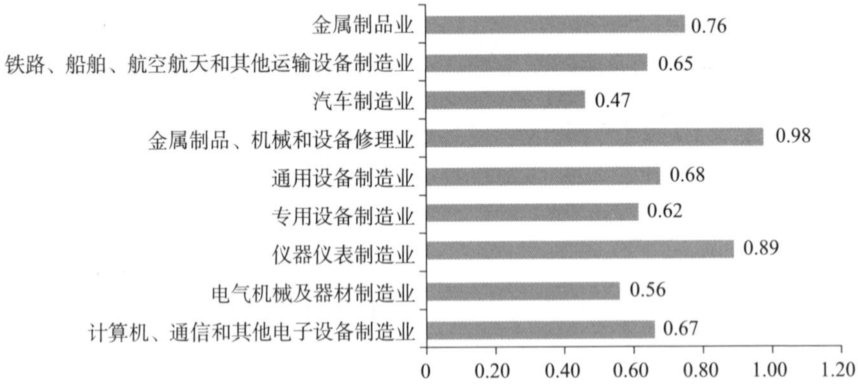

图 1　关中地区装备制造业分行业与现代服务业关联度

（六）打造关中地区装备制造业与现代服务业多维模式融合发展新路径

构建关中地区装备制造业与现代服务业多维模式融合发展新路径，要着力以物联网、区块链、金融科技，人工智能、云技术与云服务为支撑，加快提升装备制造业、现代服务业发展水平，通过打通产业链形成以市场需求为导向、以现代服务业为依托、以科技为支撑的装备制造业整合模式发展新路径。为适应高质量发展新要求，要以“国内大循环为主体、国内国际双循环相互促进”为行动指南，畅通关中区域“微循环”，加入陕西省内“小循环”、关中—天水经济带“中循环”，进入国内“大循环”，融入国际“外循环”，最终实现关中地区产业全方位振兴。

1. 产业维度：给装备制造业做“加减法”

“十四五”时期，需求结构升级将成为长期内我国经济增长的一个重要命题，对一般性制造业提出了更高要求，形成更大压力，中低端产品规模扩张预期将出现动力不足。在供需结构性矛盾的作用下，装备制造业和高新技术产业重要性将不断提升，对装备制造业结构调整提出更高要求，产业加工度和技术密度有望迎来大幅提升。但也应看到，受疫情带来的全球经济停滞影响，加之中美大国博弈，上游原材料价格上涨和国际对我国核心技术的封锁不可避免，产业结构转型升级的难度正不断增加，对产业要素供给和政策生态提出更高要求。面对全球产业竞争格局的深刻调整，要想突破以美国为首的西方国家对我国在核心技术上的封锁、解决“卡脖子”问题，促进产业链高级化是必然选择。伴随着2020年西安市GDP规模跃上万亿元大关，关中地区产业发展将面临更多的发展机遇和更激烈的竞争态势。在更高层级的市场竞争环境下，需求更加多变，客户选择标准更加严苛，关中地区装备制造业企业突围破局越发需要与现代服务业协同发展，推动自身产业转型升级。

（1）装备制造业-生产性服务。

将装备制造业核心业务与非核心的生产性服务剥离，与第三方服务企业合作，寻求专业化分工，实现制造业企业主辅赛道分离，集中力量推动装备制造业服务化。通过产业分工手段，提高装备制造业中服务部门专业化程度，形成“对内服务企业提高生产效率，对外服务客户增加产品附加值”的双向服务体系。通过鼓励关中地区装备制造业企业实现主辅分离，着力改善“大而不强”的问题，增强企业核心竞争力。此外，通过与第三方的合作，可以运用物流配送、大数据分析等手段促使现代服务业向规模化、产业化发展，进一步提升企业的价值。

（2）装备制造业+服务型制造。

随着竞争加剧，装备制造业服务化发展成为市场趋势之一，为了提高产业供应链水平，促进经济高质量发展，关中地区应着眼于拓宽大数据分析、“互联网+”应用场景，促进装备制造业与现代服务业的深度融合，重点推动服务业向具备良好产业基础的原材料工业、消费品工业、先进装备制造业和汽车制造业渗透。通过为上述区域优势产业赋能增值，完善服务流程，提升客户体验，构建从生产到配送、安装、售后的全流程服务体系，实现装备制造业服务化转型。

装备制造业向服务领域延伸，并非简单地将其经营目标转向服务业以寻求多元化经营，而是以装备制造业产品产出为中心，围绕产品形成配套的服务体系，改善和提升客户体验。其终极目的不在于构造新型服务行业，而是以产品为基础的产业功能拓宽，是对企业产品价值的充分挖掘和拓展。

2. 技术维度：推动产业智能化升级

（1）应用金融科技助推产业链升级，促进装备制造业高质量发展。

互联网、人工智能、区块链、大数据等技术的蓬勃发展，彻底颠覆了传统金融业态的运作模式，将科技手段应用于金融场景，促使金融科技概念受到普遍关注，如图2所示。

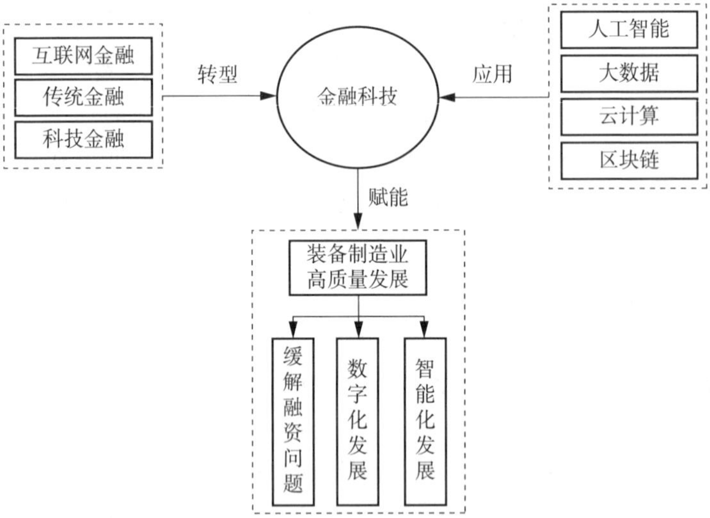

图2　金融科技服务装备制造业作用机制

金融科技缓解装备制造业融资问题。装备制造业的发展需要金融业的支撑，传统金融手段已难以满足当前装备制造业高质量发展的需求。而依托大数据、云计算、区块链和人工智能等科技手段的金融科技，解决了传统金融业务数据分析处理能力不足、风险把控能力不强等缺陷，对优化金融支持装备制造业服务能力和服务水平起到了关键作用。一是有效缓解装备制造业融资困境。装备制造业企业贷款难、融资贵现象一直存在，其主要原因是传统金融业与装备制造业发展不适应，而金融科技中的大数据技术为制造业企业信贷业务提供极大的便利，如大数据风控，通过对历史数据、历史事件的分析，运用数学建模等数字化工具研究企业的风险指数，从而为企业制定合理的信贷规模和期限，有效缓解企业贷款难的问题。二是完善融资流程，形成企业融资服务体系。通过建立完善的贷前审查、贷中跟进、贷后服务体系，为制造业企业借贷、用贷、还贷提供全流程服务和保障，帮助企业稳定、健康发展。例如，金融科技对诚信识别具备很强的判定能力，通过建立风险特征数据库，可以从异地登录、非法设备使用、资金运作是否常规来预测企业的违约概率，在服务企业的同时也保障了自身发展的稳定。

金融科技推动装备制造业走向智能化、数字化。新兴技术的发展促使科技为实体经济转型升级不断赋能增效。面对不断变化的市场和企业发展需求，类金融机构、传统金融机构和互联网金融企业也不断通过自身业务转型的方式配合市场需求，政府也通过加强引导和监管等手段，为企业吸收金融服务提供引导和支持，“金融科技+智能制造”融合成为新的发展热点。图 3 展示了本研究为关中地区装备制造业服务化构想的生态结构。现代服务业渗透于从供给到需求的每一个环节，装备制造业企业依据金融科技、区块链、物联网和云服务等技术手段获取用户数据和反馈用以指导产品设计研发和材料采购等生产环节，再通过大数据和人工智能等手段进行制造、仓储和运输，配合完善的市场营销手段和售后服务，为客户形成一条完整的、个性化的产品生态链，从而实现产品价值增值和企业高质量发展。在这一过程中，科技作为新型生产要素不仅实现了服务客户的终极目标，也帮助制造业企业实现了数字化升级，提升了供应链、生态链运行效率。

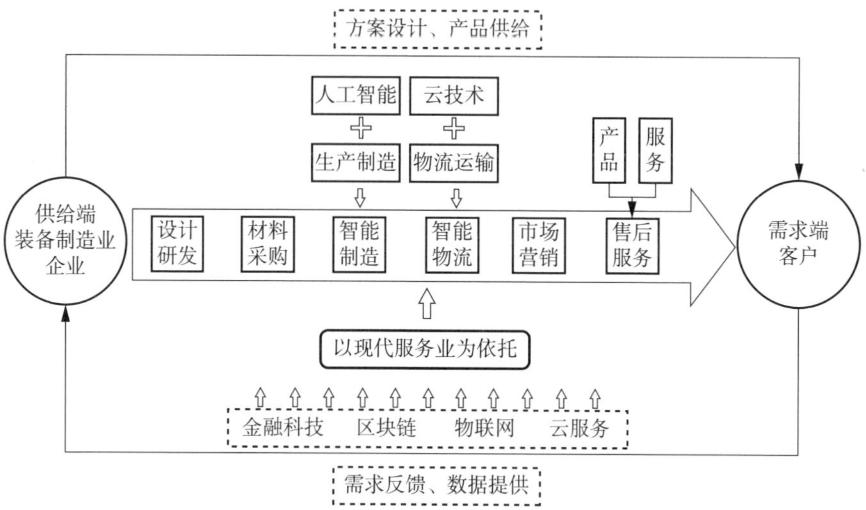

图 3 关中地区装备制造业服务化生态链

(2) 区块链驱动物联网发展，推动装备制造业智能化升级。

现今区块链技术已经成为互联网科技发展的新方向，而由其推动的物联网也广泛应用于我国的各行各业，尤其是给装备制造业带来了不小的变化。物联网、云技术推动装备制造业发展的路径如图4所示。

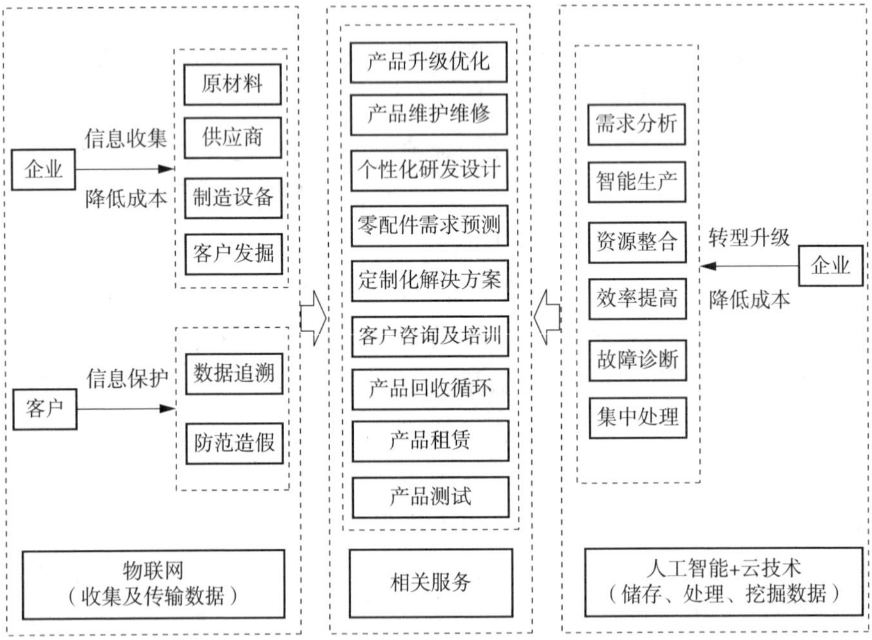

图4　物联网、云技术服务装备制造业作用机制

物联网帮助装备制造业企业收集原材料信息，降低成本。对于装备制造行业来说，供应链的管理是一个十分重要的经营环节，而区块链和物联网技术，则能够帮助企业获取更多关于原材料、制造设备方面的市场信息，从而能够使企业做出最佳选择。在考察原材料供应商时，通过区块链和物联网确定信息来源，能够帮助企业判断该商家的可靠程度，也能够使企业对原材料的市场价格做到心中有数，将成本降到最低，同时避免劣质原材料的流入，提升企业的公信力，在原材料的选择过程中少走弯路，节约时间成本和人力成本。

物联网保证用户所获取的信息无误，杜绝信息造假的可能。装备制造行业大致有两种企业类型：代工型企业和自主生产企业。代工型企业一般只负责产品的生产与制造，而不参与设计、研发、销售的过程，自主生产企业则负责产品诞生的全部流程。在有关产品的售后服务环节，区块链和物联网技术的价值在于信息的全面收集以及无法修改，由此，就能够保证用户获取最原始的产品信息，也就杜绝了产品造假的可能性。除此之外，如果产品信息丢失，也能够通过区块链技术向上追溯，找回信息。

物联网帮助企业发掘潜在客户，同时便利用户获取商品信息。通过区块链、物联网技术的利用，装备制造行业已经形成了产品生产、运输、售卖等整个产业链。而在更加庞大的数据支持下，装备制造行业的发展已经形成了一个新的产业化服务结构，使得人们能够更加方便地获得所需信息和商品。这对于企业和客户来说，都十分便利，企业能够挖掘更多潜在客户群体，而客户则能够更加方便地获取产品信息。

（3）加快人工智能、云技术的应用，推动装备制造业服务化。

人工智能使生产制造智能化，助力装备制造业智能化升级。一是在需求端依托大数据和“互联网+”对用户需求进行精确分析和集中处理，采取规模化定制模式，降低生产企业与用户交互成本。二是在供给端，通过工艺改进，如柔性制造、模块化生产等手段，进行规模化、定制化生产，在控制生产成本的同时满足用户个性化需求。三是区域加大研究经费投入，完善区域产学研一体化平台建设，鼓励企业开展技术研发活动，以切实有效的政策扶持，解决制造业企业自主创新能力不足和技术“卡脖子”问题，推动关中地区装备制造业实现智能化升级。

依靠云技术提高资源利用率，降低装备制造业研发成本。云计算突出的特点在于能够有效缩短需求的响应时间和运行时间，有效避免用户对软硬件方面的投资成本和风险，整体提高了资源使用效率。将云技术广泛应用于制造业，能够高效汇总整理产业链各环节人员的反馈信息，实现信息的实时交流。在产品研发和投产环节，云计算技术能够通过模拟等手段，对产品进行实时分析，及时发现缺陷与不足，帮助改进产品。云计算系统一定程度上节省了装备制造产品设计的交流成本，提高了研发效率，缩短了研发周期。

云计算系统应用于产品销售和售后服务环节，实现企业营销服务化转型。云计算系统在产品销售环节的应用，主要针对客户进行，通过集中整合企业资源和生产信息，为用户提供实时反馈，以便用户掌握产品全过程，实现销售服务一体化的转型。

售后服务是装备制造业服务化转型的重点领域，其服务内容多且复杂，传统售后服务需经历客户报修、维修人员现场维修或返厂等流程，不仅效率低下，而且客户和企业双方成本都居高不下。采用云技术可以通过数值模拟和虚拟现实等手段对设备故障进行诊断，针对性制定解决方案，有效缩短维修时间，提高故障处理效率，从而降低双方成本。

3. 地域维度：横向纵向协同发展

（1）关中地区带动陕南陕北地区纵向发展，实现陕西省内“小循环”。

目前，陕西省基本化工原料产业主要集中在陕北地区，已形成大化工基地，对下游关中地区装备制造业发展具有充足的供应能力。以此为基础，促进上游原材料产业链向下延展，推动下游装备制造业向上对接，陕北关中协同发展新的工业支柱产业，为关中地区经济高质量发展提供新动能。同时，依托陕南矿产资源优势，以循环经济园区为载体，围绕金属结构材料和功能材料、前沿高端新材料、先进复合材料、高端能化材料和无机非金属材料等产业打造一批新兴优势产业链，形成与实体产业配套的生产性服务业态。

（2）关中地区带动甘肃、山西部分市区横向发展，实现关中—天水经济带“中循环”。

关中地区是我国高校最为密集、科技实力最强的地区之一，科研土壤肥沃、成果丰硕，装备制造业发展相对成熟，具备良好的发展基础和深厚的发展潜力。在区域经济发展的横向空间上，对包括甘肃在内的西北诸省和包括山西在内的晋冀鲁豫地区的科研工作者和技术创新团队具有一定的吸引力。因此，应依托高水平的高校和科研平台资源，吸引周边科研力量到关中地区实现科技成果转化和产业化，提升关中地区科研成果转化率。同时，推动本地高质量科研平台和产学研基地建设，注重提升区域产业技术水平和产业发展层级，以高质量人才梯队和产业培育孵化基地建设带动区域产业转型升级和高质量发展。

（七）政策建议

党的十九届五中全会以来，以习近平同志为核心的党中央根据我国新发展阶段、环境、条件变化作出一系列重大战略决策，指出要加快构建以国内大循环为主体、国内国际双循环相互促进的新发展格局，为我国应对产业链重构挑战、推动制造业高质量发展提供了新思路和新方向。作为制造业转型发展的重点，装备制造业不仅具备更强的投资拉动能力，也能够通过资本积累提高经济增长潜力，更能实现劳动力的要素重置效应，提高整体的全要素生产率，因此在新发展阶段具有独特的战略地位和作用。

在专业分工和降低成本的驱动下，装备制造业以其产业链条长、涉及部门领域多、应用场景广等特点，分解催生了一大批与之配套的服务外包产业，使得现代服务业与装备制造业的深度融合成为必然。

要实现关中地区装备制造业和现代服务业深度融合发展，就要以技术发展与应用为基础，扎实提升产业自身发展水平，整合全产业链资源，统筹关中、陕西、关中—天水经济带等区域性发展要素，立足产业特征、顺应产业趋势、聚焦产业瓶颈问题，以创新驱动新业态、新模式的发展，推动装备制造业向系统集成和整体解决方案提供的全业态转型。

1. 增强两大产业竞争力

（1）强化企业创新主体地位。支持企业通过自主研发、技术转让、技术并购和产学研合作等模式，加快应用技术的引进、吸收和再创新，提高企业技术创新能力。支持和鼓励陕西省装备企业牵头承担国家重大科技专项、科技发展支撑计划等，支持企业创建国家企业技术中心、工程研究中心、重点实验室和博士后工作站等创新载体。破除体制机制障碍，全面落实制造业企业加计扣除等税收政策，激励企业加大创新投入。

（2）打造高能级创新载体。一是聚焦高端装备重点领域和标志性产业链，加快制造业创新中心、产业创新中心、技术创新中心、省实验室、检测认证中心、产业创新服务综合体等布局建设。加强对制造业创新中心的指导与考核，推动创新中心开展行业基础和共性关键技术研发、成果产业化、人才培训服务。鼓励新一代信息技术装备、高档数控机床、高端装备基础材料、现代能源装备等领域创建制造业创新中心等创新载体。二是推动创建重点科研载体，加强高端装备制造领域科研布局，打造高端装备前沿科研基地。三是加强技术创新前瞻布局和资源共享，建设一批具有核心竞争力的未来产业先导区，加快未来产业与经济社会发展各领域深度融合。

（3）实施质量、品牌、标准和知识产权战略。一是引导企业积极采用卓越绩效评价、六西格玛、全面质量管理等质量管理技术与方法，推动企业建立全员、全方位、全过程的质量管理体系，提高质量管控能力，争创政府质量奖，树立一批质量标杆。在产品认证、检验检测等方面加大监督和支持力度，促进产品质量提升。二是推动高端装备自主品牌建设，强化企业自主品牌发展和保护意识。鼓励企业认定“品字标”等，提升品牌竞争力。三是支持企业主导重大装备首台（套）装备国际、行业标准建设，加强首台（套）装备知识产权布局和保护。对首台（套）装备的核心关键技术专利，依法给予优先审查支持。加强首台（套）装备和技术知识产权战略布局，防范知识产权风险。围绕首台（套）产业链和价值链，加快培育高价值专利。鼓励知识产权专业服务机构加强首台（套）知识产权服务。

（4）促进企业融通发展。一是培育一批装备制造业骨干企业，围绕重点领域和标志性产业链，培育具有国际竞争力的高端装备制造龙头企业。积极推动效益高、发展前景好的优质高端装备企业多渠道上市挂牌，支持已上市企业通过多种形式开展再融资，鼓励经营管理状况良好的上市挂牌企业围绕主业开展高质量并购重组，增强发展能力。二是支持中小企业“专精特新”发展。深化企业知识产权、技术创新、管理提升、品牌建设等指导服务工作，强化管理创新和技术应用，培育一批主营业务突出、竞争力强、成长性好、专注于细分市场的专精特新“小巨人”企业。同时，增强中小企业协作配套能力，鼓励中小企业以专业化分工、服务外包、订单生产等方式与行业龙头企业建立协同创新、产业链上下游协作配套、合作共赢的关系，提升产业链供应链稳定性和竞争力。三是促进军民融合深度发展。加大军民融合领域协作创新、双向转化的支持力度，培育创建一批省军民融合协同创新平台，支持优势企业承接军工高技术产业化合作，通过协作配套等方式进入军民融合产业领域，培育一批“军转民”“民参军”装备骨干企业，对装备制造业企业军民融合项目予以重点支持。

（5）推动产业集聚发展。一是梯度培育高端装备制造业产业集群，聚焦重点行业重点领域，以龙头企业为引领，以产业链为纽带，推动产业链上下游精准对接和资源要素集聚，建设一批优势特色产业集群和高能级产业发展平台。二是锻造一批标志性产业链，扎实推进制造业产业基础再造和产业链提升，坚持补短板与锻长板相结合，突破产业链关键核心部件和系统等的断链断供技术，培育发展一批产业链协同能力强、安全绿色高效、辐射带动能力较强、产业链自主控制力和抗风险能力较强的优势产业。

（6）加快产业数字化转型。一是推进制造过程数字化，鼓励装备制造业企业特别是行业龙头企业建设智能工厂、数字化车间，聚焦产品开发、生产制造、销售服务等业务全过程，广泛应用数字孪生、物联网、大数据、人工智能、工业互联网等技术，加快云化、平台化、服务化转型。强化龙头企业的示范带动作用，推动产业链从研发设计到生产供应再到销售服务的全链条智能化改造。二是推进装备产品数字化，加强新技术在重大技术装备产品上的集成应用，在数字化程度较高的重点领域发展人工智能化装备，发展产品全生命周期管理服务，提升品牌竞争力。三是加快工业互联网平台应用，推动量大面广的中小企业上云，拓展平台服务能力，大规模推动中小企业数字化转型，加快实现产业链工业互联网平台全覆盖。

2. 加强人才梯队引进与培养

（1）引进培育高端创新人才。一是大力引进海内外装备制造业高层次人才、领军型团队和人才，支持海内外各研发机构与本区域单位共建实验室和人才培养基地。二是重视培育和用好本土人才，依托青年英才集聚系列行动，以高层次、急需紧缺专业技术人才和创新型人才为重点，培育一批高素质专业化青年人才。三是完善人才管理与发展模式，探索完善特殊优秀人才认定标准。

（2）提升企业经营管理人才素质。一是以提高现代经营管理水平和企业竞争力为核心，深入开展企业经理人和管理者培训，全面拓展和提升企业家和企业高层次管理人才的全球视野、战略思维和创新能力，培养造就一批创新型企业家和高水平经营管理人才。二是积极举办国内外高层次人才创业大赛和各类创新创业大赛及会议等，激发高校院所、平台企业、海归人员的创新创业动力，鼓励支持科研人员兼职创新、在职或离岗创办企业，推动更多创新人才带专利、项目、团队创业。

（3）培育新时代高技能人才。一是构建产学研融合、政企社协同、育选用贯通的高技能人才培育体系，强化职业教育与技能培训，鼓励行业龙头企业与学校合作建设紧密型产业学院、技师学院、实训基地，形成一支门类齐全、技艺精湛的技术技能人才队伍。二是依托国家级和省级“双一流”院校建设，加强装备制造重点学科专业群建设，构建中职、高职、应用型本科、专业学位研究生人才多层次培育体系。三是完善技术技能评价制度，健全高技能人才政府补贴制度，推动技能人才与专业技术人才职业发展贯通，拓宽高技能人才职业发展空间。四是建立产业人才供需对接机制，完善各类人才信息库，构建产业技术人才信息发布平台。建立完善装备制造业人才服务机构，健全人才流动和使用的体制机制。

3. 大力发展金融科技

（1）推动专业化增值服务创新发展，激活金融服务增长空间。装备制造业及其配套产业中，中小企业和民营企业占据重要地位，经营活动较为分散，部分企业经营管理信用记录、财务信息尚不健全，也缺乏充足的合格抵押品，需要金融机构通过科技力量提升风险识别能力和服务效率。因此，要利用大数据等数字技术有效整合工商、税务、环保、电力等多维度社会公共信息，对装备制造业的市场主体的经营行为、消费行为进行量化，形成立体式全息企业画像，重构企业客户信用发掘机制、评价体系和风控体系，以专业化服务为装备制造业产业链供应链上的“双创”企业、小微企业提供资金支持。

（2）加强技术监管，实现金融科技创新和有效管控风险双赢局面。金融科技的广泛应用在服务经济发展的同时也带来新的风险与隐患。因此，监管部门应更新监管理念、完善监管模式、加大监管力度，实现对产业全领域、全流程的监管，提升监管有效性。探索建立包容审慎的监管制度，适应新产业新业态发展需求，推动建设新经济业态规划、标准、政策及法律制度体系，创新监管方式，加强信用监管、弹性监管和智能监管等。将科技和经济紧密结合、创新成果和产业发展紧密对接，产业技术创新体系进一步健全，形成具有关中特色和优势的创新驱动发展体系。

（3）加速构建金融生态圈，推动金融科技向供应链金融发展。当前，以金融科技手段促进供应链金融发展成为趋势，但也对企业和服务提供者的信息收集与处理能力提出了更高的要求，传统金融机构受到较大制约。为更好地推动供应链金融发展，应鼓励金融机构通过提升技术、丰富场景、完善生态等手段增强信息收集和处理能力，进而提高自身服务水平。

4. *以市场需求为导向*

（1）引导陕西省装备制造业企业由“单一产品制造—销售模式”向集工程设计、模块化部件设计与组装、安装调试、产品租赁、个性化定制等于一体的服务型制造企业发展，增强企业发展活力。

（2）培育一批具有总承包能力的综合性装备企业、系统集成方案和解决方案供应商。以大型装备制造企业为主体，整合产业链上下游设计开发、配套、运维等资源，形成集系统设计、系统集成和工程总承包于一体的大型工程公司和系统成套公司，提高装备产业的总承包总集成能力，支持装备企业取得工程和设备总承包资质，推动装备制造业向现代服务业延伸和融合发展。

（3）培育发展服务型制造新业态新模式。深入推进数字化设计、工业互联网、“企业上云”、“互联网+”等应用，引导企业围绕拓展产品功能、增强集成能力、满足深层需求等方面，发展在线监控、生命周期管理、售后运维、专业化检验检测认证等新服务。

（4）强化绿色发展。推广绿色基础制造工艺。推广清洁高效制造工艺，以降低碳排放强度，确保高端装备行业提前达峰。大力支持企业加快开发具有无害化、节能、环保、低耗、高可靠性、长寿命和易回收等特性的绿色产品，积极推进装备制造绿色产品第三方评价和认证，在首台（套）目录中增加绿色产品。推行绿色制造理念，支持企业实施绿色战略、绿色标准、绿色管理和绿色生产。

5. 强化供应链区域联动

紧抓共建"一带一路"、新时代推进西部大开发形成新格局、黄河流域生态保护和高质量发展战略等重大机遇，通过区域经济一体化，加强地区间的分工与合作，建立和完善关中、陕南、陕北三大区域产业协同发展机制，促进原材料加工、食品医药、文化旅游等产业链上下游企业协作配套、优势互补、协同发展。带动社会力量投入，以有效投资拉动相关产业发展和扩大内需；以境外合作园区为支撑，对接重点国家和区域，持续完善产业链、价值链、创新链全球化布局，提升企业国际化经营水平。加快建设西安国家中心城市和关中平原城市群，推进关中协同创新发展、陕北转型持续发展、陕南绿色循环发展，逐步形成三大区域各有特色、互为支撑的格局。通过打造装备制造业与现代服务业发展新路径，畅通关中区域"微循环"，加入陕西省内"小循环"、关中—天水经济带"中循环"，进入国内"大循环"，融入国际"外循环"，最终实现关中地区产业全方位振兴。

专题四　关中地区装备制造业军民融合发展的路径研究

（一）研究背景

军民融合，是指在经济社会体系的发展过程中，将国防科技工业与民用科技工业融为一体，并将国防和军队现代化建设元素融入其中，全面推进军民两用技术双向转移，构建装备制造业军民融合创新主体，成立军民一体化的装备制造业企业以及形成更加完备的产业链，使得在更高层次以及更深程度上更好地将国防和军队现代化建设与经济社会发展结合起来，打造“军民共用”的装备制造业科技资源，发展壮大装备制造业军民融合产业，完善装备制造业军民融合的公共服务体系，健全装备制造业军民融合的政策法规体系，推动装备制造业国防经济与地方经济的融合发展。装备制造业军用科技资源具有技术密集、人才密集、资本密集和设备先进等显著优势，能够作为国家和地区科技创新体系的重要力量和依靠，同时也是自身提升自主创新能力的重要源泉。装备制造业民用科技资源的优势是具有高度信息化、发展速度快等显著特点。因此，装备制造业军民科技资源的开放共享既能合理优化军民科技资源的配置，又能促进军民科技资源的有效利用和统筹发展。我国《“十三五”国家科技创新规划》政策强调，加强军民科技资源的开放共享和平台建设，构建涵盖科研仪器与设施、实验材料、科学数据与文献等的科技资源共享服务体系，需要大力提升军民科技创新融合发展水平。因此，装备制造业军民科技资源的开放共享对于推动装备制造业军民深度融合意义重大。基于此，装备制造业军民企业双方需要改变以往军民分离的模式，遵循市场规律，立足军民合作，建立具有兼容性、互补性的系统和机制，达到实现社会资源的高效配置、促进全社会整体进步的目的。

我国“军民融合”战略思想由来已久。20 世纪中期，我国就明确提出了“军民结合”，经历了“军转民”阶段、“军转民”以及“民进军”并存阶段。党的十八大以来，习近平总书记多次强调军民协同创新，建立军民融合创新体系；党的十九大报告三次提及“军民融合”，强调了军民融合在强国强军中的战略地位，提出了军民融合发展的新目标和新任务，重新构成了一个“思想—战略—任务”的完整体系，为推进军民融合深度发展提供了基本指导。综上所述，经过几十年的发展，“军民融合”战略思想已经发展得较为系统与完整（见图1），进一步为军民融合深度发展提供了科学指南。

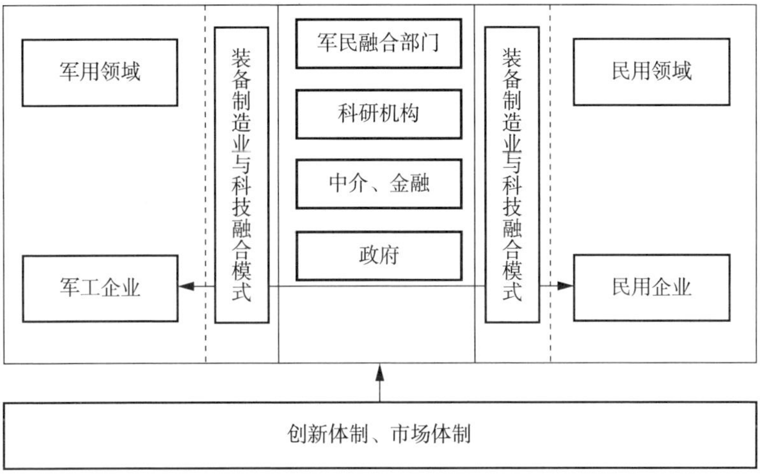

图1　基于军民融合路径的装备制造业与科技创新融合体系的构建

陕西省是我国装备制造业的重点发展省份，省内军工科技资源较为丰富，科研水平整体较高，但装备制造业军民科技资源分布长期处于分散和分离的状态，使得省内军民科技资源利用效率较低，既不利于国防科技工业的现代化建设，也不利于区域经济的统筹发展。虽然我国实行了由计划经济向市场经济转变的政策，军民科技资源共享与融合速度也在加快，但是陕西省军工科技资源仍存在模仿跟踪“路径依赖”和“军民分离”的深层次问题。军工与民间科技资源的互动和共享较为缺乏，导致了陕西省成为典型的科技资源大省和经济发展的弱省。

随着军民技术两用化趋势日益加强，当今世界各国共同的政策取向也包含建立军民融合高技术产业创新体系。实现军民科技要素双向流动以及促进军民科技共同发展，是当前创新体系建设的重大课题。加强军民融合高技术产业创新体系的建设，对于提升科技创新水平、推动国防经济和国民经济协调发展具有重大意义。陕西省是国防工业大省，其军民融合高技术产业的发展较为良好，本专题以陕西省的装备制造业与科技融合发展为例，就军民融合发展路径进行探索与分析。

（二）研究意义

1. 理论意义

企业是装备制造业军民融合产业发展的主体，也是装备制造业军民融合战略实施的重要保证。装备制造业军民融合企业创新能力的提升对其健康、可持续发展至关重要。一方面，提出装备制造业军民融合发展战略，能够进一步促进军工企业和民营企业发展空间的提升。军民企业能够在技术和产品上各展所长、各取所需、共同进步，在民营企业帮助军工企业优化配置资源、提高效率的同时，军工企业也能促进民营企业拓宽业务、发展壮大。另一方面，陕西省装备制造业军民融合产业对陕西经济发展具有十分重要的现实意义和应用价值。大力培育和发展陕西省装备制造业军民融合产业，再进一步发挥产业集聚效应，有利于推动陕西装备制造业整体竞争力的大幅度提升，有利于打造陕西装备制造业的区域品牌和加快陕西的区域创新，有利于带动陕西省其他产业迅速发展，最后促进陕西经济快速发展。要使陕西省装备制造业企业保持核心竞争力、立于不败之地，就必须不断探索、不断提升并加强自主创新能力，在创造更多效益的同时，助力国家和社会下好“军民融合”这盘大棋。

2. 实践意义

装备制造业军民融合科技创新企业这一市场主体，作为军民融合产业发展的微观基础，能够通过不断的管理创新、人才培养、技术突破、产品研发等方式来提升装备制造业军民技术转移效率与服务军民融合发展能力，增强其产业竞争力，促进陕西省军民融合产业健康发展的同时推动经济建设和国防建设协调发展取得实效。对军民融合企业创新发展的路径和对策研究具有深刻的实践意义：

一是对我国装备制造业军民融合企业创新发展有一定的借鉴价值。装备制造业军民融合企业可以通过组织创新、技术创新、融资创新和市场创新的协调作用来促进自身创新能力的提升。

二是对我国政府关于装备制造业军民融合创新发展相关企业的政策支持具有一定的参考作用。装备制造业军民融合企业大多涉及高技术领域，研发压力大，资金需求强。政府扶持能够有效地帮助企业提升创新能力，渡过难关。但是政府在税收减免和资金支持过程中，仍需科学制定审核条件、强化监督，以保证资金的正确使用。

（三）研究现状

1. 关中地区装备制造业军民科技资源开放共享现状

（1）关中地区装备制造业军民科技资源开放共享政策环境。

近年来，国家、陕西省委各有关部门通过出台一系列政策措施推进科技资源统筹整合，为促进军民科技资源开放共享提供了优惠的政策支持，具体政策文件如表1所示。在国家层面上，国务院于2016年5月颁布《关于印发促进科技成果转移转化行动方案的通知》，明确提出“加强部门之间统筹协同、军民之间融合联动”等有助于促进军民科技资源开放共享的相关有效措施，在“军民科技资源配置、任务部署”等方面形成共同促进装备制造业军民融合科技成果产业化合力，以建设装备制造业军民融合科技工业成果信息与推广转化平台。在省级层面上，陕西省科技厅于2013年大力推行《陕西省大型科学仪器设备共享专项资金管理办法》，设立了陕西省大型科学仪器设备共享专项资金，对提供设备共享服务的单位以及委托单位实行“双向补贴”——针对省内提供有关大型科学仪器设备共享服务的单位，按服务收入给予30%的奖励；对省内使用仪器设备的委托单位，按政策给予20%的补贴。这一政策的积极实施，推动了陕西省军民科学仪器设备的共享，取得了显著的成果。近年来，陕西省还将军民科技资源开放共享的范围逐步拓展，积极鼓励军工科技人力、科技信息等科技资源的开放共享。2016年9月，陕西省委、省政府通过出台《陕西省促进科技成果转化若干规定（试行）》，进一步推动了装备制造业军民科技成果转移转化，建立军民人才双向流动“人才池”，促进企业发展，吸引装备制造业军民单位技术人员入驻“人才池”。

表1 国家及陕西省关于军民科技资源开放共享的政策法规

出台时间	政策文件
2011年11月	《关于建立和完善军民结合军民武器装备科研生产体系的若干意见》（国发〔2010〕37号）
2013年4月	《陕西省大型科学仪器设备共享专项资金管理办法》（陕科条发〔2013〕40号）
2015年1月	《关于国家重大科研基础设施和大型科研仪器向社会开放的意见》（国发〔2014〕70号）
2015年12月	《关于开展2015年陕西省大型科学仪器设备共享服务补贴工作的通知》
2015年12月	《关于促进科技资源开放共享的指导意见》（陕政发〔2015〕53号）
2016年5月	《关于印发促进科技成果转移转化行动方案的通知》（国办发〔2016〕28号）
2017年12月	《关于推动国防科技工业军民融合深度发展的意见》（国办发〔2017〕91号）

（2）共享政策环境下关中地区装备制造业军民融合现状。

近年来，陕西省委、省政府把陕西省装备制造业军民结合产业作为特色优势产业着力培育，通过加强与各军工集团公司战略合作，搭建基地园区平台，创新体制机制等措施，初步形成了“以军带民、以民促军、军民融合”的多元化、集群化发展格局，使陕西省军民深度融合实现了突破发展。在2012年的“央企进陕”活动中，陕西省与五大军工集团公司签订总投资上千亿元的84项军民结合重点项目建设协议书，其中已有61个项目落地建设。在2015年的新一轮“央企进陕”活动中，陕西省再次签订了“十三五”期间总投资1000多亿元的65项重点项目建设协议书。

陕西省科技厅积极推行并落实《陕西省“十三五”军民深度融合发展规划》政策，把实施装备制造业军民融合深度发展作为“培育新动能、构筑新高地、激发新活力”的重要发力点和战略举措，积极完成装备制造业军民深度融合科技发展重点工作任务。陕西空天动力研究院于2017年4月24日揭牌成立；陕西省无人机产业技术创新战略联盟已经成立，站在了“新经济”的风口；中国西部科技创新港的成功建设打造了形态优美、特色鲜明、产学协同、功能齐全的智慧学镇；国家增材制造创新中心和先导技术研究院顺利推进，“国家军民科技协同创新平台”落户陕西大有希望；陕西科技控股集团有限责任公司与保利科技防务投资有限公司战略合作全面展开，设立了总规模为100亿元的“陕西保利军民融合投资基金”以支持建立军民融合产业基地，设立了首期4.2亿元的军民融合产业基金以建设军民（央地、部省）融合信息服务平台。西安光机所、西北有色院科技创新模式得到积极推广复制，已在西安西北工业大学、中国电子集团第二十所等首批17家单位开展“人才池”及院校“双导师制”工作。

在近5年发展期间，陕西省装备制造业中军民融合创新企业成长迅速，军民融合创新型企业逾500家。西飞公司、航天四院、航天六院、陕西电子信息集团等4家龙头单位营业收入过百亿元。陕西省装备制造业军工单位投资或参股的各类民品企业达300多家，其中有2家企业总收入过10亿元，12家企业过5亿元，50多家企业过1亿元。2018年陕西省军民融合相关产业实现总收入近3000亿元。

目前，陕西省依托军工实力形成了航空、航天、兵器三大产业基地和航空智慧新城、军工电子、船舶科技、通用航空、航空装备制造、航空维修服务、军民用新材料等七园区，“三基地一院七园区”的军民结合产业发展平台基本形成，呈现出产业特色鲜明、配套条件完善、集群效应凸显的发展态势。西安航空产业基地已建成以整机制造为主，以机载装备、航空大部件、航空新材料研究为分支，以航空改装维修、零部件加工、飞行培训与航空旅游为配套的全产业链体系。西安航天产业基地以航天运载动力、卫星应用和航天特种技术产业为主，是目前国内最大的民用航天产业基地。西安兵器产业基地架构已初步形成，产业以装备制造、光电信息、新材料与新能源为主。

2. 关中地区装备制造业“军转民”产业发展的现状

“军转民”单位数量增多，投资规模不断加大。陕西的军工装备制造业企业的运行采用了军民分立、主辅分离、军民品分线的模式，从事民品研发生产管理的企业单位明显增多。例如，在航天领域，截至 2015 年底，航天科技集团在西安航天基地累计完成投资 58.34 亿元。西安航天基地发起成立了省级卫星应用产业联盟，与政府合作设立 1000 万元专项资金，用于加强企业合作和支持技术创新。截至 2017 年 7 月，陕西省在兵器领域拥有原值 7.93 亿元的大型仪器设备共 292 台（套），西安兵器基地军民融合中心也新增了 23 个重点实验室。陕西军工企业事业单位中，具有民品开发能力的单位占近七成，其中，航空占 36%，兵器占 26%，航天占 18%，核工业、船舶等占 20%。

军工民用产品不断升级，高技术转变加速。“十二五”以来，装备制造业军工民用产品已不再是原来的一般消费品，而转变成充分体现军工科技优势和特色的高技术产品，逐步形成了民用航空、民用航天、特种化工、专用设备制造、电子信息、新材料以及新能源等七大特色产业。与此同时，产品规模不断扩大且开始向专业化、集群化与国际化发展。目前，中科院国家授时中心、中科院遥感与数字地球研究所、中国普天西安产业园、中煤航测遥感局、中航工业陕西华燕航空、西安测绘研究所等快速聚集，基本上形成了体系较为完整的装备制造业军民融合产业集群。

科技创新能力加强，领域涉及更加广泛。“十二五”期间，陕西省装备制造业国防科技工业系统承担了 16500 多项军品与民品科研项目，累计申请了专利 29000 多件，共获得授权 9300 件；转化开发民用产品 2000 余种，其中 300 多种民用产品形成了一定程度的产业规模。其中，装备制造业军转民涉及的领域更广、辐射作用更强，装备制造业军转民技术在我国经济发展过程中的应用范围更广、效果日益显现。以陕西省航天工业为例，其直接投入产出比约为1∶2，而对相关产业的辐射和技术带动可以达到1∶8~1∶14。从带动的产业领域看，装备制造业军用航空技术除带动民用航空制造产业、地面和船舶燃气轮机产业发展外，还进一步促进了电子信息、环保、材料、轮轨型和磁悬浮高速列车以及各种轻、重机械装备行业和产业的发展。从技术的带动面看，在总体设计、推进系统、电子信息技术和材料技术等方面，航空技术都发挥了重要的影响和带动作用。例如，陕西省航天五院西安分院运用空间有效载荷技术，开发出了智慧城市方案等系统；陕西省航天九院十六所运用航天惯性器件技术，开发出了自动化关键部件并研究出整体解决方案；等等。

3. 关中地区装备制造业“民转军”产业发展的现状

近年来，鼓励民企参军的政策相继出台，在这些政策的引导下，民用企业与科技产业相结合，科技水平和生产能力不断增强，陕西省已经有近50家民用单位逐步参与到军品科研生产中来。如宝鸡有色金属加工厂，它是我国最大的以钛合金为主导产品的稀有金属材料专业化生产、科研基地，在装备制造业军民融合工程中承担了多项国家重大军工工程用材研制的生产任务。此外，装备制造业“民参军”企业数量还在不断增加，截至2018年12月底，陕西省“民参军”企业已达到589家。西安恒达微波、西安希德电子、陕西诺维信息、陕西天策科技企业等迅速崛起，为陕西军民融合的发展注入了新鲜血液。总的来说，陕西省装备制造业民营科技企业参与军品科研生产，不仅提高了军品质量和生产效率，促进了军品的技术升级，还为国防工业增添了新的生命力，而且促进了装备制造业传统国防军工生产部门观念的更新，进一步完善了国防军工工业的运行机制，在此基础上为军工系统建立现代企业制度做出了贡献。

4. 陕西省装备制造业相对现状

近年来，陕西省装备制造业规模有所增加，但由表2可知，2018年陕西省装备制造业总资产规模仅占全国装备制造业总资产规模的1.57%，与装备制造业较为发达的省份相比，还存在着一定的差距，特别是与广东省相比，两者装备制造业总资产规模差距较为显著，广东省装备制造业总资产规模是陕西省装备制造业总资产规模的近11倍。从利润总额和就业人数来看，陕西省和广东省的差距依旧是最大的。从总资产利润率这个相对指标来看，陕西省的总资产利润率超过了全国平均水平，并与表中相关省份差距不大。因此，从数据上看，当前陕西省装备制造业发展效益一般，存在着巨大的发展空间。

表 2　2018 年陕西省装备制造业与其他省份的现状对比

地区	装备制造业工业总资产/亿元	利润总额/亿元	就业人数/万人	总资产利润率/%
全国	387402.60	22297.50	3110.20	5.76
陕西省	6099.22	360.56	37.55	5.91
广东省	68529.81	4164.21	721.11	6.08
四川省	14485.80	797.47	100.34	5.51
江苏省	60992.50	3993.95	511.67	6.55

（四）其他省份装备制造业发展现状

1. 广东省装备制造业的发展现状

（1）广东省军民融合概况。

广东省作为我国装备制造业大省和强省，具备良好的装备制造业基础，成为发展装备制造业军民融合的先天优势条件。近两年，广东省提出了壮大珠江西岸装备制造产业带的目标，为装备制造业军工产业与民营产业实现互助互进提供了契机。广东省委、省政府一直高度重视国防科技工业军民融合工作以及军民融合产业的发展，于 2017 年分别下发了《广东省国防科技工业军民深度融合发展“十三五”规划》和《广东省国防科技工业军民融合深度发展工作要点》，推出了促进广东省装备制造业军民融合产业发展的相关举措。广东省推进装备制造业军民融合产业发展的主要举措有：与装备制造业军工科研单位合作，成立研究平台，建立产业联盟，推动技术合作，加强园区和平台建设。

在广东省委与省政府强有力的推动下，广东装备制造业发展态势较为迅猛，2018 年的装备制造业总资产为 68529.81 亿元，成为该省重要的支柱产业，形成了良好的产业基础。广东装备制造业自主创新能力及品牌影响力不断增强，经济效益大幅提高，在重大技术装备研制、设计和成套能力方面取得了长足的发展。

（2）广东省装备制造业发展优势。

广东省装备制造业发展呈密集趋势。珠江三角洲地区是广东省装备制造业分布高度密集的地区，其装备制造业的发展与崛起极为迅速。其中，电气机械及器材制造业，交通运输设备制造业，计算机、通信和其他电子设备制造业等三大装备制造业占珠江三角洲工业的比重连年增长。一些技术要求相对较高的装备制造行业，如汽车制造业，专用设备制造业，计算机、通信和其他电子设备制造业等均位于珠江三角洲。“十三五”期间，以广州、深圳和佛山三大城市为主导的珠江三角洲装备制造业合计总量约占广东全省的50%，装备制造业规模以上工业总产值占全省的60%以上。

广东省装备制造业发展势头良好。统计显示，广东省在“十三五”期间，其金属制品业，专用设备制造业，通用设备制造业，电气机械及器材制造业，计算机、通信和其他电子设备制造业，交通运输设备制造业，仪器仪表制造业七大装备制造业发展势头极为迅猛，有力带动了全省制造业以及工业经济的增长。其中计算机、通信和其他电子设备制造业 2018 年工业总产值占据全国电子信息产业近 1/4 份额，增速为 9. 40%，对全省 GDP 的贡献率近 8%；仪器仪表制造业 2018 年工业总产值增速为 10. 80%，为全省装备制造业之最。

装备制造业经济增长迅猛。2018 年广东装备制造业经济效益大幅提高，其中计算机、通信和其他电子设备制造业的增加额为 8766. 47 亿元，汽车制造业增加额为 1859. 70 亿元，电气机械及器材制造业增加额为 2942. 89 亿元。2018 年，全省装备制造业支柱产业、潜力产业企业共有 20745 家，占全省规模以上工业企业总数的 43. 69%；装备制造业新产品产值为 77790. 7 亿元，占全省规模以上工业新产品产值的 56. 42%。2017—2018 年广东装备制造业规模以上分行业工业增加值和增长速度如表 3 所示。

表 3　广东装备制造业规模以上分行业工业增加值和增长速度（2017—2018 年）

行业	工业增加值（亿元）		
	2017 年	2018 年	2018 年比 2017 年增长（%）
金属制品业	1374. 31	1362. 54	2. 9
通用设备制造业	900. 49	1071. 87	6. 2
专用设备制造业	914. 97	952. 45	6. 6
汽车制造业	1776. 09	1859. 70	7. 4
铁路、船舶、航空航天和其他运输设备制造业	229. 72	164. 94	-3. 6
电气机械及器材制造业	2969. 33	2942. 89	7. 1
计算机、通信和其他电子设备制造业	8122. 15	8766. 47	9. 4
仪器仪表制造业	306. 45	308. 32	10. 8
金属制品、机械和设备修理业	52. 34	63. 94	8. 0

2. 四川省装备制造业的发展现状

（1）四川省军民融合概况。

四川省一直都是中国装备制造业发展的重点省份，其装备制造业的开端始于四川机器制造局的创办。但是由于国内装备制造业的发展侧重于沿海区域，四川省乃至整个西部地区装备制造业的发展逐渐放缓甚至停滞不前。但战争对沿海工业的巨大破坏，使得大量装备制造业企业向中西部内陆迁徙，因此，四川省迎来了装备制造业蓬勃发展的黄金期。国家在“一五”“二五”“三线建设”时期对四川省装备制造业工业基地给予了特殊的政策照顾，促使四川省加快产业调整，逐步完善了以制造业为主的工业系统，因此具备了良好的装备制造业工业基础和较强的科技软实力，成为国内技术设计研发能力领先的重大装备制造业基地以及核心生产基地，在我国装备制造业中占据着难以取代的重要地位。四川省装备制造业已完成了一系列大型工程，例如大型火电、水电、核电工程，大型风电、冶金、化工工程，重型燃气轮机工程，重型机车车辆及工程机械工程，研制出了大型石油钻井成套设备、现代化空中交通管制成套设备等一大批具备世界前沿科技水平的高新技术设备，对四川省的现代化工业建设、国防建设以及经济发展有着巨大促进作用。近年来，四川省装备制造业累计生产的水轮发电机组、汽轮发电机组、大型电站铸锻件和大型连铸连轧等设备的产值在全国相关总产值中的占比已超过了35%，居全国首位。

四川省将加强装备制造业优势产业的发展列入建设四川省西部经济高地的“7+3”和“1+8”产业规划中，并将其确立为带动全省工业经济腾飞的重要途径以及带动四川省整体经济快速、科学、协调发展的重要龙头支柱产业。经过多年累积，四川省机械、电子、冶金、化工、军工等重大高新技术装备制造业产业辐射面广、关联度高且带动性强，是推动全省经济发展和带领全省科学技术水平跨越新阶段的重要基础性产业。

四川省是我国重要的航天、航空、军工产品的生产基地，尤其在“三线建设”时期。近年来，四川省努力发展军民融合，加强与国家部委、军工集团合作，率先在全国与国家国防科工局签署战略合作框架协议，率先与十余家中央军工集团全面建立战略合作关系；制定了全国首个省级军民融合企业认定标准；建立了“军民融合发展研究智库”，成立了全国首个军民融合高技术产业联盟，建成了军民融合大型科学仪器的共享平台，建立了全国首个

“电子信息军民融合创新实验室”，成立了中国兵器装备公司智能制造技术中心与中国（绵阳）科技城军民融合智能制造示范基地，同时，建设十大军民融合高技术产业基地，推进了产业集群发展；在资金来源上，建立了资金要素支撑体系，设立“军民融合产业发展基金”，建立了银行、保险以及证券等军民融合金融专营机构，推进了金融产品创新，形成了四川省装备制造业的军民融合金融服务。四川省装备制造业通过一系列计划的实施，大胆探索、全面推进，使得四川省装备制造业军民融合发展取得实质性突破并显现出独特优势，2017 年全省军民融合产业主营业务收入突破 3000 亿元，稳居全国第二，表明四川省正加速从装备制造业国防军工大省向装备制造业军民融合强省跨越。

（2）四川省装备制造业发展优势。

装备制造业产业体系完整、规模巨大。四川省装备制造业产业体系在国内较其他各省份有着明显的优势，其覆盖了装备制造业中 9 个大类产业、44 个中类产业以及 178 个小类产业，可生产 129 种小类产品。截至 2018 年，四川省装备制造业累计总产值在全国仍然保持较高的占比，累计生产的水轮发电机组、汽轮发电机组、大型电站铸锻件和大型连铸连轧设备等产值占比超过了全国总量的 1/3，远高于其他省份相关产值，稳居全国首位。

产业规模利于四川省经济增长和产业规模结构调整。四川省根据自身情况，生产切合自身的装备制造业产品，大力发展部分存在明显比较优势和潜在技术优势的重大高新技术装备制造业产业，产品改革向大型化、技术向集成化、产业向链条化、生产向专业化以及配套设备向一体化发展，开创性地提出建设与实施独具四川特色的重大高新技术装备制造业“1+8”工程方案。

产业结构转型合理，产业聚集效应良好。一是四川省装备制造业所有制结构更趋于合理。在四川省国有装备制造业企业的股份制改造已经基本完成的前提下，中小民营装备制造业配套企业高速涌现，发展良好的中高端技术外资装备制造业企业也逐步进入四川市场，在一定程度上提高了四川省装备制造业的科技含量。二是四川省重大高新技术装备制造业“1+8”工程方案具体落实后，四川省装备制造业跟随优秀装备制造业的脚步，进步显著，其高新技术与优良产品聚集效应明显。三是装备制造业产业重点城市支点效应明显。近年来成都、德阳、自贡、绵阳 4 个四川省装备制造业重点支撑城市装备制造业产值总和达到了四川省装备制造业总产值的75%以上。

产品高新技术优势明显，并且优势产品、产业数量逐年增加。一是四川省大型发电成套设备与重型机械成套设备具有高新技术与产业规模优势。具有中国光伏界“黄埔军校”之称的中国东方电气集团峨眉山半导体材料有限公司于2012年突破性地实现了在水电、火电、风电、核电、气电、太阳能发电六个领域内的“六电并举”；自2000年以来，中国第二重型机械集团公司在大型轧钢设备、电站铸锻件以及大型铸锻件等国内国际同领域企业中持续保持着较为明显的发展优势，地位相对领先。二是四川省装备制造业占中国核工业50%以上的比例。东方电气集团峨眉山半导体材料有限公司、中国核动力研究设计院、中国第二重型机械集团公司等四川省著名工业企业都是中国核工业中及其重要的骨干核心企业，它们的产业条线囊括了从核电装备科研、设计、试验、制造到安装等直至核燃料供应、管理和技术服务等核工业完整生产体系的全部组成部分，在竞争优势上具备规模经济和范围经济优势，并且借助四川省得天独厚的地理位置以及相关原材料运输平台，在原材料供应环节具有先天优势。三是四川装备制造业企业在国际进出口业务中，交易量与交易额都较大，业绩突出，为国家总净出口贡献了巨大力量。截至2015年底，四川省装备制造业企业中部分重点企业不仅依靠技术出口国外并且在国外牢牢占据着市场份额，其中中国第二重型机械集团公司所制造的热连轧机出口欧洲并因其性价比高广受好评，东方电气集团峨眉山半导体材料有限公司生产的光伏材料环保型锅炉出口美洲市场受到市场追捧，同时其生产的新型脱硝催化剂出口东亚和东南亚并具有明显的市场性价比优势。

3. 江苏省装备制造业的发展现状

（1）江苏省军民融合概况。

江苏属于长江三角洲的重要节点，地处“一带一路”长江沿线，地理位置条件优越，是全国经济大省和科教大省。除此之外，江苏省地处我国东南沿海重要军事战略要塞，其省会南京是东部战区司令部驻地，全省驻军单位多，军工企业及研究院所多。江苏制定并下发了《江苏省委省政府省军区关于加快推进军民融合式发展的意见》《江苏省军民融合式发展三年实施计划（2014—2016年）》《江苏省省级军民融合发展引导资金管理办法（试行）》

等一系列相关装备制造业军民融合政策性文件，建立健全军民融合组织领导体系，率先开展了设立军民融合引导资金、加快军民共用的基础设施及服务平台建设、加强特色鲜明的军民融合产业基地建设、拟制军民融合年度工作报告等工作。《江苏省军民融合发展“十三五”规划》提出，到 2020 年，江苏装备制造业军民融合发展力争至全国领先地位，贯彻装备制造业国防要求，全面完成军民融合经济建设以及军队服务经济社会性发展，基本形成全要素、多领域和高效益的军民融合深度发展格局。

（2）江苏省装备制造业发展优势。

江苏省于 2016 年提交了创建国家军民融合示范区的申请，其省会城市南京以及镇江、苏州和无锡三大地级市也先后提交了装备制造业军民融合创新示范区的创建方案。2017 年江苏地区生产总值达 8.59 万亿元，高新技术产业产值占比达到 43%，战略性新兴产业产值占比达到 31%，其中装备制造业军民融合产业产值超过 5000 亿元。

江苏省装备制造业军民融合发展过程中，其雄厚的装备制造业实力为其创造了得天独厚的基础条件，并且江苏省各地市把发展与军队武器装备和后勤保障有关的产业作为经济结构调整的重要内容，大量投入引导资金，每次投入近百亿元，主要用来扶持军民两用技术（产品）项目的研究与发展，并支持新型国防核心装备研发，推动一批相关企业发展成为高新技术企业。在此基础上，江苏省航空航天、新材料、船舶与海洋工程及其零部件以及新一代信息技术等产业成长为江苏省装备制造业军民融合的主导产业，并在沿江地区打造出了一批装备制造业军民融合、项目集聚的大型产业园。

经过数年发展，截至 2017 年底，江苏省成功创建了一个国家级、八个省级装备制造业军民结合产业示范基地，为后续的国家装备制造业军民融合创新示范区创建工作打下了坚实基础。表 4 为代表性军民融合（结合）产业示范基地（园区）概况。

表 4　江苏省代表性军民融合（结合）产业示范基地（园区）概况

基地（园区）	重点军民融合（结合）产业或集群	获批基地称号及拥有的平台
丹阳军民融合产业基地	围绕航空航天产业需求，形成高性能金属材料、高端纤维材料、高分子复合材料等综合性新材料产业体系，目标为千亿元级产业群	空装—丹阳军民融合式发展示范区（2011 年）、江苏省军民结合产业示范基地（2013 年）、国家新型工业化产业示范基地（军民结合）（2014 年）

续表

基地（园区）	重点军民融合（结合）产业或集群	获批基地称号及拥有的平台
南京白下高新技术产业园区	围绕智能交通、云计算、电子商务、文化创意与设计服务等，形成以“互联网信息技术+智慧”为内核的“2+2+X”新兴产业集群	江苏省军民结合产业示范基地（2013年）；江苏省军民融合科技创新示范园（2017年），拥有江苏军民融合创新服务中心
镇江新区军民结合产业示范基地	航空航天、新材料、车船配套和电子信息等军民融合特色产业集群	江苏省军民结合产业示范基地，江苏省军工学会协同创新服务示范基地（2013年），拥有全省唯一的航空产业产学研联合创新平台
苏州高新区军民融合产业示范基地	全领域航空航天、新能源、高端装备和安全高端服务器等四大特色军民结合产业集群	江苏省军民结合产业示范基地（2013年）
张家港保税区军民结合产业示范基地	海洋工程与船舶制造、核电装备、锂电新能源、电子通信等军民结合新兴产业	江苏省军民结合（海工船舶与高端装备）产业示范基地（2015年）
泰兴市军民结合产业示范基地	海洋装备、舰船配套设备、光电子信息、航天航空电器、军用漆包线、汽车零部件、医疗设备、环保设备等	中国航天技术转移应用（泰兴）中心

资料来源：根据与各园区或基地相关的新闻报道整理。

4. 国内军民融合发展经验启示

从国内范围看，产业集群是一种充满活力和竞争力的区域发展模式，并且已经成为我国装备制造业科技创新发展的重要载体。目前，我国装备制造业产业集群主要集中在长江三角洲、珠江三角洲等东部沿海地区。其中，江苏省和广东省产业集群发展优势明显，其产业集群覆盖了机械、电子、信息技术等相关装备制造业，并涌现出不少龙头骨干企业和区域品牌，进一步促进了装备制造业科技创新发展。

（五）国外军民融合发展概况

世界主要国家都采取建立有利于经济发展和国防建设的装备制造业军民融合国家创新体系这一共同发展战略，并根据国际大环境和本国具体国情采取了不同的推进装备制造业军民融合的政策和做法，经历了不一样的发展道路。在本节中，我们以美国、日本、俄罗斯以及以色列为代表，主要介绍四种装备制造业军民融合模式，分别为：“军民一体化”“以民掩军”“先军后民”和“以军带民”。

1. 美国

（1）美国军民融合发展概况。

目前，美国装备制造业采用的基本模式为“军民一体化”，实行的是“军政协作，民为军用，以军带民”的国防建设与经济发展相互促进及“两头兼顾”的装备制造业军民一体化发展模式。其中，“军政协作”是指首先由国家顶层决策者启动装备制造业军民融合相关政策并对政策实施进行监督，然后由军政部门对该政策进行协同推动，以营造一个有利于装备制造业军民融合的政策体制机制。“民为军用”是指国防部可以通过主动识别并获取民用领域中产生的高新技术，再将其与现役装备结合，推动武器装备制造业的发展，并以此促进经济的发展和保持美国军队的武器装备制造业技术优势。“以军代民”是指美国对军事项目进行巨额投入，以在军事项目上获得的收益带动国家经济发展和提升国家竞争力，让国防建设成为推动国民经济发展的重要因素。总而言之，美国在推行装备制造业军民融合的过程中，注重利用民用高技术来推动军事技术的发展，同时也非常注重利用装备制造业军事技术的发展来拉动国民经济的增长。

美国在推行装备制造业军民融合过程中经历了两种倾斜发展阶段，分别是向推动经济发展倾斜的发展阶段和向保持军事技术优势倾斜的发展阶段。向推动经济发展倾斜的发展阶段，指的是冷战结束到20世纪90年代后期。在这个时间段内，美国政府全面调整了国家安全战略，将促进经济发展确定为新的国家安全战略层面上的重要内容，并强调要充分发挥科学技术对经济发展的促进和带动作用。20世纪90年代后期至今，特别是小布什执政后，美国经历了向保持军事技术优势倾斜的发展阶段。在这段时期，美国调整了军事战略，准备应付不确定未来的各种挑战，大力推行以信息技术为核心的新军事装备制造业变革，使得国防预算大幅度提升，确保美国军事力量在全世界20世纪时期的绝对优势，美国的科学技术发展战略重心从经济发展逐步倾斜到了谋求装备制造业军事优势上来。

（2）美国军民融合的发展趋势。

美国的装备制造业军民融合战略实施至今，已经实现了两个工业基础——国防科技工业基础和民用科技工业基础的基本融合，现在的美国军民融合战略的目标已不只局限于原先的在同一单位从事国防科研和民用科研、在同一条生产线上制造军品和民品、在共同的部门维修这些产品以及开发军民两用技术。在新的发展形势下，美国军民融合战略发生了变化，出现了新的内涵和特征，这种动向主要表现为两个大的发展趋势，一是采办业务动作规则与民用商业动作规则融合的趋势，二是尖端民用技术和产品与武器装备系统融合的趋势。美国军民融合的上述两大发展趋势，也是其今后一段时间军民融合战略的两大目标。为实现这样的目标，美国国防部已经开始着手对一系列的政策进行调整，以深化先前的改革，继续消除不能产生增值效果的政府独有的工作程序和政策，采用已被证明行之有效、基于性能的民用标准。

（3）美国推行“军民一体化”模式。

美国装备制造业推行的“军民一体化”模式，通过调整国家政策与配套措施，改革军民工业技术使用基础，实现国防军事科技和民用科技的资源共享与双向转移，促进国防军事建设与国民经济发展的良性互动与循环。美国推行装备制造业军民融合的主要做法和特点为：

国家制定和颁布法规政策以推行装备制造业军民融合的发展。美国在宏观调控和国家决策层面上推行装备制造业军民融合的机构主要有美国国会、总统国家科学技术委员会和总统科技政策局等相关机构。这些机构主要通过颁布相关法律法规和制定相应发展战略来确定适合装备制造业军民融合发展的措施。主要做法包括制定鼓励军民用工业基础一体化的法案、提高私营企业对国防科技创新积极性的法案、鼓励充分利用民用科技与产品的法案和政策以及推行开发军民两用技术的政策。

政府军政部门协同推进装备制造业军民融合计划。政府的军事部门、美国国防部决策与调控层面推行军民融合的机构主要有美国国防部长、国防部负责采办的副部长和国防研究与工程署等，主要做法包括颁布《采办改革变革的命令》白皮书、推行装备制造业军民技术融合战略、实施装备制造业军民融合的《国防科学技术战略》、根据《国防报告》要求继续推进军民一体化以及通过国防部系列采办文件要求进一步实现军民一体化。

严格落实和管理装备制造业军民融合科技计划。美国国家和国防部的决策调控层在推行装备制造业军民融合过程中主要负责营造政策环境以及制订军民融合的科技计划；管理装备制造业军民融合科技计划的机构负责落实和支撑相关装备制造业军民融合科技计划发展政策；美国军民融合科学和技术的副部长帮办、高级研究计划局卫、技术转移办公室、负责先进系统与概念的副部长帮办等，主要负责和管理军民融合科技计划，真正将装备制造业军民融合科技计划落到实处。美国装备制造业军民融合科技计划中有代表性的计划包括先进概念技术演示计划、军民两用科学技术计划以及国防部军事制造技术计划。

（4）美国的创新主体与创新主体间军民融合的特点。

美国装备制造业军民融合科学技术基础研究、预先研究的主要力量集中在高校、非营利机构以及军队政府科研院所，其相关研究的研究经费与发展经费主要来源于美国联邦政府。受联邦政府的资助，美国高校承担了主要的装备制造业军民融合基础科研任务，高校进一步和非营利研究机构进行相关科研研究和交流互助，与企业进行密切合作，使美国装备制造业军民融合科技得到了进一步的发展。

美国的创新主体大多为私营企业并且大多是军民结合型企业，技术和资源在军民之间互相转移与运用，这些企业按市场经济规律运行，同样的技术，可以按军品需求生产军品，也可以按民品需求生产民品。例如，美国洛克希德·马丁公司就主要开展系统集成、航空、航天和技术服务的相关业务，这些业务符合装备制造业军民融合发展需求。

美国装备制造业创新主体的军民融合以市场导向型为主，产业链以开放型和社会化为主。美国的创新主体有什么样的市场就开发什么样的技术，美国政府投入大量资金吸引开发“军民两用技术”就是一个例子。由于美国装备制造业产业链以开放型和社会化为主，其创新主体在开发军民两用技术时，可以通过创新主体合作也可以通过企业并购实现装备制造业技术和资源的军民融合。

（5）美国国防部在采办需求生成过程中推行军民融合的做法。

美国武器装备发展计划是从分析作战需求开始的。需求恰当与否，直接关系到武器计划能否顺利推行及其最终效果。产生需求的主要依据是国家安全战略的变化、敌方的潜在威胁、技术发展的重大突破、现存武器装备是否日渐过时。如果决定从装备方面寻求满足需求，美国国防部规定，考虑装备研制方案的优先次序应当是首先利用或改进美国现有军事系统，其次利用或改进现有民用系统，或盟国的现有系统，再次由一个或多个盟国进行，又次新上多军种联合研制计划，最后考虑新上某一个军种专用的研制项目。

为推行军民融合，美国国防部依托各种具体计划，在采办需求生成的一开始就把技术的军民两用性考虑在内。例如，依托“军民两用科学技术计划”，国防部在采办需求生成的过程中，就可以绕过大部分联邦采购法规，采用更为便捷的程序与民用企业直接达成协议，按照政府企业对半承担开发成本的规定，同企业联合开发和投资两用技术。这种便捷程序就是“军民技术投资协议”，相对于政府合同常规签约程序来讲，这种便捷程序具有更大的灵活性，受到的限制也相对较少，因此，该便捷程序可以增加民企与军方合作的市场机会。

（6）美国推行军民融合战略的绩效和存在的问题。

美国推行装备制造业军民融合科学计划提高了综合国力、工业基础的科技创新能力、企业竞争力、产业竞争力，增强了军事实力，提高了装备水平和作战能力，并促进国民经济的发展。美国著名军事学家甘斯勒曾估计，美国实行“军民一体化”能使国防部每年至少节省几百亿美元，在金额上相当于国防部军需采办费总额的1/5以上。

尽管如此，美国装备制造业军民融合目前仍然存在一些突出问题。主要表现在：一是美国装备制造业军民融合制度仍然不够完善。虽然原来军民分离的工业基础现在已基本达到融合，但是美国国防部的机构形式和采办改革制度尚未完全与当前军民融合的局面匹配。二是对一些产业的竞争力拉动不足。由于美国在推进装备制造业军民融合进程时，还存在着一些政策、法规、条例上的障碍，其民用装备制造业的竞争力相对较弱。

2. 日本

（1）日本军民融合发展概况。

日本建设装备制造业军民融合国家创新体系采用的主要模式为“寓军于民”，同美国一样，日本也非常重视军民两用技术的发展。为了避免在国内引起政治问题，日本总是掩盖采用这种发展战略。因此，日本对装备制造业军民融合进行大量投资的是国防部门，但是在军民两用技术研究方面起领导作用的是日本民用部门。此外，为了保证民用装备制造业企业发展的竞争力和装备制造业军工生产的潜力，日本防卫厅与经济产业省进行合作，将相关装备制造业军事技术无偿转让给日本装备制造业民用企业使用。

（2）日本军民融合的发展趋势。

不断提高武器采购中的民品比例，尽可能以民用标准取代军用标准。经过多年发展，日本的军民融合已经具备了相当的水平。当前，日本绝大多数的军工主承包商都采取了多样化经营策略，兼顾军民品的开发与生产，日本防卫当局也继续鼓励装备制造业军工企业扩大民品生产并加强“军民两用”

科研生产能力的融合与交流。另外，日本政府强调要大力开发军民两用技术，并决定效仿美国，尽量采用民用标准代替军用标准。

积极促进军民两用技术的出口，扩大军民两用产业的市场。由于政治方面的原因，日本长期以来是工业化国家中最大的军品进口国，却不能向其他国家出口武器、军事技术或武器制造能力。但由于日本的武器定义是狭义化的，因而日本公司可以按公司对公司的方式销售两用型军品零部件。因此，日本公司已在很大程度上绕过了政府军品政策的限制，通过“军民两用”的名义实现了更多军品交易。

（3）日本推行“以民掩军”模式。

第二次世界大战中日本属于战败国，军力发展受到很多限制，因此，日本采用“以民掩军”的装备制造业发展模式，依靠民间企业的研发来发展国防科技和武器装备，以完善装备制造业军民融合国家创新体系的建设。日本采用“以民掩军”模式推行军民融合的主要做法和特点为：

日本采用高度集中的一元化管理体系。日本国防事务由总理大臣亲自掌管，有关装备制造业武器装备发展的计划及相关重大项目一律由其亲自审批。日本装备制造业军民融合的发展战略由日本首相负责，并负责装备制造业军民融合国防会议或安全保障会议最终的审批和决策。日本装备制造业武器装备发展和采购计划由防卫厅长官负责具体的监督和执行。日本审查上述事宜的决策咨询机构的防卫厅长官由防卫厅装备制造业审查委员会委员担任。日本国防科研的管理机构是防卫厅技术研究本部，也是日本唯一的军方科研中心，统管陆海空各自卫队装备制造业相关技术的研究开发。日本自卫队是唯一负责采办工作的执行部门，军需采购合同皆由其负责，科研和采购工作由技术部部长和合同部部长直接对防卫厅长官负责。

日本采用的装备制造业决策运行机制为“政、军、民”相结合，并且该机制与日本装备制造业军民融合发展高度集中的一元化管理体系相辅相成。日本的民间防卫企业是具备装备制造业技术研制生产能力的实体，也是日本国防军事建设和装备制造业武器发展的重要民间支持力量。在装备制造业军民融合发展决策过程中，日本防卫生产委员会等民间组织作为民间防卫产业代表，以恳谈会、联谊会等形式同日本政府和决策人员进行协商面谈，并以建议书等各种方式向日本政府提出决策建议。这些意见与政府部门的意见以及军方意见在日本内阁会议上进一步协调，最后再正式提交至安全保障会议以进行最后的审议和决策。日本这种自上而下的意见协调机制，使得最后通过的计划和决议往往能得到“政、军、民”三方面的一致认可，然后再实施相关计划。

日本大力发展军民两用技术，积极增加民品生产。日本防卫局认为，促进装备制造业军民融合的军民两用技术特别是具有民用用途的先进技术的发展能够减少国家投资的风险、降低武器装备制造业的成本并有利于军工企业自身的稳定发展。日本防卫厅对海上装备船体、柴油机、计算机等进行了评估审查以确定哪些军用标准设备可被民用设备替代，在预定的基础上逐步增加民品订货数量。同时，日本自卫队使用的电子通信器材绝大多数为军民两用技术或民用相关技术产品。从长远的角度看，充分利用国家经费支持民品技术的研发，有利于装备制造业军工企业的稳定和发展。

日本对可生产装备制造业军品的民间企业进行折扣补贴。日本将三菱重工业公司、川崎重工业公司两个军品产值占企业总产值 1/2 以上的企业列为重点军工企业，并从经费、政策、管理等方面实施政策照顾，以保护可生产军品的重点民间装备制造业企业和主要军品生产线。从经济方面来讲，日本政府每年拨付给装备制造业船舶类工业的科研经费都高达数亿美元。为确保日本装备制造业军民融合技术的领先优势，日本政府不仅对难以实现大规模生产的军品科研项目提供大量补贴，还积极推动相关装备制造业军工民用企业的优化组合，鼓励双方进行联合研制和生产。在日本政府的积极推动下，日本石川海军舰艇和住友武器设计业务进行了深度的技术合作，以联合生产先进的水面船艇。为促进日本中小民间企业进行军品生产，日本政府出台了很多优惠政策，例如，适当提供财政补贴，以激励民间企业积极承接军品科研生产项目，加大装备制造业军品研发的投入。

（4）日本推行军民融合战略的绩效和存在的问题。

日本通过推行装备制造业军民融合战略，使其军民两用技术得到了很大发展，例如，日本的“倍增器”电子技术是公认的顶级水平，其技术水平仅次于美国，在整体上优于欧洲。日本装备制造业军民融合规划中的大部分高科技科研项目都与军事应用相关，或可直接用于军事领域。并且，日本的装备制造业军民融合战略使其民间企业具有很强的经济竞争力以及很大的发展潜力，甚至具备在短时间内研究出核武器的潜力。

但是，日本对大型复杂武器系统的自主研发能力相对较弱，与世界先进国家相比仍存在不小的差距，其研发也时常依附于美国，甚至很多先进的大型主战军事装备需要从美国进口。

3. 俄罗斯

（1）俄罗斯军民融合发展概况。

受苏联解体的影响，俄罗斯经济急速下滑，其国防预算也因此骤降。俄罗斯政府大力推行装备制造业“军转民”政策，将装备制造业军品转产作为民品出售以解决军事工业经费不足等问题，这成为维持军工产业生存发展的重要手段。俄罗斯早期，资金缺乏、管理不善、各部门意见存在分歧等给装备制造业“军转民”工作带来相当大的阻力，后期俄罗斯政府根据实际情况对装备制造业“军转民”工作进行调整，采用装备制造业军民融合战略，强调研究和发展军民两用技术，以建立装备制造业军民融合的工业体系。

（2）俄罗斯军民融合的发展趋势。

近年来，在新形势下，普京政府为了“维护俄罗斯在世界上的大国地位”，力图把经济搞上去，大幅度增加武器装备制造业建设的投入，要求国防工业以有限的资金集中发展新一代战斗机、攻击型核潜艇、洲际导弹等高新技术军事武器装备，同时在国防建设中强调经济性原则和合理原则，争取以较小代价取得较合理的国家安全效能。

（3）俄罗斯推行“先军后民”模式。

俄罗斯在建设国家创新体系时采用的是“先军后民”模式，这种模式实际上是一种避免军民分离弊端，又不放弃独立军工体系的折中做法，俄罗斯政府装备制造业军民融合发展态势是在国家战略和各种利益主体的矛盾冲突下形成的。俄罗斯推行装备制造业军民融合的主要做法和特点有：

俄罗斯注重国防科研与民用科研的相互渗透。苏联时期，优先发展军事工业的政策造就了庞大的国防工业布局，国家的各种资源都优先向军工企业倾斜。20 世纪 70 年代末期，国防工业给国家造成的负担越来越重，军工企业开始实行平战结合的原则，平时利用多余的生产能力为民用工业生产耐用消费品。据统计，苏联时期，全国半数电冰箱、洗衣机、电车和摩托车等均由军工企业生产。但军工企业进行的这些民品生产仅停留在生产能力的转移上，军品生产和民品生产之间界限分明。在国防科研方面，军工部门十分注意从军用角度及时而准确地评估重大的研究发明，以发现其军用价值。为此，苏联建立了相应的协调机构，并采取必要的措施。例如，各国防工业部门均设有科技协会，协会的主要作用为收集装备制造业民品企业科研人员提出的与装备制造业军工有关的科研规划，再由俄罗斯军事工业委员会协调国家科学技术委员会与装备制造业军工部门之间的关系。在基础研究方面，注意吸收科研机构和高等院校的基础研究成果。苏联科学院和高等院校的科研机构在从事基础研究时，都密切注意并提出了具有潜在军事价值的科研项目，并及时转为军用。

积极出台相关政策，力促军工企业“军转民”。俄罗斯政府先后制定了《俄罗斯联邦共和国国防工业军转民法》与《国防工业纲要》，明确指出，为了维持和增加国家和相关生产单位的利益，需经常交流和共同使用装备制造业军民两用技术。俄罗斯于2012年颁布并实施了“2020年前国防工业发展”计划，将多家装备制造业军工企业改组为超大型装备制造业国防科研生产综合体，在经济转型过程中，保证高科技武器装备的自主研发能力与生产能力，这一计划拉开了新一轮装备制造业国防工业改革与发展的序幕。

设法保障军转民工作的资金来源。俄罗斯政府在装备制造业军工企业“军转民”的过程中，积极创造条件、筹集资金，并对资金使用情况实行有效监督。积极利用地方上的潜力、权力和资源为转产服务。国防部的经济部门、联邦中央银行和财政部共同确定了一批专业银行，由这些银行进行国家定期拨款，俄联邦国防部和联邦国防工业部门筹集中央基金，向装备制造业军工科研和试验设计工作进行补充拨款。中央基金的来源可以从武器装备的出口中提成，科研设计基金提成数额为10%；从国内外商业机构提取投资额以投资形式吸引私人投资，利用租赁机制，提高转产效率。

充分利用装备制造业军民融合的军民两用技术。俄罗斯的微电子技术、光电器件、人工智能系统、实时导航系统、空气动力系统、计算机和雷达等很多关键技术，都属于装备制造业军民两用技术。俄罗斯前总统叶利钦通过年底讲话表明，如何利用好军民两用技术是当今装备制造业科技领域的一个关键问题。俄罗斯军事方面的生产和科研潜力在世界上属于顶级水平，其军事技术成果举世瞩目，完全可以利用装备制造业军工技术去生产大量品质优良和富有竞争力的民用产品。在经济发展过程中，俄罗斯面临着装备制造业军工生产与国民经济脱节的问题，而装备制造业军工企业的军民两用技术可以加速改造军工企业的结构，使军工技术成为不断向国民经济提供先进技术的源泉，逐步解决这一问题。

（4）俄罗斯军民融合的绩效和问题。

俄罗斯实施十余年的“军转民”政策后，其国防军工工业综合体的数量已从20世纪90年代初的2000多家缩减到1700家，但是，其中大多数军工综合体的技术水平和生产能力没有得到充分发挥。在民品研究和民品生产方面，军民分割的现象依旧明显，国防军工装备制造业的潜力尚未被深度挖掘。俄罗斯国民经济发展欠佳，与装备制造业军民融合技术相关的很多政策法规难以落实，军民融合发展科研技术项目成功案例较少。

4. 以色列

（1）以色列军民融合发展概况。

以色列地理位置较为特殊，国土面积极小，地形狭长，最窄处才近千米，边境线绵长且难守。以色列建国至今周边环境一直很紧张，不仅与巴勒斯坦存在领土之争，而且还受到敌对的阿拉伯国家的包围。因此，长期以来，以色列一直采用的战略方针为“以国防高科技为立国之本”，即优先发展装备制造业国防高技术，用先进的军工技术带动国民经济的发展。其装备制造业军事工业非常发达，军民融合发展模式主要表现在“军转民”方面。此外，以色列还采取“战时为战，平时为出口”的方针，既保证了军事工业的发展，又能为国家赚取外汇，还可以解决就业等社会问题。

（2）以色列军民融合的发展趋势。

有中东“军火库”之称的以色列为保持地区的军事优势，在今后建设军民融合创新体系过程中还将继续大力发展军事工业，并将其放在极其重要的位置上。近年来，以色列正在执行一个名为“纪元”的远期军事现代化计划，将花费 125 亿美元更新和发展武器装备。以色列制定了装备制造业国防军工竞争政策，鼓励装备制造业国有军工企业和装备制造业私营军工企业平等参与国防装备的相关项目竞争。为促进装备制造业军事工业和国民经济的双向循环发展，以色列还积极推进国防工业的私营化，希望通过国有企业的私有化来避免可能出现的财政危机。

（3）以色列推行“以军带民”模式。

以色列建设装备制造业军民融合国家创新体系采用的发展策略为“以军带民”模式，这种模式把装备制造业军事工业作为本国工业与经济发展的先导，扩大装备制造业军工技术成果的利用范围，并将部分装备制造业军工企业转为民间企业进行科研与生产，同时鼓励其他民间装备制造业企业利用国防军事投资来开发与生产产品。以色列军民融合的主要做法和特点为：

建立有利于“以军带民”的装备制造业军民融合管理体制。以色列军事工业的管理可以分为两个层次。第一个层次为最高层次，是国防委员会的最高决策机构，由总理兼任主席，决定装备制造业国防重大方针政策和重大军事装备计划。第二个层次是国防部，负责武器军事装备的科研与采购。其主要业务管理部门有研究发展局、采购与生产局和对外军援与军品出口部等。研究发展局负责相关科研项目的制订与实施以及研制武器装备。采购与生产局负责武器装备的采购和生产，采购实行招标制度，按合同标准划拨科研经费，在权责范围内检查相关技术和进度。

大力推行装备制造业“军转民”模式。以色列认为，在“军转民”过程中，可转化的产品技术和不能转化的产品技术是同时存在的。有些技术本身就是军民两用的，则可转移。而有些技术本身是无法转移的，除非转移到准军用部门，如发动机技术就不能转移。其原因是军工企业和民用企业文化不同导致军品和民品的定价体系和核算体系不同。目前，以色列实现“军转民”的主要措施为：第一，鼓励从装备制造业军工企业下来的员工继续发挥其在军事工业中的经验和技能，为“军转民”工作做贡献；第二，鼓励装备制造业军工企业收购民用企业，分散企业风险；第三，利用装备制造业军工企业开展多种经营，拓宽民用市场和民品业务，如拉法尔武器制造局就开发了医疗诊断设备等。

重视装备制造业军工企业的军民结合。以色列政府极其重视装备制造业军工企业的军民结合，近年来与军工相关的高技术产业发展迅速，特别是航空工业和电子工业。以色列建立了门类齐全、高水平的国防工业体系，包括大型国有企业、私营企业和高科技小企业三类企业。在政府的政策引导下，这三类公司组建了许多民用集团，从事民用业务，促进了一大批装备制造业民用高技术产业的形成。这些技术涵盖了通信设备、软件产业、生物技术、农业程控灌溉技术等，在世界市场上举足轻重。以色列拥有多家高技术企业集团，它们开发的大部分民用技术和产业例如电子设备、软件产业、生物技术、农业等都来源于军工企业的军事高技术。以色列装备制造业军事工业是以色列富国强兵的“法宝”，其装备制造业军工企业技术不仅促进了高新技术产业体系的形成，还推动了整个国民经济的发展。

实行装备制造业国防工业私营化。21 世纪初，以色列国防工业的大型国有军品公司还没有完全摆脱困境，政府将推行私营化作为以色列国防工业继续改革的重要一步。对以色列三家大型国有军品公司的拥有者——政府来说，如果不出售部分所有权，实行全部私有化，期望这些公司的资金出现任何有意义的增长是不现实的。私有化是以色列政府已确定的目标，但并不是所有的公司，或者分公司的业务都将脱离政府的管理。例如，以色列飞机工业公司的一些民品业务部门可以卖掉，而一些关键部门作为国防工业的结构必须保持完整，某些与国防研究和发展有关的部门永远不能私有化。

（4）以色列军民融合创新体系的绩效和存在的问题。

以色列在推行“以军带民”的发展模式时得到了美国巨额的资本援助，其本身的国防预算与资金支出的比例也很高，因此，以色列装备制造业军民融合的成效显著。目前，以色列的军工科技水平和武器装备力量在一些领域处于世界先进水平，在中东地区更是占有明显的军事优势。以色列国民经济的发展得益于其军事高技术的发展，其冶金、电子、材料、制造工艺、信息、生物等多技术领域的民用产业，都在装备制造业军事技术提升的带动下，得到了很好的发展。

虽然美国的资本援助对以色列的军事发展起到了很大作用，但美国军援条件同时也对其形成了约束，以色列的军民融合存在着对外技术合作空间难以扩大、技术转让受限等问题。

5. 国外军民融合发展经验启示

以经济为基础的综合国力竞争仍旧是所有国家最重视的一部分，因此，经济安全显得极其重要，而科技领先与国力强盛都是经济安全的基础。当今世界经济的自由化、市场化、区域化、国际化潮流冲击着所有国家，许多国家都在实施内部改革政策，采用扩大对外开放的方式来适应这一潮流，以寻找最佳利益结合点，维护自身的经济安全。由于资金、自然资源、人才、技术等诸多生产要素的跨国界配置，传统的经济主权观念发生了变化，主动或被动地让出部分经济主权，以换取更大的经济安全利益，已为多数国家所认可。因此，国有军工企业做好军转民，实施军民一体化，参与振兴民族经济，同样是为了国家安全，同样是社会发展的历史使命和任务。

通过比较分析，我们看到世界主要国家根据国际环境和本国国情采取了不同的处理国防建设与经济建设关系的政策和做法，经历了不一样的发展道路。世界主要国家都把国防建设放在突出的重要地位，并根据本国国情和国际环境，采用不同的模式和途径，同一个国家在不同的历史时期也有不同的做法，而不是一成不变的。在国家面临现实威胁时，大多数国家都会采取匹配相应历史阶段的政策或措施，加强国防建设。“推进军民结合、坚持寓军于民”是当前世界主要国家趋同的政策取向，也可认为是促进国防建设与经济建设协调发展的规律性特征。归纳起来，主要有以美国为代表的“军民一体化”、以日本为代表的“以民掩军”、以俄罗斯为代表的“先军后民”和以色列为代表的“以军带民”四种模式。上述国家经历的发展道路虽然并不相同，但在如何正确处理经济发展与国防建设的关系问题上，都积极推进“军民融合、寓军于民”，是世界主要国家共同的发展战略和政策取向。我国可从上述四个国家借鉴的经验很多，例如国家创新体系建设应当兼顾经济竞争力和国家安全的需要，军民融合创新体系建设是国家行为和国家意志的反映，因此要依靠国家政策和装备制造业军政部门协同推动去解决相关问题；“军民融合”不仅要依靠技术创新，而且要依靠体制创新和机制创新，推进“军民融合”要根据基本国情选择适当的产业和技术项目。

建立有利于国民经济发展和国防现代化的军民一体化国防管理体制是世界主要国家的普遍政策取向，充分吸取世界主要国家的经验和教训，对我国建立“军民结合、寓军于民”的装备制造业军事体制、实现国防建设与经济建设协调发展具有非常积极的意义。

（六）装备制造业军民融合企业创新发展的路径构建

随着军民融合发展国家战略的持续推进，装备制造业企业所面临的外部环境正从军民相对分离的二元结构状态转向军民市场大融合发展的新状态，军民产品市场、技术标准的差异将会促使企业必须对以前的组织方式、核心竞争能力做出调整。全球经济趋向一体化发展，市场不确定性风险上升，技术的革新需求加大、间隔周期大幅缩短，迫使装备制造业企业不得不面临复杂多变、动态调整与充满不确定性因素的外部环境。根据现有研究，动态能力被普遍认为正向影响企业创新发展绩效。机会的识别和利用能力作为动态能力的重要组成部分，能够显著地、正向地促进企业创新绩效提升。同时，动态能力对迫切需要转型升级的企业而言更加重要，并且是其产生持续竞争优势的关键因素。市场与技术等因素引起解决行业技术经济问题的模式发生变化是导致组织外部竞争环境变化的主导因素和表现。面对技术范式变革的混乱时期，企业应当能够迅速重组利用内外部的资源与能力来应对相应的改变，以此形成完全不同的竞争优势，占据主导地位。装备制造业军民融合企业为了能够有效把握不断变化的市场机会、让产品迅速被所跨越市场接纳而构建、调动和重新组合相关的内外部资源与能力，以达到拥有竞争方难以快速模仿的竞争优势的这种弹性能力可以被称作动态能力。

因此，装备制造业军民融合企业要充分理解和把握市场变化特征，兼顾军民品市场的能力的实质就是所谓的动态适应能力。装备制造业军民融合企业健康可持续发展离不开创新，更离不开有效的动态能力构建。装备制造业军民融合企业所处的外部市场环境正处于动态变化时期，从开始的军民市场分离逐渐向军民市场一体化过渡，军品与民品在市场—社会技术范式之间的差异继续深入影响着企业的组织方式和竞争能力。当前，装备制造业军民融合企业动态能力的精准构建和完善不仅意味着其对外部环境变化的适应能力提升，还意味着更高的收益和更加稳固的市场地位以及更加牢固的核心竞争能力。在此背景下，企业动态能力的高低决定着其应对外部环境变化的快慢，只有快速反应才能促使其把握机遇，有效收割国家装备制造业军民深度融合发展战略下的政策红利带来的巨大效益，逐步建立企业自身的领先地位和绝对优势。

总的来说，装备制造业军民融合创新发展所需的动态能力体现为企业集成、组织和重新配置内部和外部资源及能力以响应快速变化的市场状况的能力。装备制造业军民融合企业创新能力的提升过程就是动态能力不断构建完善的过程，是企业为解决市场和技术范式不断变化而面临的不确定性和危机，强化自身和资源整合的能力。基于此，本节从动态能力视角出发，基于外部资源获取和内部能力构建对装备制造业军民融合企业创新发展的路径进行系统分析。

1. 外部资源获取路径

军民融合企业发展的外部环境主要涉及政府部门、军地高校和科研院所、中介组织三大主体，与此对应的是政策资源、技术资源和信息资源，同时还包括军民融合企业与三大主体相互作用产生的资源共享关系、机制耦合关系、需求对接关系和战略联盟关系。这些资源和关系也制约和影响着军民融合企业发展。

（1）充分利用政府部门资源。

将军民融合发展放在国家战略层面，是党领导我们长期探索经济发展与国防建设同步平衡发展本质关系的重要成果。陕西省在国家关注和指导下，高度重视并不断加快推进军民深度融合发展工作以及助力军民一体化发展，不断推动体制机制改革，推动军民融合企业实现耦合式发展。与此同时，以产业发展、产业（园区/基地）建设为抓手，从项目招商落地、创新平台建设、人才队伍建设、地方财政贡献奖励、其他政策支持等方面进行全方位支持，不断加强对军民融合企业和产业发展的政策扶持。

（2）充分把握军地高校、科研院所资源。

军工科研院所和高等院校能为军民融合企业提供众多科研成果和前沿技术支持，战略联盟关系下的技术溢出效应能为企业技术创新提供重要的来源，对军民融合协同创新具有重要作用。此外，军民融合企业还能直接或间接地与军工科研院所和高等院校进行大型科研仪器和设施设备的共享，促进军事和民用科技资源的共用共享，加快搭建产学研用一体的科技协同创新体系，有效帮助创新成果在各个主体之间转移转化创造更大价值。此外，充分的市场竞争环境和条件可以引导民营企业得到额外的、更加大而多的市场机会，提高相应技术竞争能力的同时，撼动国家履行出资人职责的军工企事业单位的垄断地位，增强企业在国防研究和开发方面的竞争能力。例如，四川军民融合大型科学仪器共享服务平台的建设不仅提高了军工领域大型科学仪器的使用效率，也帮助企业降低了研发和生产成本，有效提高了成果转化率。

（3）充分借势中介机构资源。

当今世界，科技信息量大，种类繁多，信息化军民融合已经成为军民融合深度发展的重要驱动力量，且军品市场和民品市场存在巨大需求差异和运行机制差异，为保证军民融合企业获取相关技术、需求信息等的时效性和质量，应设立信息服务平台作为信息化军民融合的重要载体，专门从事技术信息的收集、整理和其他金融资源对接工作，搭建军工企业与民口企业沟通交流的桥梁和纽带。一方面，这样能够使军民融合企业在复杂的信息环境中快速对接到优秀的军民技术信息资源，并向外界有效扩散需求信息，帮助企业间加强交流和获取外部重要信息，这一信息化系统的建立尤其对推动军工企业充分参与到市场竞争中具有重要作用；另一方面，服务于军民融合发展的信息平台的建立可以迅速高效解决军民企业对有关信息的把握存在明显差异的问题，推动发展过程中的人、财、物、技术等要素有机融合，促进军民科技成果转移转化，达到深度发展军民融合的效果。

2. 内部能力构建路径

动态能力表现为企业为适应动态环境变化的需要，以组织和管理过程、特定资产和发展路径这三个关键要素来形成相关能力。基于动态能力理论，为适应不断变化的市场和环境，军民融合企业发展过程中需具备的内部能力可总结为以下四种：

（1）提升组织创新能力。

军民融合企业面临的军品业务和民品业务存在巨大差异，这就要求企业能够有效调整和建立军工企业和民品市场、民营企业和军品市场之间的协调作用体制机制，这种通过协调快速适应不断变化的市场和环境的能力即军民融合企业应当具备的组织创新能力。组织创新就是组织根据变化了的条件，对组织架构进行创新性调整与设计，其主要内容包括对企业的功能单元、管理体制和行为的重新思考和安排。组织的内部架构和资源占有程度、文化和人才资源都是促进组织创新的重要保证。柔性化的组织结构对组织创新具有显著积极的作用，有利于提升组织的外部适应能力与多职能合作的能力，使其能够更容易地开展和实施组织创新行为。充足的组织资源和能够多向沟通的架构都有助于企业加强组织创新能力。

（2）加强技术创新能力。

组织层面影响动态能力的关键在于资源，资源灵活性和便利性越高，越有助于企业动态能力的构建。而从内生性增长理论与创新理论来看，技术创新提升企业对技术资源占有能力的根本动力也是企业在市场竞争中需要的核心能力。军民融合涉及领域多为高新技术领域，高技术水平是必要前提，技术创新是军民融合企业发展中不可忽视的要点，唯有不断地进行创新技术，才能使企业长久生存，创新活力不足可能会使企业的综合发展效率降低。增加技术创新投入可以有效促进企业开发新技术，提升对现有技术能力的把握与运用程度，从而提高企业的技术效率。一方面，军民科技协同创新的一项重要内容就是军民科技成果转化，也就是军工企业在具有满足涉军需求的军品生产核心能力的条件下，将科技成果按照一定原则引入民用领域，民品企业对那些可应用在军工领域的高技术成果进行二次开发使用；另一方面，现有的军用标准和民用标准兼容性较差、军用产品和民用产品存在较大的技术差异，军民融合企业通过技术创新等提高技术匹配度显得尤为重要。

（3）完善融资创新能力。

资本是企业的经济基础，也是其一切经济活动有序开展的先决动力和持续性保障。相对稳定的资金来源和能够快速筹集到企业在生产经营活动中需要的资金的能力，对企业更加深入的经验管理和长足发展十分重要。由于军民融合企业具有一定的特殊性，传统的融资方式和手段已经不能完全满足企业的需求，因此创新其融资方式就显得十分必要。对军民融合企业而言，在技术创新、市场开拓十分重要的先决条件下，一定的资金支持也是企业可持续发展的重要保证。不同类型的军民融合企业融资的目的存在差异，就应根据自身需要创新融资方式和手段。为此，承担关键性军工任务的企业不能只考虑用参股的方式去引进战略投资者，这样的股权分配比例偏低，吸引力不强，可以充分利用智能化、信息化和数据化的全新技术来创新；没有承担关键性军工任务的军民融合企业就能够通过对投资人充分了解后引入资质较优的战略合伙人，针对企业投资周期和回收周期长、缺乏相应的抵押物和投资风险比较大的问题创新合作方式，同意其能够在某种程度上相对控股，壮大自己，以便于有效提升企业硬、软实力，更好地服务于配套生产、研发和其他工作。

（4）强调市场创新能力。

企业除应承担的社会责任外，其存在的目的在于创收，而收入又主要来源于其产品或服务的市场销售量。伴随着军民品市场的相对逐渐开放，企业所面对的竞争对手就会不断增多，行业竞争压力也会持续增大，军民融合企业市场开拓能力的高低决定了军民融合企业的军民品销售量的多少，也就决定了企业绩效。军工企业虽然由于其产品技术难度高、质量好而具有先天的竞争优势，但要想为经济建设做出更多贡献，仍需要在合适的降解密后进行有效的市场识别和开发，将产品进行普适性的推广、销售与应用。此外，军工企业主要是通过订单和标准采购等类似方法来破解其面临的技术困难的，民营企业很难仅因技术的转让而获得市场准入，再加之武器装备采购部门对民营企业的科研生产能力不了解也不太信任，招标初始过程就会由于邀标不全出现竞争不充分的现象。而且“军工四证”的获取仍是企业进行装备承制的一大门槛，有条件、有实力的民营企业若是想更多地涉入军品市场交易，争取军方的大中型科研项目，就必须提升市场开拓能力，宣传和推销自己，获得更大的国防采购规模。

（七）研究方法与实证分析

1. 研究方法

动态 Sto NED 模型随机非参数数据包络法由学者 Kuosmanen 提出，对模型中引入的确定成分采取 DEA 非参数处理方法，对随机成分采用 SFA 的设定方法。Sto NED 模型最早对截面数据展开研究，认为生产技术和效率项不随时间变化而变化，为解释跨期生产技术和效率变化，在静态模型的基础上发展了应用于面板数据的动态 Sto NED 方法。假设生产函数能够呈现出生产技术和效率随时间发生的变化，将时间变量 t 纳入生产函数 f 中，把生产函数写作 $f(x, t)$，$t=0, 1, \cdots, T$，随机误差项记作 v_{it}，并将非效率项记作 $u_i(t)$，$i=1, \cdots, n$。为降低可能存在的异方差影响，组合残差采用乘法形式代替原始模型的加法形式，得到 Sto NED 模型：

$$y_{it}=f(x_{it}, t)/(1+u_i(t)-v_{it}) \tag{1}$$

即：

$$y_{it}=f(x_{it}, t)-u_i(t)\cdot y_{it}+v_{it}\cdot y_{it} \tag{2}$$

假设技术进步为要素投入加强型的，可将生产函数写为：

$$f(x_{it}, t)=f(x_{it}, 0)+A_m(t)\cdot x_{mit} \tag{3}$$

其中，$f(x_{it}, 0)$ 表示基期生产函数；函数 $A_m(t)$ 是指投入型技术变化，可以证明基期生产函数与函数 $f(x_{it}, t)$ 间存在以下关系：若 $f(x_{it}, 0)$ 为单调递增函数且 $A_m(t)\geqslant 0$，则 $f(x_{it}, t)$ 也是单调递增函数；若 $f(x_{it}, 0)$ 为凹函数，则 $f(x_{it}, t)$ 也是凹函数。以上关系显示出在 Sto NED 框架下设置技术进步时，可以用非参数形式来估计基期生产函数 $f(x_{it}, 0)$，并用非参数或者参数形式进行技术进步的设置，且 $A_m(t)$ 的设置不会对 $f(x_{it}, t)$ 的凹性产生影响。

本节采用二次方程形式设定技术进步，从而避免引入过多不必要未知参数：

$$A_m(t)=\theta_m t+\psi_v t^2 \tag{4}$$

在凹面非参数最小二乘法（CNLS）框架中，设定效率变化需要强加众多的严格约束条件，以区分效率变化与随机变化。因此，采用参数方程估计非效率项 $u_i(t)$，将 $u_i(t)$ 设定为二次多项式形式：

$$u_i(t)=q_i+b_i t+c_i t^2 \tag{5}$$

若 $b_i=c_i=0$，则非效率项变化水平为常数；若 $b_i>0$，$c_i=0$，则非效率项呈线性增长；若 $c_i\neq 0$，则表示非效率项呈非线性变化。

为估计基期生产函数 $f(x_{it}, 0)$ 以及参数 a、b、c、α、β、θ、ψ、v，构建 CNLS 估计模型如下：

$$\min_{a, b, c, \alpha, \beta, \theta, \psi, v}\sum_{t=1}^{T}\sum_{i=1}^{n}v_{it}^2 \tag{6}$$

$$
\text{s. t.}\begin{cases}
a_{it} = a_{it} + \sum_{m=1}^{M}\beta_{mit}x_{mit} + \sum_{m=1}^{M}(\theta_m t + \psi_m t^2)x_{mit} - (a_i + b_i t + c_i t^2)y_{it} + v_{it}y_{it} \\
a_{it} + \sum_{m=1}^{M}\beta_{mit}x_{mit} \leqslant a_{hs} + \sum_{m=1}^{M}\beta_{mhs}x_{mit} \\
\beta_{mit} \geqslant 0 \\
\theta_m t + \psi_m t^2 \geqslant 0 \\
\forall h,\ i=1,\ \cdots,\ n;\ \forall s,\ t=1,\ \cdots,\ T \\
\forall m=1,\ \cdots,\ m
\end{cases}
$$

其中，目标函数是求随机误差项 v_{it} 平方和的最小值，第一个约束条件表示了生产回归方程，第二个约束条件是对切超平面进行凹性限制，第三个约束条件表示生产函数单调递增，第四个约束条件对技术变化施加非负限制。根据以上约束条件，保证了生产函数的凹性和单调性。效率 E 根据模型（6）间接得出：

$$
E_i(t) - \frac{1}{1+u_i(t)} \tag{7}
$$

其中，E_i 为效率值；t 为时间变量；u_i 为非效率项；i 为企业个数。

2. 变量选取与数据来源

为了更加全面地研究装备制造业军民融合企业的技术创新效率，本节同时考虑“军转民”和“民参军”两种类型企业，选取时间范围为 2015—2018 年，以上市装备制造业企业相关研发数据作为研究样本。研究数据主要来自各省统计年鉴以及 CSMAR 国泰安数据库。

装备制造业军民融合技术创新效率研究实施起来相对复杂，一般可以从两个角度进行：一是将装备制造业军民融合技术创新效率作为整体进行分析；二是从“投入—产出”的角度将装备制造业军民融合技术创新效率分为“技术研发投入”和“技术转化—经济产出”两个阶段进行分析。装备制造业军民融合技术创新效率指的是在装备制造业军民融合企业内部协调、整合以及分配资源，使影响其技术创新效率的创新要素按照一定比例实现最优配置，进而发挥出各自的最大效能。本节选择从“投入—产出”的角度对装备制造业军民融合技术创新效率进行分析，以此构建装备制造业军民融合企业技术创新效率的投入产出。

装备制造业军民融合技术创新的投入指标主要有三个，分别为研发人力投入、研发资金投入和技术投入。研发人力投入和研发资金投入是装备制造业军民融合技术创新活动中的重要组成部分，代表了一个地区的创新规模与创新潜力，能够综合体现一个地区的创新投入能力，因此本节选取研发人员人数占企业总员工比例作为研发人力投入指标，选取研发投入总额占营业收入比例作为研发资金投入指标，选取无形资产总额作为技术投入指标，选取营业收入作为产出指标，以便更好地衡量装备制造业企业创新产出的经济效益。为了消除数量级差异对研究结果产生的影响，对技术投入和经济产出进行取对数处理。相关指标如表 5 所示。

表 5　投入产出指标体系

指标类别	指标名称	指标含义	指标符号
投入变量	研发人力投入	研发人员数占企业总员工比例/%	L
	研发资金投入	研发投入总额占营业收入比例/%	F
	技术投入	无形资产总额/元	$\ln K$
产出变量	经济产出	营业收入/元	$\ln OR$

3. 实证分析

以上文选定的上市装备制造业军民融合企业作为研究对象，采用动态 Sto NED 模型测度技术创新效率。基于模型（6），构建军民融合企业技术创新效率测度的动态 Sto NED 模型，表示为以下形式：

$$\min_{a,\ b,\ c,\ \alpha,\ \beta,\ \theta,\ \varphi,\ v} \sum_{i=1}^{5} \sum_{i=1}^{88} v_{it}^{2} \tag{8}$$

$$\text{s. t.} \begin{cases} \ln OR_{it} = [\beta_{Lit}L_{it} + \beta_{Fit}F_{it} + \beta_{Kit}\ln K_{i}t] + [(\theta_{L}t + \psi_{L}t^{2})L_{it} + (\theta_{F}t + \psi_{F}t^{2})F_{it} + (\theta_{K}t + \psi_{K}t^{2})\ln K_{it}] \\ \qquad - (a_{i} + b_{i}t + c_{i}t^{2})\ln OR_{it} + v_{it}\ln OR_{it} \\ \beta_{Lit}L_{it} + \beta_{Kit}\ln K_{it} + \beta_{Fit}F_{it} \leqslant \beta_{Lss}L_{it} + \beta_{Khs}\ln K_{it} + \beta_{Fhs}F_{it},\ \beta_{Lit},\ \beta_{Kit},\ \beta_{Fi} \geqslant 0 \\ \theta_{L}t + \psi_{L}t^{2} \geqslant 0,\ \theta_{K}t + \psi_{K}t^{2} \geqslant 0,\ \theta_{F}t + \psi_{F}t^{2} \geqslant 0,\ \forall h,\ i = 1,\ \cdots,\ 88 \\ \quad \forall s,\ t = 1,\ 2,\ 3,\ 4,\ 5 \end{cases}$$

运用 GAMS 软件对模型（8）进行求解，得到装备制造业军民融合企业技术创新效率值，具体数据如表 6 所示。

表 6 2015—2018 年部分省（市）装备制造业军民融合企业技术创新效率值

省（市）	2015 年	2016 年	2017 年	2018 年
陕西	0.993	0.987	0.981	0.976
北京	0.973	0.975	0.971	0.961
吉林	0.966	0.982	0.993	0.998
上海	1.000	0.989	0.983	0.980
江苏	0.995	0.985	0.978	0.971
浙江	0.970	0.974	0.977	0.979
广东	0.983	0.987	0.982	0.969
重庆	1.000	1.000	1.000	1.000
四川	0.977	0.961	0.950	0.943
均值	0.984	0.982	0.979	0.975
标准差	0.012	0.011	0.013	0.017

表 6 中 2015—2018 年各省（市）装备制造业军民融合企业的技术创新效率均值介于 0.975~0.984，表明本节选取的装备制造业军民融合企业的技术创新效率较高，但多数省份的技术创新效率仍存在着一定的提升空间；2015—2018 年各省（市）装备制造业军民融合企业的技术创新效率标准差介于 0.011~0.017，数值较小，大体上呈现逐年上升的趋势，表明 2015—2018 年上述省（市）军民融合企业技术创新效率与平均水平之间的差距在增加，但增加幅度不大，从总体上看还是趋于平均水平。样本期间内，陕西省装备制造业军民融合企业技术创新效率从总体上看较高，但相对于重庆市来讲，陕西省装备制造业军民融合企业技术创新效率并没有达到最优配置，还存在着提升空间。因此，陕西省装备制造业军民融合企业需要加大技术创新要素投入，合理配置要素资源，努力提高创新产出效率。

（八）基于军民融合发展路径的建议

本节结合陕西省装备制造业军民两用技术转化现状，以现阶段陕西省装备制造业与科技融合时的军民融合发展经验为借鉴，以问题为导向，综合陕西省装备制造业军民两用技术融合路径实证研究，以推进军民两用技术转化纵深发展、构建军民全面深度融合网络为目标，提出以下建议（见图 2）：

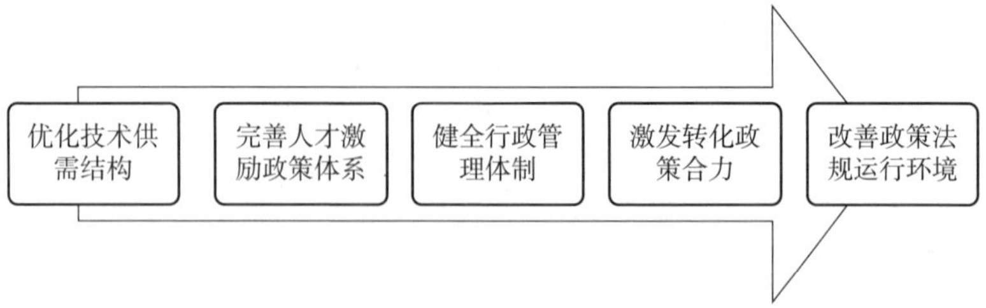

图2　基于军民融合发展路径的建议

1. 优化技术供需结构

陕西省装备制造业军民两用技术双向转化过程中，由于保密制度缺乏配套性改革措施、技术研发标准不统一等，军民两用技术供需匹配难度增大、供需结构失衡。要实现装备制造业军民两用技术供需平衡，必须实现保密制度配套性改革、统一装备制造业军民两用技术研发标准，以优化技术供需结构。

实行保密制度配套性改革，打破装备制造业军民两用技术双向转化障碍。一是完善顶层设计，加强宏观政策引导。紧紧围绕装备制造业军民融合发展大局，立足陕西军民两用技术转化实际，明确保密制度改革的重点难点问题，分清主次先后、轻重缓急，研究制定保密制度改革工作规划，确定近期、中期、远期主要工作目标、基本原则、重点任务与配套措施，为推进保密制度配套性改革设计合理可行的发展路径，包括时间表、路线图和任务书等。二是强化监督评价，注重标准执行反馈。对保密制度改革工作进行全面评估，总结有益经验，分析存在问题。有的放矢，重点突破，针对保密改革试点成效、保密审查程序推广进行重点监督评估，对技术与管理的重点环节要制定标准化保密审查程序。三是加强激励扶持，形成业务联动网络。将保密制度改革工作与业绩评优、科研奖励、经费预算等业务工作相挂钩，对保密制度改革工作突出的单位、部门以及人员进行奖励，不断激发各单位、各部门参与保密制度改革的动力。

军民联动，协同推进标准化建设。首先，摒弃“军民分离”“重军轻民”的传统思想，建立公平公正的军民合作关系。要统一军民两用技术标准与管理标准，需要军民协同合作，共同制定统一的技术标准与管理标准。要采取多种方式进行广泛宣传，使国防工业部门、企业、科研组织和社会群众认识到军民协作与推进标准化建设的重要意义，使之自觉树立技术标准化与管理标准化理念，主动参与军民两用技术标准化建设工作。其次，在落实标准化成果方面，要充分发挥标准化建设在现有军民两用技术转化中的成果价值，通过宣传、贯彻和推广技术标准与管理标准，推广成功经验。加快技术研发、管理流程、设备管理等标准化建设，优化军民两用技术转化环境，提升装备制造业军民两用技术转化效率。要选聘结合，多措并举，全面规范和加强标准化人才队伍的建设。人才队伍建设才是技术转化标准化中的关键，同时也是标准化建设这个木桶的漏水点和短板。第一，大力引进标准化建设专业人才，建设标准化建设专家智库。第二，在单位内部培养标准化建设人才，设置标准化管理岗位，定期举办标准化培训，邀请标准化专家举办讲座，等等。第三，适当对标准化人才提供福利补贴与绩效奖励，激发其工作积极性与能动性。

2. 完善人才激励政策体系

装备制造业军民融合发展的本质就是通过发展军民两用技术促进资源共享，最终实现国防建设与经济发展的双赢。在装备制造业军民两用技术转化过程中，对具有自主创新能力的单位与个人的需求都极为迫切，然而由于存在激励机制障碍，个人与单位技术转化动力不足。因此，需要完善激励政策，提升科研机构、研发人员自主创新能力，强化军民双方转化技术的积极性与能动性。

完善激励政策，培育装备制造业军民两用技术转化新动能。第一，健全考核政策，规范公共部门行为，厘清政府权责边界。考核政策既是管理的基础，也是管理的有效手段，不仅为知人善任提供依据，同时也是提高工作效率的重要途径。第二，要快速和有效地形成军民融合深度发展格局，改善从事军民融合工作人员的福利待遇是重点。要提高军民融合产业相关人员的基本工资，企业等绩效工资分配向科研技术人员倾斜，切实落实国家对于相关行业的优惠政策，让科研技术人员能够更加充分地发挥自己的才学智慧，保证军民两用技术转化稳步推进。第三，深入一线基层调研，充分了解参与主体利益诉求、关注重点和实际困难，以需求为导向，构筑全方位、多元化激励体系。广泛实施股权激励，支持研发人员、专业技术人员、高级管理人员以人力资本、科研成果、专业技术等多种形式入股企业，通过股权激励的形式使其个人利益与企业组织保持一致；对在技术创新、成果转化方面以及为军民两用技术发展做出过突出贡献的个人或团队，可以采取协议工资、项目工资等多种形式的薪酬管理办法；在法律、政策允许的框架内，对承担军民两用技术重大攻关项目、关键技术领域、基础研究领域的研究团队与个人，政府可适当给予政策、资金、税收的支持与优惠。制定并出台相关法律法规，合理配置军民两用技术转化过程中的技术知识产权，有效保障各参与主体的正当权利。知识产权保护既涉及市场秩序问题，也涉及相关企业核心利益问题，因此，完善知识产权保护政策，对于军民两用技术转化意义重大。完善知识产权保护政策，关键在于构建有利于知识产权生产、交换和配置的社会生态环境，减少与避免侵犯知识产权的行为，促进知识产权的高效转化与有效利用。首先，优化知识产权保护法律法规体系，完善知识产权保护规章制度，建立健全知识产权保护配套政策，构筑全方位的知识产权保护公共环境。其次，培育健康的知识产权交易市场，运用市场手段实现知识产权的优化配置。完善知识产权交易的市场机制，推动知识产权公共交易平台建设。强化知识产权交易市场政府监管与自我监管，规范知识产权市场参与主体交易行为。再次，合理引导，积极支持，改进知识产权配套服务体系。当前，我国军民两用技术领域知识产权资源虽有一定程度的积累，但在知识产权运用方面的配套政策不够完善，导致出现“重监管，轻服务”“重处罚，轻保护”等现象。因此，政府需要合理引导，积极支持，改进知识产权配套服务体系，促进知识产权交易市场良性发展。加速科技成果转化，营造知识产权交易市场发展的良好环境，加快推进政策法规、融资担保、资格认证、信用服务等相关中介服务的配套体系建设，促进知识产权交易市场高效运行。最后，健全装备制造业军民两用技术知识产权配套制度保障。全面优化知识产权配置评估机制，建立健全知识产权收益分配制度，收益分配适当向创新链倾斜，鼓励基础研究与技术攻关。

3. 健全行政管理体制

信息沟通不畅、权责关系不明等问题，导致军民两用技术转化过程中存在监督机制障碍。要解决监督机制障碍，关键在于健全与完善装备制造业军民融合宏观管理体制，深化管理机构与组织变革，整合军民融合的创新机制、协调机制、保障机制以及传导机制，综合构建运行合理、衔接配套的军民两用技术转化行政管理体制。

健全与完善装备制造业军民融合宏观管理体制，深化管理机构与组织变革，实施全面绩效管理，改善优化装备制造业军民融合发展机制的外部运行环境。首先，要树立正确的发展理念，深刻认识国防工业建设与国民经济发展公共物品属性，正确处理好装备制造业军民融合过程中政府与市场的关系，明确政府与市场在军民融合当中的地位与作用，运用党和国家的意志力、融合需求的牵引力、市场的资源配置力综合推进军民深度融合发展，加快形成国家主导、需求牵引、市场运作的工作运行体系。其次，要理顺隶属关系，强化纵向整合，明确职能分工，增强横向协同，充分发挥省军民融合发展委员会的综合协调功能，加强对军民深度融合关键领域与重大问题的战略决策及宏观统筹，加快形成统一领导、上下联动、横纵交织协同、运行有效高速的组织领导体系。最后，要充分发挥省部级各级政府、相关部门与军民融合发展委员会的作用，调动在陕军民企业、军口科研单位、军事院校、高等学校以及民口单位等各参与主体的积极性，形成密切配合、协同推进的强大合力。

以体制与制度建设为重点，宏观微观协同发力，整合军民融合的创新机制、协调机制、保障机制以及传导机制，综合构建运行合理、衔接配套的军民深度融合机制，形成自我适应、自我调整、自我优化的军民融合发展系统。首先，建立健全军民深度融合发展机制，陕西省装备制造业军民融合发展目前仍处于初级阶段，军民融合发展机制与约束机制尚不完备，各参与主体之间权责关系、职能配置、目标定位尚不明确。因此，要完善融合机制、提升机制效力，必须健全军民深度融合各项机制。以自我发展机制与自我约束机制为建设框架，以问题为导向，厘清各项机制的理论机理与作用路径，系统完善军民融合发展的创新机制、协调机制、保障机制与传导机制，强化各项机制之间的衔接与配套。其次，机制的良好运行有赖于完备的制度、法律、政策等的支撑。因此，要确保机制能够运行顺畅、灵活高效，需在陕西省委、省政府统一领导下，完善陕西省装备制造业军民深度融合的各项政策、法律与制度，加强军民深度融合发展规划引导、制度创新，健全融合发展机制，破除要素流动壁垒，推动军民资源互通共享，激发市场参与主体活力，确保各项政策、法律与制度能够落到实处并发挥实效。

4. 激发转化政策合力

装备制造业军民两用技术转化参与主体按照组织性质的不同，可以分为管理组织、市场组织、科研组织与中介组织四类。由于参与主体性质不同，加之参与机制、参与渠道尚未健全，装备制造业军民融合参与主体主动性不足、积极性不强，进一步使得装备制造业军民两用技术参与主体之间缺乏联动机制，进而导致装备制造业军民两用技术转化协商机制存在障碍。装备制造业军民两用技术转化参与主体是实现军民两用技术发展的重要推动力量，要全面推进装备制造业军民深度融合发展，必须充分提升装备制造业军民两用技术转化参与主体的活力，形成转化政策合力。管理组织应加强顶层设计，强化制度供给，理顺工作机制，培育适合于军民深度融合发展的外部社会环境。首先，要基于陕西省军民深度融合发展现实，借鉴其他国家军民深度融合发展经验，有机处理好军民深度融合发展中的军民关系、央地关系、计划与市场的关系，破除体制障碍，理顺工作机制，创新管理模式，突出关中特色。以陕西省军民融合发展委员会成立为契机，完善陕西省装备制造业军民融合发展管理组织体系，健全军民融合发展管理部门职能配置与工作机制，系统构建党委领导、政府负责、市场运作、社会参与管理体系。其次，实地调研，科学规划，回归本质，尊重规律，系统地制定出科学合理的深度融合发展政策，从而全面提升军民深度融合的工作质量，综合构建装备制造业军民深度融合发展制度体系。充分发挥关中科研院所、军事院校、军工企业集中的资源优势，紧紧围绕航空、航天、航海高战略领域与材料、动力、能源等基础科学领域，积极探索装备制造业军民融合发展的新方法、新途径与新模式，加快建成军民深度融合协同创新平台、科研成果转化平台、信息技术共享平台，综合构建产业链、创新链、资金链横纵交织的军民深度融合网络。再次，以装备制造业军民融合发展战略为指导，突出军民深度融合的关中特色，出台装备制造业军民深度融合指导性文件与中长期发展规划，强化区域乃至省级层面军民深度融合顶层设计，为陕西装备制造业军民深度融合发展确立目标、指明方向、提供指导。最后，合理引导，积极支持，改进装备制造业军民融合配套服务体系和支持体系；从关中装备制造业军民融合知识产权保护现实出发，加大政策支持力度，为知识产权创造良好的市场融资环境，完善知识产权保护体系，构建全方位的知识产权保护公共环境。积极利用关中高等教育资源集中的优势，组建装备制造业军民深度融合发展决策咨询委员会，为军民融合发展出谋划策。

企业组织应转变落后观念，建立全面合作伙伴关系，健全利益分享机制，优化产品与技术供给结构。第一，转变装备制造业“军民分割”的落后观念，树立军民深度融合发展新理念。加强陕西省装备制造业军民深度融合发展宣传工作，建立军民企业组织交流沟通常态化机制，鼓励支持有条件的企业先行先试，积极打破技术研发、成果转化、产品制造的封闭体系，深化拓展军民产业组织合作的深度与广度。第二，充分发挥市场机制的作用，促进生产要素自由流动与优化配置，通过优势互补、强强联合的方式，公平竞争，平等对话，建立全面合作伙伴关系。成立关中装备制造业军民融合企业联盟，强化市场自我监督；完善相关法律法规，约束政府行为，减少行政干预，规范军民企业组织合作；加强装备制造业军民融合领域市场监督，加大军民融合市场违法行为惩处力度，维护军民融合市场秩序。第三，军民联动推动供需匹配，深化协同创新合作，优化产品技术供给结构，促进装备制造业军民产业组织深度融合。依托大数据、云计算等互联技术，搭建陕西省装备制造业军民融合发展需求信息发布平台，通过信息即时共享，推动供需匹配，实现资源优化配置。

科研组织应明确定位，深化基础理论研究，强化协同创新能力，创新科研成果转化模式。首先，陕西省科研组织需要明确定位，准确把握其在装备制造业军民融合体系当中的地位与作用，突出理论研究与人才培养的核心优势，增强科研成果转化意识，强化科研成果转化能力，探索科研成果转移转化的有效渠道，建立科研成果转化的长效机制，充分发挥推进装备制造业军民深入融合发展的支撑作用。其次，省政府应积极出台相关引导性支持政策，充分调动陕西省科研单位的主动性、创造性，鼓励科研单位积极围绕装备制造业军民融合技术领域基础理论、重大攻关项目、关键技术开展有效合作与研究，深化基础理论研究，扩展应用技术研究，形成科研创新合力，实现陕西省装备制造业军民深度融合发展动能转换升级。最后，鼓励支持陕西省科研院所积极开展对外交流与合作，全面推进设备共享、技术共享、信息共享的平台建设，完善科技需求信息公开发布机制，制定促进研发平台和基础设施共享的投入机制、运行机制和补偿机制，综合提升系统创新能力。

加快建设装备制造业军民融合中介服务组织，着力建立一个健全的装备制造业军民融合创新支持体系和金融支持体系，从而推进军民融合领域军民对接和供需匹配，完善军民科研生产开放竞争的市场机制，实现军队与国防建设和社会经济发展的深度融合。第一，装备制造业军民融合发展委员会要完善军民融合中介服务组织资格认证与市场准入标准，积极支持、合理引导陕西军民融合中介服务组织发展，重点培育一批专业性强、服务性好、基础雄厚的中介服务组织。第二，由省级军民融合发展委员会牵头，协同陕西省军工企业、科研单位、驻陕部队建立装备采购、成果转化、技术转移信息共享服务平台，通过公平竞争、信息公开、市场准入等手段，持续推进加大装备制造业军口科研生产体系的开放竞争力度，除少数受保护领域外，基本消除装备采购领域垄断和封闭现象，并允许民口企业组织、科研单位在同等条件下展开竞争。第三，制定与完善知识产权认证、转让和交易制度，充分发挥中介服务组织在知识产权保护与交易方面的优势，适当放宽知识产权中介服务准入限制，促进军民技术相互支撑和有效转化。

5. 改善政策法规运行环境

当前，全球治理体系与国际政治秩序变革不断推进，科技革命与经济发展融合程度持续加深，国防军队建设与经济社会发展联系日益紧密。装备制造业军民融合发展战略将国防工业建设深深植根于经济社会发展，兼具国民经济发展与国防科技进步双重效益。因此，装备制造业军民融合发展既是国防建设的必然趋势，也是实现经济发展的必由之路。探索具有中国特色的装备制造业军民深度融合发展道路，加快形成深度融合发展格局，破除装备制造业军民两用技术转化政策法规运行的机制障碍，需要改善装备制造业军民两用技术转化政策法规运行环境。

深化标准体系改革，完善要素融合方式，加快形成技术、产品、信息、市场、人才等全要素融合共享的装备制造业军民融合发展局面。第一，由装备制造业军民融合发展委员会牵头，运用政策工具协调推动完善通用标准管理制度，研究制定军民通用标准工作规划，深入实施军民标准通用化工程，建立健全军民通用标准修订机制，适度推进军民技术与管理标准双向转化，逐步形成军民通用标准管理的长效机制，打破全要素融合标准壁垒，有效促进军地两大体系实现全要素的双向流动与渗透兼容。第二，军民联动，找出并针对制约装备制造业军民全要素融合发展的瓶颈障碍，围绕装备制造业军民两用技术产业化、军民资源互通共享、军民互转等重点领域，疏通军民全要素融合渠道，扩展军民全要素融合方式，创新军民全要素融合模式，突出解决体制性和其他重点难点问题，推动军民全要素融合向更广角度、更深领域、更高层次和更高水平发展。第三，以装备制造业军民技术相互转化为依托，促进军地两大体系要素融合渗透与开放共享，推动完善国防科技工业、民用工业科技成果管理制度，统筹建设装备制造业军民两用科技成果转化平台，完善科技成果转化知识产权归属与利益分配制度，推动知识产权交易转化，推动国防建设领域与民用领域科技成果双向转移转化。

打破要素流动壁垒，系统解决装备制造业军民两用技术转化的结构性问题，搭建信息共享、人才交流、技术转化全要素融合公共服务平台。首先，推动降密解密工作，在保密制度允许的范围内，尽可能扩大信息共享的层次与领域；依托大数据信息网络技术，完善信息公开、信息共享、信息安全制度，综合构建陕西省装备制造业军民融合数据共享平台，通过驻陕国防科技工业管理部门和陕西地方科技管理部门收集本地区民口前沿技术、先进技术和优质产品等资源信息，集中向各军工单位公开发布；按行业内收集武器装备的生产和科研需求，在经过保密审查后，及时向社会公开发布，推进装备制造业军民供需信息精准匹配。其次，整合资源，支持陕西省高校、军事院校与国防科研单位加强人才培养合作，以科研项目、科技攻关、技术研发为依托，创新人才培养模式，完善人才培养体系，建设一支业务能力强、专业素质过硬的装备制造业军民两用技术转化人才队伍；建立开放式的人才引进、投入、培养、使用、扶持、激励、保障、流动制度体系，健全人才发展机制，促进人才在不同体制间自由流动，充分激发人才活力；注重营造尊重人才、依靠人才、关爱人才的人才使用环境，努力完善有利于人才公平竞争、脱颖而出、发挥作用的人才发展环境。最后，统筹规划，完善装备制造业军民融合制度下的科技资源的投入决策机制，推动基础建设、完善设备设施、科技创新基地、重大实验设施等资源的双向开放共享，实现军口与民口科研规划的无缝对接、经济布局与国防布局的有机结合。

拓展延伸与装备制造业军民两用技术转化各环节相配套的资金链，系统构建紧密衔接、有力支撑的军民两用技术转化创新链，孵化形成更多基于科技创新驱动的军民两用技术转化高端产业链，以资金链为保障，以创新链为驱动，以产业链为依托，全面提升装备制造业军民两用技术转化率。资金链方面，省政府应出台配套财税政策，引导各类社会资金投入到陕西省装备制造业军民融合重点领域，对基础设施、社会公益项目和经济建设与国防发展的重大共性科技问题，政府财政应重点投入支持，在保证公平公正的前提下，对掌握核心技术与拥有自主知识产权的创新主体给予重点支持。产业链方面，要紧紧围绕创新驱动发展战略与供给侧结构性改革要求，结合新型作战力量与新一代装备体系建设，以材料、制造、动力等关键基础领域与航空、航天、航海等战略高技术领域的科技计划为抓手，培育和发展战略性新兴产业，加快推进装备制造业军民融合发展产业园区建设，形成从技术研发、产品研制到生产布局的全过程的融合。创新链方面，准确评估技术缺口，明确技术创新需求；明确装备制造业军民知识产权配置，充分调动创新主体的积极性与主动性；改革装备制造业军民融合创新模式，发挥重大科技计划与重大科技创新工程的示范和带动作用，推动装备制造业军民融合创新体系建设。

专题五 数字经济助推关中地区装备制造业新发展的路径研究

（一）引言

党的十九大报告明确提出，要“促进我国产业迈向全球价值链中高端，培育若干世界级先进制造业集群”；十九届五中全会审议通过的《中共中央关于制定国民经济和社会发展第十四个五年规划和二〇三五年远景目标的建议》提出，要“推动先进制造业集群发展，构建一批各具特色、优势互补、结构合理的战略性新兴产业增长引擎”，这为新时代推动加快发展现代产业体系、巩固壮大实体经济根基指明了新的方向、开辟了新的路径。我国已经实现第一个百年计划，正在向建设社会主义现代化创新型国家进发，正是装备制造业发挥支柱作用蓬勃发展的绝佳时机。装备制造业是为国民经济和国防建设提供技术保障的基础性产业，集中代表了一个国家的综合实力，大力提升装备制造业基础能力，对于深入实施制造强国战略，发展壮大战略性新兴产业，形成强大国内市场，构建新发展格局具有重要意义。

近年来，互联网技术的飞速发展使我们的生活方式和产业结构发生了巨大的变化，不仅为装备制造业和综合科技提供了新的发展方向，也逐渐发展成为一种新的、影响范围广泛的经济形态——数字经济。数字经济是以信息通信技术为手段、以现代信息网络为重要载体的一种经济活动，其发展有助于推动效率提升和经济结构优化，深入落实制造强国战略，充分发挥中国在互联网创新技术的领先地位，利用过去积累的数据优势促进数字技术与实体经济深度融合，赋能产业链转型升级，催生新产业新业态新模式，壮大经济发展新引擎，形成畅通国内国际双循环的数字经济新发展格局。数字经济作为一种新的经济形态在国民经济发展中的地位越来越凸显，并逐渐和农业经济、工业经济融合发展，为社会发展提供了新思路和新方法。

2019 年 10 月，我国首次提出将数据作为新的生产要素按贡献参与分配，标志着我国开始构建多元化数字产权体系，完善数据要素流通，进一步释放数据价值，正式进入数据要素驱动的数字经济发展的新阶段。2020 年 5 月，李克强总理在政府工作报告中指出，要推进要素市场化配置改革，培育技术和数据市场。数据已经成为生产资料和价值载体，应通过不断完善数据要素产权制度、交易规则、价格机制、监管机制等，逐步完善数据要素市场化配置体制机制。促进数据要素通过共享、开放、交易等形式流通，提高数据要素的资源配置效率，推动经济发展质量变革、效率变革、动力变革，成为中国经济发展新动能。2020 年 11 月，中共中央发布《中共中央关于制定国民经济和社会发展第十四个五年规划和二〇三五年远景目标的建议》，提出发展数字经济、推进数字产业化和产业数字化、推动数字经济和实体经济深度融合、打造具有国际竞争力的数字产业集群等一系列举措。韩会朝和徐康宁（2020）研究发现制造业的智能化改造有效推动了企业生产率提高。数字经济对生产率的影响主要是通过新一代信息技术与传统产业的深度融合，推动产业数字化、智能化发展，进而推动企业生产率提高。

数字经济在当下的经济社会发展中更多地起到了一种基础设施式的作用，以高效、快捷的信息传递能力推动产业发展。对此，杨慧梅等（2021）指出，数字经济推动着生产效率优化和产业结构升级，同时也促进了资源的优化配置和生产效率的提高。那么，在装备制造业发展相对成熟的关中地区，数字经济对产业造成了怎样的影响？数字经济又能通过怎样的路径提高关中地区的生产水平？回答这些问题，不仅有助于加深对地区高新技术产业发展的理解，还可以为我国其他地区的产业融合和产业升级提供重要的发展思路。

（二）理论背景与分析框架

1. 装备制造业与数字经济的概念

（1）装备制造业。

学术界通常将装备制造业定义为“资本制造业生产机器的机器制造业”，根据国家统计局工业统计司《中国工业统计年鉴（2020）》，装备制造业主要分为通用设备制造业、专用设备制造业、运输设备制造业、电气机械及器材制造业、电子设备制造业以及仪器仪表制造业。显然装备制造业是为经济各部门进行简单生产和扩大再生产提供装备的各类制造业的总称，是工业的核心部分，承担着为国民经济各部门提供工作母机、带动相关产业发展的重任。

德国在 2013 年的汉诺威工业博览会上正式提出“工业 4.0”战略，即利用信息化技术促进产业变革，也就是在智能化时代，通过加紧将信息通信技术应用到工业生产中，建立物联系统，将生产中的供应、制造、销售信息数据化、智慧化，最后达到快速、有效、个人化的产品供应，并催生出新型商业模式和生产方式。2012 年 11 月，美国通用电气公司发布《工业互联网：突破智慧和机器的界限》白皮书，并组织建立了“工业互联网联盟”。工业互联网（Industrial Internet）是新一代信息通信技术与工业经济深度融合的新型基础设施、应用模式和工业生态，通过对人、机、物、系统等的全面连接，构建起覆盖全产业链、全价值链的全新制造和服务体系，为工业乃至产业数字化、网络化、智能化发展提供了实现途径，是第四次工业革命的重要基石。工业互联网主要由三部分组成：智能机器、高级分析、工作人员。“工业 4. 0”是一个偏生产过程当中的自动化概念，而“工业互联网”则更像是一种生态的概念，最终实现一种最优运行方案的输出，前者关注的是生产过程的智能化，后者则是生产设备的智能化。我国在新时代加快发展现代产业体系需要借鉴德国和美国的经验，从生产过程和生产设备两方面实施智能化转型，实现装备制造业和科技融合。

（2）数字经济。

中国信息通信研究院在 2020 年将数字经济定义为以数字化的知识和信息为关键生产要素，以数字技术创新为核心驱动力，以现代信息网络为重要载体，通过数字技术与实体经济深度融合，不断提高传统产业数字化、智能化水平，加速重构经济发展与政府治理模式的新型经济形态。

既有研究表明，数字技术的快速发展与普及，对我国区域创新效率、创新能力等都具有显著的促进作用（韩先锋等，2019；惠宁等，2020；沈国兵、袁征宇，2020）。数字经济的发展和传统生产要素的深度融合，最终表现为全要素生产率的提高，考虑到区域发展和产业结构的不平衡，数字经济发展对低生产率地区和中西部地区全要素生产率的提高作用更大（杨慧梅、江璐，2021；邱子迅、周亚虹，2021）。

2. 数字经济促进制造业新发展的机制分析

（1）数据成为新的生产要素。

随着数字技术的不断进步，数据的内涵和外延出现了极大的扩展，并成为继土地、资本和劳动力之后的第四种生产要素（王建冬、童楠楠，2020；黄鹏、陈靓，2021）。这一新兴生产要素同传统生产要素融合，深刻改变了传统生产要素的边界，呈现出智能型、知识型特征。数据要素比传统的要素更符合弗里德曼和佩雷斯（2007）认为的“关键生产要素”，是具有生产成本的下降性、供给能力的无限性和运用前景的广泛性三个基本特征的推动经济增长的内生变量。数据要素的产生前期需要投入巨量的固定成本，但实体要素数字化以后其复制和传播成本较低，边际成本几乎为零，数字化之后从生产端脱离现实的数据也大量产生，快速扩张的应用范围和指数型增长数据相互作用、相互加强，是典型的“关键生产要素”。刘刚（2019）认为在数字经济的大趋势下，“关键生产要素将作为廉价投入要素融入经济和社会生活的方方面面，成为特定阶段经济增长和发展的引擎”。

从数字技术对经济的不同作用来讲，数字经济可以划分为三个不同的阶段：首先是数字产业化，这是数字经济的开始阶段，也是数字经济的核心基础，包括硬件制造的基础创新、软件开发的核心技术，以及信息和电信等支持性基础设施；其次是产业数字化，基于数字技术对生产、消费等全方位的改造，包括数字平台、移动应用程序和支付服务等，这也是狭义上数字经济的内容；最后是范围更广的数字经济，即全要素数据化。制造业数字化转型包含数字要素和传统要素融合、生产流程的数字化改造、企业经营信息系统搭建以及产业链网络化四个维度。分别强调传统要素和数字融合走向数字驱动，从供给导向逐渐转向柔性生产，从分散经营到企业集群协同生产，以及以数据链为枢纽促进产业链和供应链、价值链和物流链的链链融合，形成装备制造业和数字经济相融合新模式、新业态和新理念的重要支撑。数字经济的不同范围中也产生了不同类型的数字化企业。在数字产业化过程中，科技型企业获取了大量数据并依靠新兴数字技术进行价值创造，这些企业已经形成了完全数字化的商业模式，数据是其运营的命脉，也是价值创造的关键驱动因素，这类企业是“数据赋能型”企业。在产业数字化过程中，有些企业则是利用数据更好地协调原有的业务运作、促进决策，并引入新的商品和服务，这类企业就是“数据增强型”企业。基于美国制造业的研究，依靠信息技术和大数据的决策能够提高生产率，并创造更高的价值，但数据要素的流动还没有变革传统的业务模式，因此，数据和数字技术对传统制造业的影响更多的是一种“渐进式”的数字化，并最终会在制造业生产经营中引入新的基于数据的服务，从而使得制造业出现商业模式的“服务化”，传统的制造商逐步和数字要素融合发展，向数据驱动的服务提供商转型。

作为新的生产要素，现阶段数字经济并不能独立作为要素投入生产，必须和其他三种生产要素组合后才能发挥作用。数据要素的价值创造直接取决于基于信息的颠覆性数字应用，这种应用本质上是一个要素组合的过程，并分为资本和劳动两个层面。从资本层面来讲，数字技术本身水平的高低决定了数据货币化的实际收益高低，其背后的决定力量是企业资本的研发投入。基于此，一国的资本要素进一步区分为具有传统生产技术的资本和具有数据积累、数字技术与算法的资本，以及声誉、品牌等无形资产的资本。其中，数字化资本与数据要素的组合在数字经济中的作用将日益扩大。从劳动层面来讲，使用数字技术劳动者的能力差异也会影响数据货币化的收益，这是数据要素与劳动力要素组合的过程，需要更多的数字化全职研发与高层次应用人员。数据要素与“数字化资本”和“数字化劳动力”要素组合的优化是数据创造经济价值的核心，也是一国数字经济是否开始成为新的增长动力的决定性因素。

杜传忠、张远利（2021）发现数字经济发展能够促进企业生产率提高，并且数字要素符合边际生产率递减规律。首先，与资本、劳动力等要素相同，数据资源作为生产要素也存在最优配置问题。在与资本、劳动力等要素及数据管理能力不匹配的情况下，数据要素快速积累引致的高存储成本会挤占大量生产资源，造成企业资源错配。其次，随着数字经济的深入发展，广泛存在的网络效应使网络用户逐渐集中于头部数字化平台，导致行业市场结构出现“赢者通吃”的寡头垄断或完全垄断问题，从而降低企业生产率。王姝楠和陈江生（2019）根据技术—经济范式认为数据作为新要素具有边际收益递增特点。本专题认为西部地区处在数字经济发展的初级阶段，数据要素尚未和资本、劳动力要素深度融合，数据要素在关中地区装备制造业中处于边际收益递增阶段，尚未达到边际效率递减阶段。

（2）数据作为要素的作用机制。

从数字经济对经济增长影响来看，数字经济从宏观方面提高资源配置效率、扩宽生产线边界，从中观角度改变市场结构转型升级，从微观方面改变企业盈利模式提高生产效率，因此推动了传统制造业的升级，以此促进了经济高质量发展。由于本专题重在分析数字经济如何促进关中地区装备制造业的新发展，因此主要从微观和宏观两个方面分析数字经济的运行机制。

1）数字经济促进装备制造业新发展的微观机制。

数据已经成为新的生产要素，呈现出不同于西方经济理论中传统的劳动、资本等生产要素的新特点。因此，在分析数字经济对企业的影响时，尤其要注意互联网、移动通信和大数据等数字信息技术广泛应用下的经济机制。根据西方经济学的理论体系，数字经济蓬勃发展背景下关于经济增长的微观问题可以从成本开始分析。随着数字经济的发展应用以及高科技企业对传统行业的颠覆，企业的成本呈现高不变成本和低边际成本。高不变成本主要来自前期的研发投入和基础设施建设，以及广告、推广费用。前者属于沉没成本，投入后不能改变，只能决定是否继续投入；后者属于数字经济下的必然现象，由于网络外部性，企业需要积累一定的数据量才能触发马太效应，为企业带来更多利润。另外，数字经济使得企业在规模扩大的基础上开始关注产品的差异性，即经济发展的长尾效应。因此，数字经济促进企业生产效率提高的微观机制主要是通过规模经济、创新效应和管理效率效应这三个方面体现。

①数字经济通过规模经济促进企业生产率提高。

受限于交易成本，传统交易方式使得消费者存在“搜索阻力”和“位置阻力”，企业供给产品也面临着空间距离带来的自然性市场分割问题。因此，装备制造业公司进行规模扩张存在高昂的异地渠道建设成本和管理成本，容易陷入规模不经济的困境。数字经济是降低交易成本的有效手段，主要体现在以下两方面：一是电子商务平台和移动支付工具的广泛使用改变了传统的交易方式，表现为交易行为由线下实体交易转移到电子商务平台等虚拟空间中，原本需要时间集合固定、连续和空间位置一致的交易过程被离散为间断性的时间和地点，即实现了交易行为的时空异步。产品供给企业在有限的时空内几乎能与所有互联网所触及的用户进行连接，并进行更加频繁的交易，削弱了消费者的“位置阻力”，使企业产品销售规模得以扩大。二是数字化商业平台的搜索功能有效帮助消费者提升对商品信息的搜索能力，降低了“搜索阻力”，进一步扩大消费规模，促进企业销售扩张。因此，数字经济能够打破自然性市场分割，加强国内乃至国际市场的整合，扩大企业产品销售规模，进而实现规模经济。而规模经济的本质是通过规模的合理扩张实现成本最小化，是提高企业生产率的有效路径。

②数字经济通过技术创新促进企业生产率提高。

数字经济的技术创新效应主要表现在缓解企业创新要素错配、提升企业创新能力上。首先，在创新要素配置方面，数字经济改善了企业发展的外部融资环境。从金融机构与实体企业互动角度看，数字金融企业通过数字化信贷平台获取实体企业各种信息并加以处理和识别，向资质合格的小微企业进行创新融资，可以有效缓解信息不对称问题。其次，数字金融高速发展也加大了银行等传统金融机构的竞争压力，减轻传统金融机构资金投向的“领域错配”“属性错配”和“阶段错配”问题。从政府与企业互动视角看，政府能够利用大数据技术构建企业用户画像，精准识别企业创新潜力，缓解创新补贴及税收优惠在企业间的错配问题，提高政府财税政策激励创新的有效性。

③数字经济通过管理效率促进企业生产率提高。

数字经济的管理效率升级主要表现在以下三个方面：一是企业数字化转型有利于降低企业内部沟通成本和跨部门协作成本。在员工沟通上，微信、钉钉等数字化通信工具的使用使企业上下级之间、员工之间的信息传达和沟通交流更为便捷，提高了企业内部各职能之间的协作效率。在生产管理中，传感器、工业互联网等数据集成系统实现了企业物资的信息结构由传统工业化时代的间断性、分散性状态向数字化时代的连续性、整体性转变。这些都有利于实现组织机构的自我组织和调节，从机械式运作转变为生命式运作，提高企业管理效率。二是数字经济能够驱动企业组织结构优化。数字经济中终端用户消费偏好的转变需要企业以更加灵活的方式优化资源配置，从而推动企业组织结构由传统科层式的“垂直化”结构转变为开放式的“扁平化”结构，提高管理效率。三是数字经济还能够提升企业管理者的信息处理能力。如根据数字化平台沉淀的产品交易、用户评价等数据信息，企业管理者能够精准预测消费者的消费倾向、企业经营风险和未来发展方向等，提高管理效率。Bloometal（2016）研究发现提高管理效率可以提升企业生产率，管理效率的差异可以解释不同国家全要素生产率之间差异的30%。

综上所述，规模经济体现了企业产出和长期平均成本的关系，创新效应和管理效率效应表达的是企业生产技术效率和长期平均成本的关系。可以发现数字经济效益又是这三种不同范畴效应的结合。规模经济是前期固定资产投入和后期产出大幅增加，导致企业规模不断扩张；创新效应是行业中技术不断进步，推动企业规模和产品的发展需要；管理效率效应是行业中全要素生产率提升，支持前面三种效应更好地发挥。由此，数字经济通过长尾效应激发出多样化需求，规模的扩大和供给端的多样化又产生了更为丰富的数据，日益繁荣的供需两端又对数字经济提出新的挑战，进而数字经济的发展又为因数据的冗余逐渐变得更加复杂的经济体系提供了优化路径。

2）数字经济促进经济发展的宏观机制。

微观分析的思路在于数字经济不断发展下的数字产业化、产业数字化和全要素数据化对消费和供给两方的影响，数字经济发展产生的技术有助于解决信息不对称，优化效率，但是数字经济如何将一个个独立个体联合成为一个整体进而促进经济增长有待解决。数字经济促进宏观经济增长的机制如图 1 所示。传统西方经济学以索洛（Robert Merton Solow）提出的增长模型：$Y=AF(K, L)$为基础框架进行讨论，认为数字要素对于宏观经济的影响主要分为对传统要素的改造和数字驱动阶段独立作为要素这两种情况。从柯布—道格拉斯生产函数总产出的增长出发，则表现为要素投入增加和对生产函数的改进，即生产要素优化和生产率的提高。

从索洛模型对经济增长的解释可以看出，使总产出 Y 增加有两种方式，一种是改变要素投入，另一种是提高产出效率。从要素投入角度看，当只有劳动和资本要素时，通过加大要素的投入数量或改变要素的配置效率，让总产出接近潜在产能，在模型中表现为资本要素 K 和劳动要素 L 投入数量增加，或调整 K、L 投入比例，从而增加产出 Y。从改变要素配置效率的角度来看，主要可以通过改变资源配置方式，即改变 $F(\cdot)$的函数形式或加入新变量，也可以通过技术进步改变全要素生产率（Total Factor Productivity，TFP），即模型中不能被资本积累和人口增长所解释的部分，从而提高潜在 GDP 和产出。在这方面，内生增长理论将索洛模型的初始生产函数改写为：$Y=A(t)F(K(t), L(t))$，将时间积累的因素纳入考虑之中。从生产可能性曲线上看，第一种方式是将生产点尽可能地移动到最有效率的点上；第二种方式则是推动生产可能性曲线向外扩张。

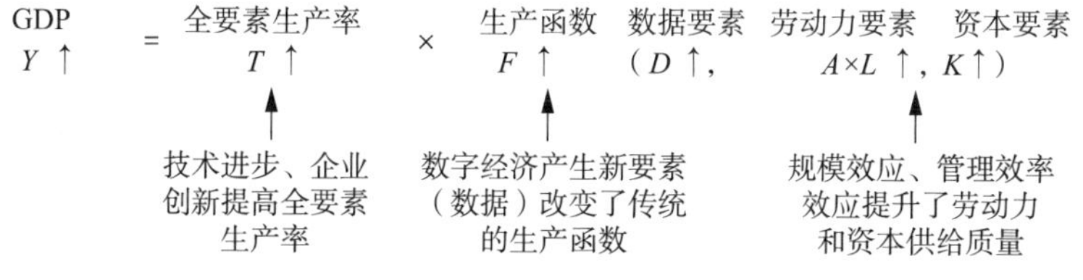

图 1　数字经济促进宏观经济增长的机制

结合数字经济发展背景来说，第一种方式增加资本、劳动数量或调整二者的比重，从而增加总产出的思路是最为普遍的经济增长路径。但是其数字要素在发展初期时，理论上可以作为科技型企业的独立要素投入，但是在装备制造业中并未能表现出要素的独立性，参与生产，而是先表现在提升传统要素供给质量方面，数字化劳动力要求高素质应用型人才参与研究、生产过程，数字资本要求新基建和大量有关数字化的投入。

第二种方式主要是改变生产效率。第一种方法对应的是提高配置效率，在数字经济时代中数据作为新的要素出现，改变了传统要素的性质和生产方式，也优化了生产函数的效率。在增长理论中，生产要素主要分为资本、劳动力，但是随着互联网技术的广泛应用，大数据、云计算和电子信息等技术的快速发展，改变了生产消费的方方面面，也需要对原有的理论做一些更新。如费方域、闫自信等（2018）指出新经济时代的增长核算框架应加入数据（D），新的生产函数为 $Y=AF(D, K, L)$。这里的数据是指企业所掌握的关于生产经营方面的信息，这些信息虽然是数字化的初级阶段，但也为之后的研究奠定了基础。第二种方法对应的是提高全要素生产率，全要素生产率提高在数字经济时代中既包括技术进步，也包括商业模式创新。一方面，云计算、人工智能等新技术越来越多地参与生产环节，提高了生产效率，这是技术进步促进经济增长的“常规路径”。另一方面，数字经济产生的颠覆性商业模式的创新也在不断助推经济和装备制造业的融合。在互联网时代的创新驱动下，对中小企业而言，进入市场相对容易，由此产生了一些新的商业模式，如各种平台匹配供需、共享经济、O2O 等。这些商业模式不仅创造了新需求，也更精准地匹配了供需两端，促进了经济增长。

综上所述，第一种方式是将生产点尽可能靠近生产可能性曲线，即在既定的条件下达到潜在产能；第二种方式是推动生产可能性曲线向外扩张。两种方式在数字经济时代呈现出不同的表现方式，但是形成一种相互交替、迭代上升的关系，即产出增长的可能性不断提高（第二种方式），而电子信息、大数据、云计算等技术的联通、运算作用又使得要素更容易靠近潜在产出水平（第一种方式），如此循环，有助于深入实施制造强国战略。

由此，本专题提出假设 1：数字经济发展有利于提升装备制造业生产效率。

假设 2：规模经济效应、技术创新效应和管理效率效应是数字经济影响企装备制造业生产率的有效路径。

（三）关中地区装备制造业数字化现状

1. 关中地区装备制造业现状

在产业链不断发展延伸的今天，装备制造业越来越起到举足轻重的作用。通常认为，装备制造业是为国民经济进行简单再生产和扩大再生产提供生产技术装备的工业的总称，即“生产机器的机器制造业”。正是基于这样的定义，我们可以认为装备制造业属于第二产业，是为制造业生产基础设备的行业。与制造最终消费品相反，它是为了满足国民经济各部门和国家安全从而生产各种技术装备的产业总称。其产品范围包括机械、电子和兵器工业中的投资类制成品，分属于金属制品业、通用装备制造业、专用设备制造业、交通运输设备制造业、电气机械及器材制造业、电子及通信设备制造业、仪器仪表及文化办公用装备制造业 7 个大类 185 个小类。

在陕西的大环境下，装备制造业具有典型的产业集聚特征，其主要集中于关中地区，而关中地区的装备制造业主要分布于西安。2019 年，陕西省共有装备制造业企业 1724 家，工业总产值 66645683 万元。国家向第二个百年目标努力的远景目标是关中地区装备制造业发展的愿景，西安积极响应国家“十四五”规划安排，落实制造强国战略，大力实施“工业强市”战略，积极推进创新驱动、智能制造，梳理产业链、部署创新链，调整优化产业结构，扎实推进产业经济持续健康高质量发展，各项指标稳步增长，综合实力显著增强，产业规模凸显。2018 年全市规模以上装备制造业产值 3378. 5 亿元，是 2014 年的 1. 4 倍，占全市规模以上工业总产值的 58. 9%，呈现逐年上升趋势；已形成以汽车、航空航天、电力装备、轨道交通装备、专用通用装备、节能环保装备等为主的装备制造业体系，涌现出陕汽、西电、比亚迪、西飞等产值超过百亿元的企业，成为支撑西安经济社会发展的重要引擎。西安的装备制造主要集中于十大产业，分别为汽车制造、航空航天、电力装备、通用专用装备制造、轨道交通装备制造、金属制品、仪表仪器、机器人与高档数控机床、节能环保装备和增材制造（3D 打印）。

陕西装备制造业规模占全国 2. 52%，资产负债率水平低于全国平均水平 4 个百分点。如表 1 所示，专用装备制造业规模高于通用设备制造业，总体盈利水平近似，但是专用设备制造业个人资本参与较多，法人资本参与较少而拥有更多的港澳台投资，并且 2019 年亏损合计 16. 39 亿元，是陕西装备制造业亏损最高的细分行业。利润率最高的是铁路、船舶、航空航天和其他运输设备制造业，约为 6. 5%。

表1　2019年陕西装备制造业主要经济指标　　单位：亿元

	通用设备制造业	专用设备制造业	铁路、船舶、航空航天和其他运输设备制造业	电气机械及器材制造业	计算机、通信和其他电子设备制造业	仪器仪表制造业	金属制品业	金属制品、机械和设备修理业
资产总计	723.26	900.92	1864.41	1339.51	2447.1	353.57	421.49	52.62
负债总计	402.66	492.55	1002.87	712.33	1101.77	187.16	263.27	0.32
法人资本	27.87	110.73	112.5	116.67	143.04	16.18	22.67	1.03
个人资本	21.27	40.54	19.51	42.23	13.6	9.92	24.93	2.09
港澳台资本	1.98	1.72	0	0	3.39	0	0	0
外商资本	4.44	9.19	3.23	25.61	328.61	0.67	1.85	1.4
营业收入	491.18	656.15	976.84	986.66	1314.87	248.69	441.19	27.81
营业成本	409.44	542.3	823.81	872.89	1143.06	193.83	381.7	22.85
利润总额	29.91	26.64	63.57	33.55	104.24	22.63	24.35	1.17
亏损企业亏损额	1.37	16.39	3.08	10.97	3.14	0.94	6.24	0.21

资料来源：国家统计局工业统计司《中国工业统计年鉴（2020）》。

2. 关中地区数字经济现状

近年来，数字经济为社会发展注入了新的动力，逐渐形成了新的经济增长点，并有向社会支柱产业过渡的趋势。国内外对数字经济的研究也是一个理论逐步丰富的过程。国内有学者认为，数字经济是一种新型的经济形态，在这种经济形态下，生产者的制造、管理和流通都通过数字化的形式表现出来的（何枭吟，2011）。而张雪玲等（2017）认为，数字经济是以信息和通信技术的数字化为关键生产要素，通过现代信息通信基础设施，形成一个虚拟网，从根本上改变各行各业的业务流程、交易方式，刺激电子商务发展，使得生产及经营管理活动、生活消费活动实现数字化，同时也改变经济结构和创造经济价值的方式。在官方层面，2016年，杭州20国峰会对数字经济给出了相对明确的定义；2017年，习近平总书记在党的十九大报告中提出“要加快发展数字经济，推动实体经济和数字经济融合发展，推动互联网、大数据、人工智能同实体经济深度融合”；2021年，十三届全国人大四次会议通过了《中华人民共和国国民经济和社会发展第十四个五年规划和2035年远景目标纲要》（以下简称《纲要》），《纲要》第五篇明确提出了对数字经济的要求，即“加快数字化发展、建设数字中国”，并将数字经济分为七个大类：云计算、大数据、物联网、工业互联网、区块链、人工智能、虚拟现实和增强现实。

近年来，关中地区的数字化经济进程不断加快。以西安为例，2020 年数字经济规模约为 3585 亿元，从产业体系上看，计算机、通信和其他电子设备制造业为西安数字化核心部分，形成了主城区发展劲头强劲、周边县区发展相对滞后的格局。西安主城区重点发展的数字化应用产业为智慧医疗、智慧旅游、数字文创等，同时打造智慧城市，形成数字化治理的新场景。

同时，西安市积极开展产业数字化的升级和数字园区的示范项目，形成了以航天基地华为数字园等为代表的龙头项目，形成了鲜明的示范带动效应，是西安数字化的有益尝试，也为今后关中地区数字化发展指明了方向。

腾讯研究院发布了《数字中国指数报告 2019》，其中的数字中国指数由腾讯、美团、拼多多、字节跳动等一系列互联网平台公司依据旗下各类数字 APP 的经营数据得来。数字经济分指数权重主要考察数字产业化对经济的贡献；数字政务分指数权重主要测量数字化政务平台建设和政务流程电子化对服务企业效率的提高；数字生活分指数权重主要测量数字时代人们可以接触到的数字化对生活的变革；数字文化分指数权重主要衡量数字化文化在创作、娱乐、知识传播等方面的影响。数字产业、数字政务、数字生活和数字文化四个分指数主要来自腾讯、京东、滴滴、携程、大众点评、美团、拼多多等对生活影响广泛的企业的数据。这四个分指数权重则是由专家评分赋权后得来。由于杨凌始终未在腾讯研究院统计城市的名单中，故未做列示。如表 2 和图 2 所示，西安的数字经济发展迅猛，紧跟中国数字化第一梯队，咸阳因为地理环境的影响，较之宝鸡和渭南搭上了更多西安发展的便车，铜川由于自身经济基础限制发展较慢。排名下降更多是因为参与评分的城市由原来的 100 座城市扩展到了 300 多座城市，从数字经济指数来看，关中地区对数字经济十分重视。

表 2 腾讯研究院关中地区城市数字经济指数及全国排名情况

年份	2016		2017		2018		2019	
	排名	总指数	排名	总指数	排名	总指数	排名	总指数
西安	12	1.209	13	3.4083	14	4.2335	11	8.9927
宝鸡	168	0.1129	133	0.3789	126	0.6529	139	1.1134
咸阳	139	0.1355	118	0.4919	109	0.7557	90	1.5763
渭南	125	0.1424	121	0.413	120	0.6857	121	1.2424
铜川	322	0.0491	247	0.212	240	0.3585	274	0.4577

资料来源：2016 年到 2019 年腾讯研究院《数字中国指数报告》

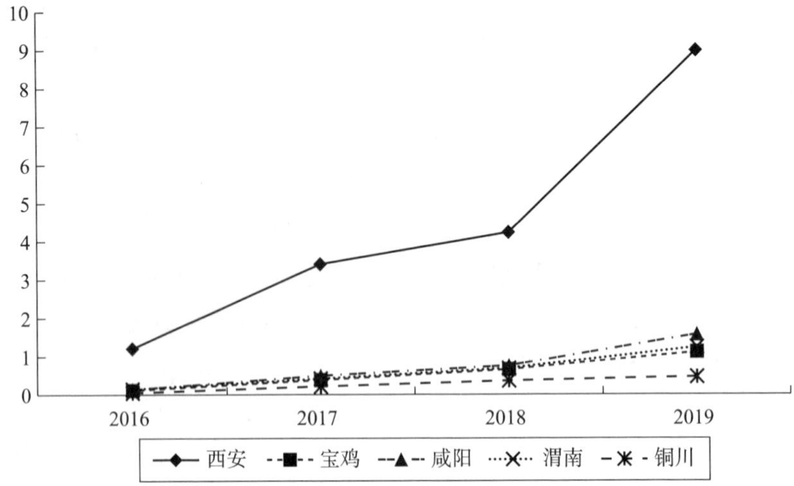

图 2　腾讯研究院关中地区城市数字经济指数

资料来源：2016—2019 年腾讯研究院《数字中国指数报告》。

新华三集团数字经济研究院和中国信息通信研究院云计算与大数据研究所发布了《中国城市数字经济指数蓝皮书》。中国城市数字经济指数也采用综合指数法，使用数据及信息化基础设施、城市服务、城市治理、产业融合四个一级指标，所包含数据根据固定权重计算而得。如表 3 和图 3 所示，由于新华三集团的研究范围是逐年增加的，早期很多关中地区城市并未纳入计算之中，且宝鸡市排名逐渐下降部分是因为新城市纳入计算范围，部分也是由于宝鸡市经济指数虽然呈现增长趋势，但相较于西安市的投入增速较慢。同时杨凌同样暂未纳入城市数字经济指数的考察范围。

表 3　新华三集团关中地区城市数字经济指数及全国排名情况

年份	2017		2018		2019		2020		2021	
	排名	指数	排名	指数	排名	指数	排名	指数	排名	指数
西安	38	55.6	22	67.2	27	62.8	25	68.6	24	71.8
宝鸡	—	—	83	46.2	99	45.9	104	50.3	150	52.7
咸阳	—	—	—	—	52	56.7	54	61.5	57	63.8
渭南	—	—	—	—	—	—	—	—	200	40.8

资料来源：2020 年和 2021 年新华三集团《中国城市数字经济指数蓝皮书》，2017 年到 2019 年新华三集团《中国城市数字经济指数白皮书》

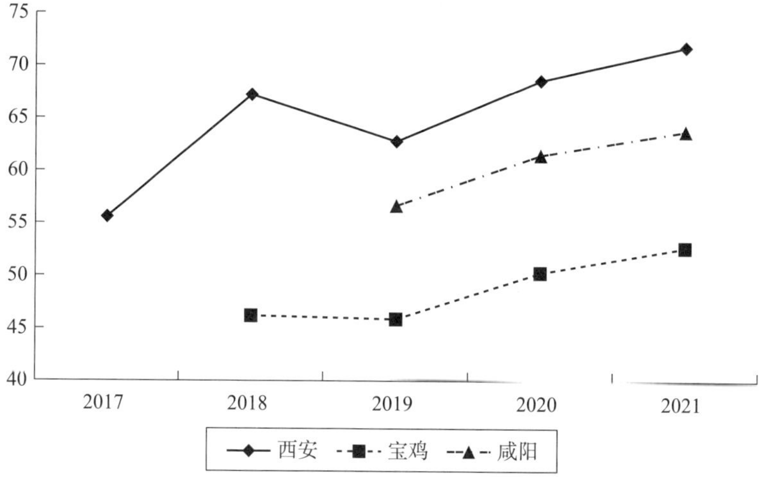

图3 新华三集团关中地区城市数字经济指数

资料来源：2020年和2021年新华三集团《中国城市数字经济指数蓝皮书》，2017年到2019年新华三集团《中国城市数字经济指数白皮书》。

3. 关中地区装备制造业数字化转型现状

在装备制造业升级方面，杨菠等（2020）认为传统的高端装备制造企业往往通过第一种方式提升自身产能，但是要素投入具有的边际产出递减规律使得产能扩张效率并不能达到理想的状况。在数字技术驱动下的新一轮科技革命中，数字经济对生产、消费等的改造是广泛而深远的，装备制造业因为本身具有的劳动、资本、技术和知识密集特征，非常契合数字技术的规模经济效应、配置效率优化、范围经济效应以及管理效应，还可以在和数字经济融合的过程中改变装备制造业的创新模式和组织体系，最终共同向智造方向前进。比较成熟的应用如信息物理系统（Cyber-Physical Systems，CPS）实现大型工程系统的实时感知、动态控制和信息服务，有助于装备制造业企业置身于全球供应链的生态系统之中，应用互联网实现“互联网+智能工厂”。从全球价值链的角度看，随着大数据、智能制造、工业互联网和工业云等技术在装备制造业中的广泛而又深度的结合，装备制造业能突破低端锁定，向微笑曲线两端延伸，实现价值链、创新链、服务链和产业链的结合与延伸，也是其转型升级的方向。也就是说，在装备制造业数字化升级的过程中，要积极拥抱智能制造的新兴技术，利用新兴技术在生产、销售过程中进行环节优化，从而提高效率，发展生产。

关中地区的装备制造业在数字化方面不断发力，部分企业正在进行数字化转型，形成了龙头企业数字化高度集成、其他企业数字化相对滞后的格局。由于本土化企业发展进程较慢，西安各区政府和派出机构积极引进中国的龙头企业带动本地企业的数字化转型。例如，西安高新与美林数据、阿里巴巴、百度云、中兴电子、三星电子等数字企业合作，航天基地与京东云、滴滴等数字企业合作，经开区引进了国内外行业龙头百余项投资，在西安形成了南北两翼共同发展的态势。例如，由京东智联云开发的西安航天基地人工智能平台，主要打造人工智能的底层技术生态平台，面向企业提供免费的 API 接口服务，企业直接使用平台的技术能力开发相关应用产品和场景，可以助力企业快速成长和产品商用。平台建设的主要人工智能能力包括计算机视觉、语音技术和自然语义理解等。引进的行业龙头企业形成了示范效应，在示范园的引领下带动了园区内的产业发展。一个比较典型的例子就是瑞泰信息与航天基地的隆基绿能科技股份有限公司达成合作，通过研究隆基绿能的营销特点，定制了数字化营销服务平台，实现了优化流程、管理过程、整合数据、提高效率的战略目标。另外，隆基绿能在经开区的工厂也运用了大量的人工智能技术，广泛运用的无人搬运车、工业机器人等已经让车间实现了智能设备对传统人力的替代。但隆基绿能仅仅是数字化发展的代表，关中地区更多的地区还依赖着传统人力和传统技术，需要进行更进一步的发展。

（四）关中地区装备制造业数字化进程中存在的问题及其成因分析

1. 关中地区装备制造业数字化进程中存在的问题

（1）关中地区装备制造业发展科技意识不足，缺乏数字化转型方法。

数字化转型建立在数字化转换（Digitization）、数字化升级（Digitalization）基础上，进一步将公司核心业务转换成为数字模型，从而得以新建一种以商业模式为目标的高层次转型，需要大量资源的投入和时间的积累，而且是企业从经营理念到战略规划、从组织结构到运营管理等全方位的变革，需要企业从上到下全局谋划。关中地区装备制造业的大部分企业都将数字化、网络化和智能化列为未来发展规划，但现在多处于建立财务和内部流程上的数字化软件办公、搭建物流运输管理信息系统这种数字化阶段，对于生产端如何积累数据、销售端如何分析数据、管理端如何用数据做预测等普遍缺乏清晰的认识与实践路径。与此同时，数字化转型面临着技术、业务能力建设、人才培养等各方面的挑战，是一项长期艰巨的任务，需要从企业发展战略的高度谋划，尤其是企业内部高层管理者之间需要达成共识，推进企业全局的有效协同。目前，关中地区大部分企业缺乏从数字化视角出发的制度设计和组织重塑，仅通过原有IT部门推动数字化转型，例如秦川机床工具集团股份公司和陕西宝光集团有限公司的数字化进程还未向生产端进发。大部分装备制造公司没有意识到数字化是一个系统的工程，需要制定专门的数字化转型规划，厘清部门之间数字化转型的职责和权利，建立有效的配套考核和制度激励，设立工作小组负责协调业务和技术部门，系统解决数字化转型落地问题，充分发挥数字化对生产端的作用。关中地区七家装备制造业上市公司年报显示，仅老牌国企西安陕鼓动力股份有限公司通过专用软件开发、过程智能化以及服务智能化从发展战略的高度探索数字化转型，而陕西航天动力高科技股份有限公司和中国标准工业集团仅将数字化转型列为未来发展方向。

（2）关中地区装备制造业数字资产积累薄弱，数字化应用低端。

数字产业化依赖于资本的不断投入、数据不断的积累和技术的不断创新进而形成产业，并不断探索数字技术应用边界的过程。数据资产是数字化转型的开始和基础，如何将物理世界转化成为数字世界，如何分析数据、释放数据价值供企业生产经营是关中地区装备制造业企业面临的重要问题。目前关中地区大部分企业仍处于数据的被动积累、应用阶段，并非有意识地采取主动行动适应数字化。

覆盖装备制造业日常生产经营全流程的工业数据链尚未构建；长期生产经营形成的相关数据散落在各个业务系统中，特别是底层设备层和过程控制层无法互联互通。受限于数据的规模、种类和质量，目前关中地区装备制造业企业数据应用主要集中在财务信息、物流信息、人力资源管理和风险控制等有限场景，未能从业务转型角度开展预测性和决策性分析，挖掘数据资产潜在价值。同时大数据、云计算和工业互联网等数字技术在现实中的应用还有待进一步探索，对如何解决数据孤岛问题，促使不同地区和行业形成装备制造业全产业的网络化生产也尚未有成熟的方案。例如达刚控股集团股份有限公司2020年完成的公司城市道路智慧运维管理业务板块就是以达刚智慧运维管理系统、达刚筑养路智能设备集群等为支撑，形成一体化全生命周期的道路智慧运维产业链。

（3）关中地区装备制造业和数字经济融合发展不足。

当前，关中地区装备制造业同数字经济的融合发展还在奋力前行，但是数字技术和生产制造的融合深度和广度明显不足，主要是依靠所在城市的数字化“新基建”的投入被动地实现数字化转型。从宏观角度来看，关中地区装备制造业的数据积累足够，但是打通各部门间的数据壁垒实现数字价值的自主挖掘的能力尚未形成，在发展规划和数字化应用等问题上和沿海发达城市存在较大差距。伴随着数据爆发式的增长，善于利用数据的企业不断优化生产经营效率，而没有意识到数据能量的企业则是空守着巨大的“财富”。另外，关中地区数字化技术创新不足，匮乏的数字应用难以满足陕西省对于数字陕西建设的要求。从企业个体来看，关中地区装备制造公司对其与数字经济深度融合的价值识别以及数字化转型所带来的产业升级的认识还不够，升级智能化生产车间的动力不足。从行业整体上，关中地区的数字经济发展还未形成科学的数字化发展规划或一个强有力的平台进行资源整合、协同发展，云平台是一个很好的解决方案，但是秦川机床工具集团股份公司 2020 年完成的“宝鸡云平台”建设和按照国家 B 级数据中心标准建设完成的秦川集团“数据云中心”都说明关中地区装备制造业还是各自为政。单靠企业自发的数字化转型尝试需要很长的时间才能实现和信息技术的深度融合，短时间内很难解决上述问题。

（4）关中地区装备制造业产业结构及空间分布固化。

陕西的装备制造业主要集中在关中地区，而关中地区的装备制造业主要集中在西安。2019 年，陕西省共有装备制造业企业 1724 家，工业总产值 66645683 万元。关中地区装备制造产业有明显的局部集聚效应，七家上市装备制造公司中有 5 家位于西安，两家位于宝鸡，咸阳、渭南、铜川、杨凌均没有上市装备制造公司。由此带来的产业条块分割、跨产业系统融合问题也日渐突出，与此同时，除了咸阳的数字化发展紧跟西安，数字经济发展的空间分布也伴随着产业分布一起固化。

2. 关中地区装备制造业数字化进程中存在问题的原因

（1）关中地区发展数字经济相关政策不完善。

关中地区没有形成科学有效的促进数字经济和装备制造业融合的产业政策。陕西省政府虽然制定了传统产业和电子信息产业发展规划，但这些产业尚未形成可以参考的方法论。2018 年广东省经济和信息化委发布了《广东省数字经济发展规划（2018—2025 年）》，2019 年山东省政府发布《数字山东发展规划（2018—2022 年）》，2020 年北京市制定促进数字经济发展的“1+

3”政策，发布《北京市促进数字经济创新发展行动纲要（2020—2022年）》《北京市关于打造数字贸易试验区的实施方案》等未来产业规划。在发达城市纷纷提前布局数字化发展的时候，陕西省的相关政策尚未完善。2021年4月30日，陕西省委网信办组织召开《陕西省“十四五”数字经济发展规划》（以下简称《规划》）专家评审会，评审专家组认为《规划》提出的“十四五”时期数字经济发展指导思想、基本原则、目标任务和重点项目符合陕西经济社会发展要求，具有指导性和可操作性，符合编制要求，一致同意通过评审。但是还在审议中的规划相对沿海发达城市起步较晚。

（2）关中地区装备制造业转型迟缓。

关中地区装备制造业的所有制结构影响较大，数字经济与装备制造业融合方面还存在一定的障碍。国有企业受传统计划体制影响，存在固有的审批流程缓慢和创新意识不足等劣势，虽然陕西国有工业企业在数字化转型方面投入巨量的资金和精力，但是转型过程同发达地区还是存在差距。国有企业占据了装备制造业的主导位置，本应该是装备制造业发展的带动力量，是民营装备制造业共同发展的领头羊，但是当前关中地区国有装备制造业数字化仍面临新基建规划不成熟、数字化过程长而任务艰巨、国有企业组织架构复杂等诸多共性和个性问题。在国有企业难以转身的同时，民营装备制造企业规模小，难以支撑数字化转型庞大的前期投入和数据要素沉淀，也无法支撑起产业链、物流链的枢纽作用，对数字化转型的需求并不强烈，也没有能力承担行业的引领力量。加上企业管理者没有意识到数字技术对生产方式的变革是深远而悄无声息的，并不愿意拥抱数字经济。因此，国有企业、民营企业融入工业互联网难以找到最优的切入点。

（3）关中地区数字化发展和第三方数字服务不足。

装备制造业产业数字化转型需要第三方服务商的支持，不仅是因为第三方服务商具有成熟的数字技术和转型升级方案，还因为第三方服务商对行业的理解在数字化发展中更有效率。一是数字化面临较高的固定成本投入，缺乏核心数字技术供给，没有专业的数字化服务企业提供定制操作软件和开发工具等数字技术。二是缺乏成熟的承担战略咨询、架构设计、数据运营等关键任务的信息技术服务商。目前市场上的方案多是同质化严重的发展规划，没有能力根据行业特点进行客户个性化方案设计。更为重要的是，市场上软件、大数据、云计算等各类业务服务商缺乏行业标准，对于很多中小企业而言选择成本较大。以云计算为例，中国信息通信研究院调研发现，目前云服务商的安全服务能力参差不齐，存在数据备份机制不健全、密钥管理策略不完善以及业务安全风控能力不足等问题，容易引致用户数据泄露。

关中地区数字经济发展时间较晚，同时又地处西北地区，历史上对数字经济的敏感性不够，缺少本土的龙头企业。2016 年 12 月，陕西省委、省政府出台《关于加快网络经济发展的意见》，将数字经济纳入战略发展范围，但 16 年之前在我国一线地区已经涌现了一大批数字经济企业，如深圳市的华为技术、大疆创新、正威集团、顺丰控股等。西安本土数字经济企业较少，目前以把现有企业数字化为主要发展方向。另外，西安培育的本土新兴数字化企业如航天基地的西安和硕物流、中科星途空间技术有限公司等发展较晚，产品的竞争力还有待进一步提高，但是已经有较快的成长。

（4）关中地区数字产业不平衡不充分发展。

根据陕西省装备制造业协会的企业及产品数据库中的名单，截至 2014 年共有 78 家企业在名单中，已经注销 8 家企业，通过企查查查询，注册地在西安的共有 23 家，宝鸡的共有 18 家，渭南 3 家，咸阳 2 家，杨凌 1 家。说明在 2014 年以前，装备制造业主要集中在西安和宝鸡。从表 2 和表 3 腾讯研究院和新华三集团的城市数字经济指数来看，关中地区呈现西安一家独大的特点。关于西安市的数字经济发展水平，从以腾讯为首的高科技互联网企业数据来看，西安的数字经济稳定在全国前 15 名，并在 2021 年度首次进入全国前十。与之对应的是在百名附近进步明显的咸阳市，并列 120 名左右的宝鸡和渭南，进步到 270 名的铜川和并未列入榜单的杨凌。在基于基础设施角度的新华三集团城市排名中，西安就落后到 20 名，咸阳稳定在 50 名，而宝鸡则是一落再落。

同时装备制造业的数字化发展需要大量的全职研发与高层次应用人员。这种全职研发与高层次应用人员既包括科研类人才，也包括技能型人才，传统的单一技能型人才已经不符合数字经济与装备制造业融合的发展要求。陕西众多高质量的高校源源不断地输送装备制造业人才，但是高等教育人才培养层次较低使得数字化全职研发与高层次应用人员稀缺，同时也导致这些国家数字技能的普及和数字人才的供给难以支撑数字经济的规模发展。《陕西统计年鉴（2020）》显示，关中地区的年平均工资为 69094.83 元，远低于一线城市水平。同时，关中地区龙头企业较少、产业集聚度偏低、配套设施仍不健全等问题，都导致了人才向东部地区流失的现象。

（五）数字经济促进关中地区装备制造业和科技融合的实证分析

1. 研究设计

为了检验数字经济发展对关中地区装备制造业公司生产率的影响，本节构建面板模型进行实证分析，模型设定如式（1）：

$$TFP_{i,t}=\partial_0+\partial_1 Digit_{c,t-1}+\partial_2 X_{c,t-1}+\partial_3 E_{i,t-1}+\varepsilon_{i,t} \quad (1)$$

其中，$TFP_{i,t}$为企业 i 在 t 年的全要素生产率，$Digit_{c,t-1}$为企业 i 所在的城市 c 在 $t-1$ 年的数字经济指数，$X_{c,t-1}$为城市层面的控制变量，$E_{i,t-1}$为企业层面的控制变量，$\varepsilon_{i,t}$为误差项。同时，本节将稳健标准误聚类到城市层面，以缓解城市内部企业的关联性造成的估计结果偏差。考虑到数字经济发展—企业经营调整—企业生产率变化这一影响机制需要一定的时间，本节将解释变量滞后一期，这种做法也有利于缓解逆向因果问题。

2. 指标选取

（1）被解释变量。

学术界对生产率的测算的研究十分丰富，主要解释传统的索洛模型中不能由要素投入所解释的“增长率剩余”，这个剩余就是全要素生产率（TFP）。研究全要素生产率需要从行业和企业两个视角分析。行业视角关注行业总量的运行效率，典型的方法有数据包络分析（DEA）、增长核算法以及增长率回归法；微观层面更关注个体企业的生产决策，与行业视角不同，单个企业的技术水平可以通过同类型企业进行估算，企业可以根据行业经验估计出的生产函数来选择合适的要素投入。现有研究中常用全要素生产率来衡量企业生产率，主要测算方法有三种，分别为 OLS 法、OP 法、LP 法。由于 OP 法必须要有企业退出行业才得以计算，而 LP 法不存在样本丢失和内生性问题，所以本专题主要采用 LP 法来计算生产率。借鉴何光辉和杨咸月（2012）的做法，采用主营业务收入表示总产出，固定资产净额表示资本投入，支付给职工以及为职工支付的现金表示劳动投入；中间投入借鉴王文和牛泽东（2019）的做法，采用营业成本+销售费用+管理费用+财务费用-折旧摊销-支付给职工以及为职工支付的现金来估计。最后，将所测得的值取自然对数即为 TFP。如图 4 为关中地区装备制造业的全要素生产率情况，建设机械和秦川机床的生产效率低于其他企业。

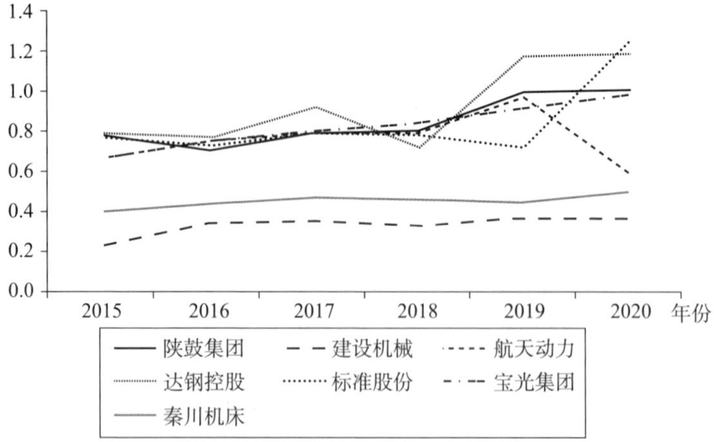

图 4　关中地区上市装备制造业公司全要素生产率

（2）核心解释变量。

本专题采用腾讯研究院发布的 2016—2019 年数字经济指数来衡量城市数字经济发展水平。该指数由腾讯研究院联合京东、美团、滴滴、拼多多等企业，利用它们在各城市多项业务的海量高频数据编制而成，基础数据中不仅包括城市中企业的云消费量、cvm 核数、IDC 宽带、cdb 存储、电子商务、企业微信和企业公众号等与企业数据资源量、智能化水平和企业组织数字化水平高度相关的指标，也包括移动支付、网络理财等数字金融相关指标，实现了对各城市实体企业数字化、智能化水平和数字金融发展水平的精准刻画。数字经济指数的广泛性使本专题能够从企业内部数字化转型、企业与金融机构、政府等外部组织互动的双重视角来检验数字经济与企业生产率之间的关系。

（3）控制变量。

为减轻遗漏变量对估计结果的干扰，本专题借鉴黄群慧等（2019）的研究，根据关中地区装备制造业的特点分别选取城市和企业两个层面的控制变量。具体地，企业层面的控制变量有：企业规模（*Size*），用企业总资产的自然对数来衡量；企业年龄（*Age*），用考察年份与企业成立年份差值的自然对数来刻画；固定资产占比（*Ppe*），用固定资产净值与总资产的比值来度量；资产负债率（*Lev*），用总负债占总资产的比重来表征；股权集中度（*Shrcr*），用第一大股东持股占比来衡量；董事会规模（*Board*），用董事会人数加 1 后取自然对数来刻画；企业的研发投入（*yftr*），用企业该年度研发投入的自然对数来衡量；企业所有制（*Soe*），用企业所有权属性来度量，国有企业为1，否则为0。城市层面的控制变量有：经济发展水平（*gdp*），用城市GDP的自然对数来表征；人口规模（*Popu*），用城市人口数量的自然对数来刻画。

3. 数据来源及变量的描述性统计

本节的企业样本主要为陕西省装备制造业官网中的企业及产品库中所挑选的关中地区上市装备制造业，分别是位于西安的陕西鼓风机（集团）有限公司（简称“陕鼓集团”）、西安标准工业股份有限公司（简称“标准股份”）、陕西航天动力高科技股份有限公司（简称“航天动力”）、达刚控股集团股份有限公司（简称“达钢控股”）和陕西建设机械股份有限公司（简称“建设机械”），以及位于宝鸡的秦川机床工具集团股份公司（简称“秦川机床”）、陕西宝光集团有限公司（简称“宝光集团”）。上市公司主要经济数据来自国泰安（CSMAR）和Wind数据库，城市数字经济指数数据来自腾讯研究院发布的年度《数字中国指数报告》。考虑到数字经济发展特征及数据的可得性，本节将样本考察期设定为2016—2019年。表4所示为变量的描述性统计，区域间数字经济指数和研发投入差距明显。

表4 变量的描述性统计

变量名称	变量符号	均值	标准差	最小值	最大值
全要素生产率	*TFP_LP*	0.71	0.25	0.23	1.24
腾讯数字经济指数	*index_tx*	3.35	3.04	0.11	8.99
企业规模	ln*Size*	12.81	1.09	11.15	14.65
企业年龄	ln*Age*	3.23	0.53	2.56	4.19
董事会规模	ln*Board*	2.31	0.17	2.08	2.71
股权集中度	*Shrcr*	0.32	0.14	0.16	0.59
固定资产占比	*Ppe*	0.21	0.12	0.07	0.48
资产负债率	*Lev*	0.42	0.16	0.12	0.68
研发投入	ln*yftr*	8.62	1.02	6.87	10.45
企业所有制	*Soe*	0.14	0.35	0.00	1.00
经济发展水平	ln*gdp*	8.54	0.60	7.49	9.14
人口	ln*popu*	6.53	0.38	5.93	6.86

4. 数字经济和全要素生产率的实证分析

表5列（1）单独考察了数字经济综合发展水平与关中地区装备制造业全

要素生产率之间的关系，结果显示 *index_tx* 的系数在 1%水平下显著为正，表明关中地区的数字经济发展水平能够显著地促进该地区装备制造业全要素生产率增长，验证了假设 1。进一步，列（5）的线性估计结果表明，在控制了企业和城市层面控制变量的情况下，数字经济发展对企业生产率依然具有正向促进作用，且城市数字经济发展水平每提高 1%，城市中企业的生产率约提高 0.026%。由此可见，经济发展的数字化转型对微观企业生产率提高具有积极意义，能够成为经济高质量发展的新动能。这一结论为中国当前大力推进“新基建”、加快经济数字化进程等战略的实施提供了一定的理论支撑。

表 5　数字经济影响企业全要素生产率的回归结果

变量	(1)	(2)	(3)	(4)	(5)
index_tx	0.0240*** (0.00594)	0.0247*** (0.00700)	0.0239*** (0.00684)	0.0287*** (0.00859)	0.0263** (0.0109)
ln*Size*		−0.237*** (0.0447)	−0.238*** (0.0522)	−0.172** (0.0680)	−0.124 (0.0955)
ln*Age*		0.0430 (0.0625)	0.0192 (0.156)	−0.214 (0.224)	−0.148 (0.281)
Ppe		−1.533*** (0.219)	−1.397* (0.719)	−0.387 (1.022)	−0.0101 (1.182)
Lev		1.105*** (0.280)	1.072*** (0.274)	0.908** (0.443)	0.790 (0.486)
Shrcr			0.00160 (0.00544)	0.00257 (0.00565)	0.00395 (0.00631)
ln*Board*			0.212* (0.125)	0.0960 (0.153)	0.0681 (0.174)
Soe				0.316 (0.259)	0.436 (0.311)
ln*yftr*				−0.0538 (0.0568)	−0.0897 (0.0762)
ln*gdp*					0.0548 (0.463)
ln*Popu*					0.140 (0.854)
Constant	0.627*** (0.0870)	3.390*** (0.445)	2.929*** (0.515)	3.323*** (0.591)	1.401 (3.181)
R-squared	0.1032	0.8192	0.8445	0.8623	0.8674

注：***、**、*分别表示在 1%、5%、10%水平下显著，括号内为 t 值。

5. 数字经济影响全要素生产率的机制分析

为了进一步研究数字经济影响关中地区装备制造业全要素生产率的作用机制，是否借助规模效应、创新效应和管理效应三种机制实现，本节借鉴温忠麟和叶宝娟（2014）的研究理论，采用中介效应模型检验上述机制，具体模型如下：

$$TFP_{i,t}=\beta_0+\beta_1 Digit_{c,t-1}+\beta_2 X_{c,t-1}+\beta_3 E_{i,t-1}+\varepsilon_{i,t} \quad (2)$$

$$M_{i,t}=\eta_0+\eta_1 Digit_{c,t-1}+\eta_2 X_{c,t-1}+\eta_3 E_{i,t-1}+\varepsilon_{i,t} \quad (3)$$

$$TFP_{i,t}=\gamma_0+\gamma_1 Digit_{c,t-1}+\delta M_{i,t}+\gamma_2 X_{c,t-1}+\gamma_3 E_{i,t-1}+\varepsilon_{i,t} \quad (4)$$

其中，$M_{i,t}$为中介变量，分别为假设 2 中的规模经济、技术创新和管理效率，其他变量与式（1）相同。中介效应检验步骤如下：第一步，对式（2）进行回归，考察在没有控制中介变量的情况下数字经济对企业生产率的影响系数 β_1 是否显著。若 β_1 不显著，则说明数字经济对企业生产率没有影响或存在遮掩效应；若 β_1 显著，则检验继续。第二步，对式（3）进行回归，考察数字经济对中介变量的影响。第三步，对式（4）进行回归，考察数字经济对企业生产率的影响系数 γ_1 和中介变量对企业生产率的影响系数 δ。其中，γ_1 为直接效应，$M_1\times\delta$ 为中介效应。若 η_1 和 δ 均显著，则说明存在中介效应；若 η_1 和 δ 中至少有一个不显著，则采用 Bootstrap 法检验在 95%的置信区间中是否包括 0，若不包括 0，则说明存在中介效应，反之，则不存在中介效应（温忠麟和叶宝娟，2014）。

（1）规模经济效应。

数字经济一方面实现了交易过程的时空异步，改变了企业规模扩张需要投入大量成本建立异地销售渠道的事实；另一方面降低了消费者的搜寻成本，提高其消费需求，从而降低企业规模扩张的成本，进而实现规模经济。为考察数字经济是否能够通过企业的规模经济效应提高生产率，本节借鉴王书斌（2018）的做法，采用企业销售额的自然对数来表示企业的销售规模（*sale*），作为规模经济效应的替代变量，并利用中介效应模型进行检验。表 6 列（1）估计结果显示，数字经济 *index_tx* 的系数不显著，表明现阶段数字经济发展还未展现对装备制造业的影响。进一步将生产率对数字经济和企业销售规模进行回归，列（2）结果显示，数字经济的系数在 1%水平下显著为正，但是装备制造业企业销售规模不显著，表明企业销售规模扩张并不是数字经济促进企业生产率增长的重要途径。

表6 机制分析：规模经济效应

	(1) *sale_re*	(2) *TFP_LP*
index_tx	0.0734 (1.2)	0.0307*** (2.79)
sale_re		-0.0615 (-1.72)
_cons	42.8665** (2.4)	4.0384 (1.12)
控制变量	控制	控制
R-squared	0.6102	0.7897

注：***、**、*分别表示在1%、5%和10%水平下显著，圆括号内为聚类到城市层面的稳健标准误值。

（2）技术创新效应。

创新资源匮乏和创新能力不足是制约企业创新的两个重要因素。一方面，数字经济发展能够改善企业创新环境，缓解创新资源错配程度；另一方面，开放式研发系统和数字化研发工具在研发设计中的应用能够提高企业技术创新能力。为检验技术创新的中介效应是否存在，本节采用企业申请专利总数（*zl*）衡量企业创新水平。借鉴一般的做法，将企业申请专利数加1后取自然对数。表7结果表明，尽管专利数量表征的技术创新对企业生产率具有促进作用，但数字经济对专利数量的影响系数并不显著，且Bootstrap法检验显示间接效应的95%置信区间［-0.0019，0.0023］不包括0，说明技术创新可能不是数字经济促进企业生产率提高的有效路径。

表7 机制分析：技术创新效应

	(1) *zl*	(2) *TFP_LP*
index_tx	0.17 (1.42)	0.0267** (2.25)
zl		-0.0032 (-0.14)
_cons	76.4072** (2.18)	1.645684 (0.44)

续表

	(1) *zl*	(2) *TFP_LP*
控制变量	控制	控制
调整的 *R-squared*	0.185	0.7616

注：***、**、*分别表示在1%、5%和10%水平下显著，圆括号内为聚类到城市层面的稳健标准误值。

(3) 管理效率效应。

企业高效的管理是优化技术进步和生产要素组合促进企业生产率增长的重要因素（Philippe and Peter，2006）。数字经济能够优化企业沟通交流方式，推动企业组织变革和增强企业家的预测能力，从而促进企业管理效率提高。本节参考杨继生和阳建辉（2015）的做法，用（管理费用+销售费用）与营业总收入的比值度量企业管理效率（*manage*），检验中介效应。*manage* 值越小，管理效率高，反之则越低。表8列（1）结果显示，数字经济 *index_tx* 对管理效率（*manage*）的系数在5%水平下显著为负，说明数字经济能够提高企业管理效率；列（2）中，数字经济的系数在5%水平下显著为正，管理效率的系数不显著，说明管理效率并不是中介变量，数字经济并未能够通过提高管理效率对企业生产率产生正向影响。

表8 机制分析：管理效率效应

	(1) *manage*	(2) *TFP_LP*
index_tx	-0.0083** (-2.27)	0.0323** (2.58)
manage		0.725 (0.98)
_cons	-1.628 (-1.51)	2.5811 (0.76)
控制变量	控制	控制
R-squared	0.6389	0.7756

注：***、**、*分别表示在1%、5%和10%水平下显著，圆括号内为聚类到城市层面的稳健标准误值。

6. 讨论

实证结果表明关中地区数字经济综合发展水平促进了装备制造业生产效率的提高。杜传忠、金华旺（2021）研究了A股上市公司，发现数字经济通过规模经济、管理效应和技术创新提高企业生产率。但是中介效应模型的检验结果显示，关中地区数字经济并没有通过理论阐述的微观机制作用于企业生产率的提高。这是由于关中地区装备制造业数字化过程刚刚起步，一是没有行而有效的政策引导和方法论；二是数字化发展落后于发达地区，数字资产积累薄弱，仅应用在低端场景；三是并未充分释放数字产业化优势，形成数字化企业为装备制造业提供优质的第三方服务，拖累产业数字化的效应；四是存在装备制造业和科技、数字经济融合不充分，产业结构及空间分布不平衡等问题。这些问题使得数字经济的微观机制在关中地区装备制造业领域没有得到充分的发挥。仅仅是通过数字化管理提高了管理效率，但没有达到从战略高度优化管理效率，这一结论符合上文对关中地区数字经济和装备制造业数字化发展情况的分析。

（六）装备制造业与数字经济结合新路径

1. 新基建投资倒逼企业升级

由于科学技术不断发展，人民生活水平提高，现有的基础设施并不能满足人民群众日益增长的物质需求，因此，新基建是当下数字经济时代与传统基建相对应的，采用高新技术发展的，用于实现国家智能化、数字化、高速化的基础设施。目前，公认的关于新基建的主要内容包括5G基站、城际高速铁路和城市轨道交通、特高压、新能源汽车充电桩、大数据中心、人工智能、工业互联网这七大领域。2020年4月20日，国家发展改革委明确了新型基础设施的内涵和范围，提出“新基建”主要包括信息基础设施（5G、物联网、人工智能、数据中心等）、融合基础设施（智能交通基础设施、智慧能源基础设施等）和创新基础设施（重大科技基础设施、科教基础设施、产业技术创新基础设施等）。新基建所运用到的新技术必然导致终端设备等一系列产品、通信接口等方面的更新换代，从而代替老设备，实现新一轮的投资、生产循环。

在国家政策的支持下，在龙头企业的带动下，“新基建”必然会从一线城市向三四线城市乃至乡村逐步普及，实现智慧城市到智慧乡村的发展。因此，未来新基建在关中地区逐步发展，必然会改变人民的生活方式和社会的生产方式，从而倒逼企业升级。比如，5G独立组网基站的大面积铺设，不仅促使普通消费者更换带有5G通信基带的无线终端设备，更使得生产制造企业开发5G终端产品以提高产品竞争力。不仅仅是5G，近年来，在工业互联网方面，例如以接口 Type-C 为表现形式的雷电传输协议和 USB3.1 传输协议、Wi-Fi 6 Gig+等为代表的新型信息传输技术的应用都在各方面推动着我们去更换终端设备和改变我们的偏好选择，也推动着企业生产设备升级传输协议信息接口，从而倒逼装备制造企业提高自身的新技术应用能力、研发能力和生产制造能力。目前，关中的产业聚集群内部仍然存在着技术差距和行业差距，而应用新基建所带来的新兴技术也不是一蹴而就的。在西安高新技术产业开发区，西安华为技术、西安中兴通讯等企业已掌握了较为先进的通信技术，并已成为政府和一些企业的通信服务解决方案的主要提供者，而其他企业则未能达到这种程度，例如国家知识产权局的专利核查显示，航天基地中的部分飞行器研究制造企业至今仍在使用较为落后的 433 无线通信技术，并没有采用相对先进的 2.4GHz 和 5.8GHz 的技术频段来实现更远的信息传输距离和更稳定的信息传输保障。因此，在未来的发展过程中，相对落后的企业会针对“新基建”设施逐步提供相应的适配，从而推动数字经济在关中地区的发展。

2. 智能制造提升企业创新能力

智能制造是一种由智能机器和人类专家共同组成的人机一体化智能系统，它在制造过程中能进行智能活动，诸如分析、推理、判断、构思和决策等。通过人与智能机器的合作共事，扩大、延伸和部分地取代人类专家在制造过程中的脑力劳动。它把制造自动化的概念更新，扩展到柔性化、智能化和高度集成化。《纲要》在第十八章第四节专栏 09 中也提出了对智能制造的要求：“促进设备联网、生产环节数字化连接和供应链协同响应，推进生产数据贯通化、制造柔性化、产品个性化、管理智能化。”在装备制造业，智能制造意味着制造业需要结合现代高新数字技术来发展生产，提高效率。

装备制造业与数字经济结合可以制造出新的产品。创造与发明是装备制造业与数字经济最为主要的结合途径，也是最为重要的发展方向。利用好数字经济与其他互联网高技术带来的信息传输优势，传统装备制造业能够创造出更具有竞争力的产品。

总体上，关于装备制造业与数字化结合的产品创新比较有代表性的观点是杨菠（中国信息通信研究院融合创新研究中心高级工程师）等将智能制造的数字化归结于 6 个领域：一是基于嵌入式物联技术与工业大数据的产品创新。该技术可以使产品自身拥有状态感知的能力，能够自主进行故障判断与报警。二是通过“端—管—云”的形式，实现远程操作。该技术是通过云平台读取智能端口的数据并进行操作，可以规避时间、空间的障碍。三是基于知识工程的智慧创成技术，是将基于知识工程的方法，比如知识流分析方法、基于语义网络的方法等应用于设计需求转化为概念方案的过程，再借助自然语言识别等技术分析当前技术趋势。四是基于模型定义（MBD）的设计研发，该方案是采用贯穿于全生命周期的数字化系统，用数字化 CPS 系统进行高性能仿真代替以前投资较大的物理性能实验等。五是人工智能决策，利用算例自动生产最优化路径。六是自适应的柔性制造系统，主要针对小批量、高价值的订单进行定制化生产。

具体在生产制造流程上，在信息时代的背景下，客户、消费者对产品的要求越来越高，也对新时代下的装备制造业提出了新的要求。近年来，信息化产品的升级越来越快，设备更新的速度越来越快，反映出老一代装备制造业投入大、技术含量小、生命周期长等特点，已经逐渐不能满足当下的消费者需求。因此，装备制造业应当朝着短生命周期、控制成本、高技术含量和快速市场响应的方向发展。对此，现代装备制造业应该合理利用数字技术，甚至根据自身情况自研数据平台对工业流程进行规范管理，优化工业制造流程。对小批量订单，可使用柔性生产线、AGV 等智能制造设备来满足客户要求。

除了对流程的优化外，在生产工艺上，数字科学也发挥着重要的作用。数字经济的发展离不开数字技术的应用，而数字技术的发展与成熟也将会为关中地区的装备制造业创造新的技术需求和提供新的技术解决方案。例如，经笔者走访，航天基地的部分企业已经使用 3D 打印机等新型数字设备制造出定制化的加工零件提高生产效率。但应用数字技术不能只局限于某一个生产过程，数字技术在装备制造企业中应该是贯穿始终的。在这一点上，美国等发达国家仍走在我国前面，我们也需要向美国学习。例如，美国最大的战斗机生产商洛克希德·马丁公司制造雷电 F-35 多功能战斗机时，广泛采用 AR（Augmented Reality）技术来指示操作、矫正误差（见图 5）。

另外，不仅仅是 AR，VR 技术也能在飞行器的制造上应用。在这一点上，国产无人机龙头制造商大疆创新给出了很好的解决方案。大疆于 2021 年 3 月发布了 Dji FPV 无人机，该无人机同时配套 VR 眼镜和操纵杆，戴上 VR 眼镜后，该无人机可以让消费者沉浸式实时观测到飞行器摄像头所捕捉到的画面，让消费者身临其境地感受到云端上的自然景观。类似的还有中国航空工业

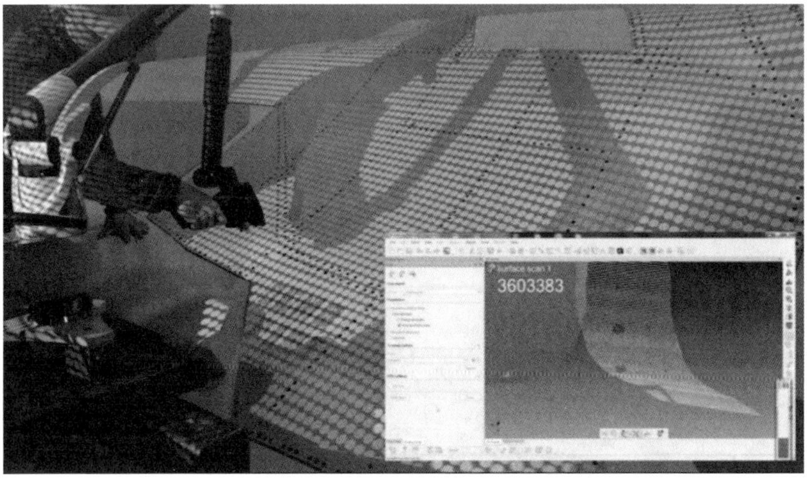

图 5 洛克希德·马丁公司在制造 F-35 时运用 AR 进行表面误差检验

（成都）所生产的 J-20 威龙战斗机的 VR 显示头盔，其可以在飞行员的目镜上投影飞行状态信息等。但这些新兴技术在关中地区应用并不广泛。航天基地、航空基地等管委会应积极牵头在内部飞行器制造企业中组织尖端设备制造技术交流，同时积极引进先进技术企业或者委派相关人员去先进技术企业进行学术或技术交流、研讨与合作，从而培养企业相关的技术能力，甚至在可能的情况下，运用相关的政治资源和域内高等院校学术合作资源，与国外大学或企业建立合作关系，进行技术交流与研讨。企业自身也要对技术革新保持积极态度，合理调整公司架构和公司文化，组织相关培训，适应新的技术生产模式。

另外，若企业自身科研水平不够，可借助阿里云、百度云等人工智能服务平台进行数字化升级。以阿里云为例，阿里云可提供工业智能基础设施解决方案，包括供应链、产品研发、生产、营销和服务等环节，其工业大脑产品可直接进行定制化的可视化数据呈现、可视化流水线编排等。在生产过程中，可利用安监设备或其他硬件，运用工业视觉相关算法，对产品质量进行辅助判级、检验瑕疵等。此类云平台的搭建，将会提高企业产品生产效率和生产质量，也会推动企业数字化发展。

生产产品创新也是装备制造业数字化的重要导向，是装备制造业升级的必经之路。在关中地区，特别是航空航天、机器人、汽车制造等行业在进行产品创新时不仅能为企业用户提供更高效的解决方案，更能为消费者提供个人和家用产品选择，从而吸引到更多的客户。在产品创新方面，企业可以发力杨菠等提出的6个方向，在自身的智能产品中建立通信接口，实现物物连接，并经过人工智能算法进行态势感知，对当前的环境进行自主回馈。

经笔者调查，西安航天基地某些装备制造商已经开始在这方面进行积极的探索。例如，2021年3月，西安航天基地某飞机设计公司在已有航空航天技术的基础上，开发出具有子母无人机的“蜂群”作战单位（见图6）。

图6　某公司设计的“蜂群”系统中母无人搭载平台正在投放子无人机

该系统可以在长距离、强对抗环境下对目标进行抵近侦查、干扰、攻击等，丰富了我国空天打击手段，拓展了作战范围。在此作战系统中，母子无人机之间、子子无人机之间有相应的信息传输，从而达到互联的效果以进行智能化反应。但是，该系统的智能化水平还有进一步提升的空间，其无人智能作战功能和编队之间的队伍任务模型设定也将会在未来进行升级。

这个例子反映了关中装备制造企业的积极尝试，但这种装备制造的升级在关中地区并不普遍，需要政府及政府派出机构、企业和高校共同推动产品创新成果示范化推广，从而推动区域内产业升级。

3. 苏陕对口帮扶推动技术外溢

2016年，中央政府制定了全国9省9市对口帮扶西部12省的计划，苏陕协作是其中的重要一环。2016年12月3日，国务院颁发了《关于印发“十三五”脱贫攻坚规划的通知》（国发〔2016〕64号），其中第九章第一节以闽宁协作为模板，明确了东西部扶贫协作的主要纲领与政策建议，让东西协作成为我国脱贫攻坚过程中的重要一环，也为东西部协调发展、西部大开发提供了重要的示范性作用。

几年来，在脱贫攻坚大环境下，在东西部扶贫协作大方针的指引下，苏陕两地在产业合作、劳务协作、人才支援、资金支持等方面进行了深度合作，极大地推动了陕西地区的脱贫进程，提高了陕西的扶贫效率。据相关报道，陕西省56个贫困县（区）与江苏省51个县（市、区）结对，其中11个深度贫困县与江苏省经济强县结对，苏陕两省46对镇和2对村签署了合作协议，促进了苏陕两地资金流动和人员流动，为陕西贫困地区带来新的生产活力。据不完全统计，2017年以来，苏陕协作累计支持和吸引了487家江苏企业来陕投资参与扶贫，落地投资额105亿元。

苏陕扶贫协作大多局限于农业农村，更多的是以培育、收购农产品原材料，建立社区工厂收纳移民搬迁形成的空余劳动力等方式助力脱贫，具有代表性的是柞水县金米农业产业园、木耳菌包生产厂和西川木耳小镇、麟游县郭家河矿业有限公司等项目。这些项目盘活了贫困地区的闲置资源，使各种生产要素得到了充分的运用。但是，对于现有的装备制造业来说，苏陕协作还有进一步的利用空间和深化空间。江苏有不少技术较为先进的企业和较为典型的示范园如江苏513重点培育企业和常州西太湖科技产业园等，这些企业部分主要从事装备制造产业，对关中地区的装备制造有着较强的示范性作用。关中地区地方政府可以充分用好两地资源优势，加大招商引资力度，吸引更多的江苏高新技术企业来陕投资兴业，吸引高新技术和高级人才要素向陕流动。

在这一过程中，政府和相关管委会需要做好相应的配套工作，如基础设施建设和税收优惠等。在西安与装备制造产业紧密相连的是高新技术开发区、西安阎良国家航空高技术产业基地和西安国家民用航天产业基地等。上述区划已经逐渐形成了相对成熟的产业体系，逐渐发展成了较为集中的生产聚落，若上述区位引进相应的江苏装备制造企业建立分、子公司从而开展生产经营活动，必将推动相关技术因素外溢，直接推动当地上下游企业，甚至间接推动竞争企业的技术发展，从而在这一路径上提高关中地区装备制造水平，推动关中地区装备制造业发展。

（七）政策建议

1. 坚持创新驱动发展战略，加大行政支持力度

2012年，党的十八大提出了“科技创新是提升社会生产力和综合国力的

战略支撑，必须摆在国家发展全局的核心位置”并实施创新驱动发展战略，加速了我国现代化、科技化的进程；2016 年中共中央、国务院印发《国家创新驱动发展战略纲要》《国务院关于印发“十三五”国家科技创新规划的通知》等文件，指明了创新驱动的基本原则、阶段目标、扶持政策和发展方向；2021 年 3 月，国务院发布的《中华人民共和国国民经济和社会发展第十四个五年规划和 2035 年远景目标纲要》中明确指出“坚持创新驱动发展，全面塑造发展新优势”并在其中从强化国家战略科技力量、提升企业技术创新能力、激发人才创新活力、完善科技创新体制机制四个方面详细描述了“十四五”期间创新驱动的发展方向。创新驱动发展战略是近年来重要的国策之一，也是我国面向未来发展的必经之路。只有从低端的劳动、资源密集型产业转为知识密集型产业，我们才能实现从大国到强国的转变。习近平总书记 2020 年 4 月在浙江考察时谈道：“要抓住产业数字化、数字产业化赋予的机遇，加快 5G 网络、数据中心等新型基础设施建设，抓紧布局数字经济、生命健康、新材料等战略性新兴产业、未来产业，大力推进科技创新，着力壮大新增长点、形成发展新动能。”因此，政府部门在当下要积极推动科技创新，保护、发展数字经济产业。结合当下关中地区的基本情况，本节认为关中地区政府和政府派出机构可以实施以下举措：

（1）资源倾斜。

推进装备制造业数字化，必须要得到相应的政治资源的支持。高端装备制造产业具有占地规模大、基础设施建设要求高、知识密集等特点。因此，在推动装备制造业进行数字化升级时，政府和相关派出机构要做好必要的保障，并给予数字化产业较高的优先级和适当的资源倾斜，优先保障其产业发展。

在这一点上，关中地区政府可以借鉴浙江、青海等省的相关经验，建立数字经济发展领导小组，重点关注、落实、推进相关的数字经济政策和必要保障，加速审批流程；并在市场监管局设立市数字经济服务中心，服务好辖区内企业。同时，由于装备制造业和数字经济的交叉特性，领导小组需要在行政审批、政策落实、规划用地上具有相应的权限，因此，在级别上，要保证领导小组成员有足够的行政能力，保障其能发挥推进作用。

当下，陕西省的数字经济发展主要由陕西工业和信息化厅、陕西省委网络信息化办公室、西安市大数据资源局等单位负责，若单独设立领导小组，可更有效地组织领导、统筹协调关中地区数字经济发展工作并在全域规划用地，研究数字经济发展规划和实施方案，审核关中地区数字经济发展重要政策措施，研究解决关中大数据发展全局性、方向性的重大问题和事项，协调落实职业教育相关人才培训工作，督促和协调大数据产业相关项目落地见效。这也会有利于数字经济在关中全域进行有效布局，推动关中全域装备制造业向数字化转型。

同时，资源倾斜也必须要保障装备制造业相关企业的配套设施，在领导小组的统一调配下进行相关基础设施配套。同时，领导小组应外聘相关专业技术人员，对关中现有的产业链情况进行评估分析，找到产业链的薄弱环节并对其提出建议。领导小组也应积极协调所掌握的政治资源，运用招商引资、政策优惠等措施，补齐短板，从而提高地区配套率，推动关中地区形成区域一体化发展的高效产业链配套体系。

在资源倾斜方面，不能仅向企业层面倾斜，更重要的是向人才倾斜。随着中国生育率、结婚率、出生率等人口数据持续走低，未来青年劳动人口会急剧下降，为了保持关中地区的发展活力，关中政府必须要加大“抢人”力度，提高引进人才待遇，吸引更多的青年劳动力来陕工作、生活。在装备制造和数字经济方面，各区政府或管委会应该为相关的数字化人才的安家落地做好保障，在住房、子女教育等政策方面尽可能地展现吸引人才的诚意，同时加大区域内医疗、学校等配套设施的建设力度，形成重视人才、吸引人才、爱护人才的氛围，将关中地区建设为中国的西部数字高地。

在发展方向上，当地政府及派出机构应充分应用当地研发、制造优势力量，针对美国等国家设置的“卡脖子清单”等技术壁垒进行重点攻克，对清单相关行业在区域内进行要素整合，加大资源投入，为相关人才做好保障，为相关技术配套提供支持，积极参与到国家发展、攻坚的最前沿。

（2）融资问题。

发展数字产业或对现有产业数字化升级需要大量的资金支持。根据笔者调查，银行的对公业务一般采用钻石模型等判断企业的成长能力，但在装备制造业的数字经济发展方面，产成品的展现形式会有更高比例以软件著作、发明专利等形式呈现，因此缺少传统意义上的抵押物品，可能会导致企业的融资出现问题。在这方面，政府可以通过相关政策性银行等机构视情况发放政策性贷款，在规定好限制性条件后可适当降低门槛要求，保证贷款能覆盖数字经济发展。

此外，充分利用好地方性融资基金、投资公司等融资平台，当装备制造企业急需资金时与企业商议增资扩股并由购买企业股份也成为一种可行方案。地方性融资平台可与企业签署对赌协议等，从而进行相应的风险控制。

必要时，政府或政府的派出机构可以帮助企业建设必要的基础设施并以固定资产入股，同时签订回购协议，可以规定相应的盈利指标并鼓励企业回购政府所占股权，从而帮助企业度过资金较为缺乏的转型期。

在帮助企业解决融资难问题时，也要规范使用 PPP 等模式，从而避免“明股实债”的融资漏洞，落实好金融风险管控措施。

在鼓励企业创新方面，政府及派出机构可充分运用控股投资公司或者地方性融资基金，运用好第三方咨询机构或当地高校的专业力量，对前景较好的创新项目进行风险投资，以推动相关产业发展。另外也可为企业量身定制相关的精细化研究课题，让辖区内企业参与科研项目，从而利用科研经费进行创新发展。

（3）政府主导政企校三方联合，推动高校技术转化。

在进行装备制造业的数字化转型过程中，知识是对尖端装备生产产生绝对性影响的重要因素。因此，在关中地区，发展数字化的装备制造业，必须重视关中域内高等院校的科研力量。陕西有 8 所 211 大学，是 211 大学最多的省份之一，因此在科研力量上，关中地区有相当深厚的科研储备。在发展数字化转型时，工业信息化厅应该提高相关科研项目数量，引领当下科研任务导向，同时鼓励各高校在数字化方面做出应有的贡献。

另外，成立高校电子科技联盟也是一项非常重要的举措。在这方面，关中地区政府及其派出机构、陕西省教育厅、陕西省科技厅等有关部门应该协同合作，牵头关中域内相关高校，成立电子科技相关联盟，从而推动域内科技资源共享，共同攻坚前沿科技，为装备制造业数字化提供最新、最前沿的技术，甚至为中国的装备制造业提供突破性的解决方案。另外，可以鼓励联盟成立相关控股公司，直接推动科研成果转化，以此方式激励高校进行科研创新，盘活现有科研资源。

2. 推动“新基建”，保障基础设施建设

正如前文所述，新基建的建设会倒逼装备制造企业向数字化升级。但是当前在关中地区，乃至在整个西部地区，新基建仍在起步阶段。中国银行研究院认为，2020 年“新基建”七大重点领域投资规模为 1.2 万亿元，当前规模仍然较小，但投资增速较高，未来会逐渐替代“老基建”并使之成为逆周期的调控手段。因此，“新基建”的需求仍然较大，还需要继续加大力度推进，从而实现“新基建”从城市到乡村的全域覆盖。

“新基建”的建设不同于“老基建”，“新基建”有不少自身独特的属性。李明、龙小燕认为，新基建除了投资主体和对象与“老基建”有显著不同外，还具有投资不间断、价值折旧快、竞争性较强的特点，因此需要不间断地投资。由于新基建的这些特性，同时也为了避免地方政府债务风险，在新基建方面，应该在取得控制权的情况下鼓励民间资本参与，从而分担政府债务压力。同时，进行金融创新也是一种不错的选择。政府及管委会控股的金融控股公司应该积极探索将有良好收益的“新基建”产品的未来收益等相关资金流入进行证券化，从而充分吸纳民间资本。但是在证券化时，必须做好尽职调查，把控好风险因素，防止高杠杆引发系统风险。

同时，在建立“硬性”基础设施的同时，要注意“软性”基础设施的建设。政府及其派出机构、地区行业协会应该积极根据行业情况制定相关标准，从而衡量片区内相关企业的数字化完成度，并根据相关完成度进行分析或引导。

3. 培养高质量数字人才，落实人才强国战略

数字经济的发展离不开数字人才的培养。在促进装备制造业数字化的过程中，所运用的技术对不同专业的学科知识都提出了相关的要求。在教育上，关中地区的高校应探索更为全面的数字人才培育方案。实际上，不仅在装备制造业，更多的例如医学、金融工程等行业，在遇到具体的问题时单一的行业知识储备也已经不能完全满足现实需求，这对现有高校的知识体系结构提出了新的变革需要。关中地区的高校应该积极探索完全学分制、学部制或书院制招生，进行大类招生大类培养，积极探索学生跨专业修课的可行性，从而促进关中地区高等人才的复合型培养。我们看到，西安交通大学、西北工业大学和西安电子科技大学已经开设了人工智能与大数据专业等交叉专业，但具体在数字经济与装备制造上，应该允许并鼓励更多高校计算机学院与工程/机械学院等进行跨院选修培养。在这一点上，各高校应因地制宜，分析具体情况，统筹协调好相关资源，在保障教学水平的情况下让学生掌握装备制造和数字科学的相关理论。此外，在探索学部制、学分制教育的同时，学校也应该积极探索新兴学科专业的建立和培养体系，如近年来国外大学

纷纷开设的数据分析、数据科学等专业都是关中地区高等院校需要积极探索、研究的方向。因此，在人才培养方面，中外联合办学的经验也值得我们借鉴。如由纽约大学和华东师范大学合作举办的上海纽约大学的本科项目开设了数据科学大数据技术、基因组学和生物信息学、交互媒体与商学等专业；由杜克大学和武汉大学合作创办的昆山杜克大学在硕士项目中开设了医学物理学、生物伦理学与科学政策、视觉与媒体研究、电子与计算机工程等专业学位。这些都体现了较为前沿的科技特点，同时这种交叉学科也较好地满足了社会的需求。可见，有效引进国外先进资源，能够促进高校课程多样化、人才背景交叉化，同时也会对提高就业率、促进产业发展产生正向影响。

需要注意的是，装备制造行业的基本特征要求学生更多地在企业中进行实际操作来发现问题、解决问题。因此，各关中高等院校应该积极探索与关中龙头企业联合培养学生的方式，从而改变学校完全承担学生教育责任的格局，通过建立校企联盟，双方共同承担起培育未来人才的责任。

另外，对于陕西省内部的一流大学，需要加大扶持力度。西北大学发布的《西北大学2020届毕业生就业质量年度报告》显示，60.96%的毕业生留在了陕西，同时期的西安交通大学（签约地在西部地区比例为47.8%）、西北工业大学（35.13%毕业生签约陕西地区）等关中地区的211大学也有较多的学生就业关中。因此，关中地区的大学在推动关中经济发展、为关中培养年轻人才方面起到了举足轻重的作用。但是关中地区的大学教育经费相比东部发达地区大学来说仍然有较大差距。缺少办学经费就意味着吸引不到人才、留不住教师，关中地区学校的排名连年下滑，会反向促进高等教育资源、人才资源向发达地区流动。因此，大幅提高大学的教学经费，是当前为关中地区培养高新技术人才的重中之重。

在人才培养上，全国政协经济委员会副主任、国务院发展研究中心原副主任刘世锦认为可以仿照经济特区，设立一些大学教育和基础研发的特区，创办高水平的大学教育，提升基础研究能力，吸引全球尖端人才。西安可以借助现有的科研力量，对相关方面进行探索。

在企业中，装备制造业的生产方式变革也意味着相应协同部门的变革，因此，对于企业来说，以财务部门为例，数字经济时代的装备制造对财务提出了新的挑战：如何衡量数字技术的价值？如何运用先进的数字技术进行成本、预算管理？如何分析当下市场经济的走势并做好符合企业条件的投融资决策？为了回答这一系列问题，企业应该做好相关人员的培训工作，比如加入特许公认会计师公会认可的雇主计划，借用外部咨询公司的力量助推企业财务的发展，培养企业财务部门的前瞻性。

4. 办好示范产业体系，打响国家品牌

在关中地区，装备制造业和数字经济相对成熟的地区集中在航空基地、航天基地、高新区等行政区划。上述地区管委会利用得天独厚的政策优势，发展、吸引了一批集聚性的装备制造生产企业。这些地区在促进数字经济发展方面也出台了不少政策。2019 年 6 月 21 日，中共陕西省委网络安全和信息化委员会印发《关于开展数字经济试点示范的意见》，决定从 2019 年开始在全省开展数字经济试点示范；在 2021 年下发的《关于公布我省首批省级数字经济试点示范名单的通知》中，将前述 3 个行政区划和西安灞桥区、经开区评为西安市省级数字经济示范区，并在 2021 年 4 月 1 日举行授牌仪式。但是，后期如何更好地发挥示范作用，也正是摆在管委会和政府面前亟待解决的问题。

现有的示范区、示范园是在一批已经规模化的数字经济发展区域中选取的，因此，在评选为示范园区后，政府和管委会应继续扶持或补贴相应企业提出更新的数字服务方案，并首先在园区内进行推广和应用，从而形成一种正向循环。

另外，管委会和相关企业应该积极运用好新型的数字媒体平台，打造融媒体矩阵，从而开拓宣传范围，向全国范围推广。这一平台不应该仅局限于现有的微信公众号，还应运用更多的全方位的展示平台比如哔哩哔哩、抖音、斗鱼直播等。运用好这些平台，并提高相关的宣传水平，是当前做好“示范”工作的重中之重。近年来，不少政府、国企单位甚至国家级官员、将领等都注册了哔哩哔哩账号并发布“接地气”的、高质量的内容来吸引年轻人的关注，从而达到了比较好的宣传效果。下一步，关中数字经济示范区、示范园内的装备制造产业也应该用好相应的网络平台，做好宣传，这样一方面有利于打开产品销路，另一方面也有利于吸引更多的数字实体来区域投资创业、发展生产。

示范园区和示范园的建设离不开展会的建设与宣传。西安市政府应该打响现有的“西安数字经济产业博览会”这一展会品牌，不能仅局限于高新区内企业，应该在全关中地区统筹调配，协调好各示范园区的优势资源，吸引更多的高等院校、装备制造企业参与，从而让数字博览会有看点、有差异、有趣味，从而在全国范围内成为独树一帜的博览品牌。同时，数字经济博览会也可借鉴、学习西安航展（中国国际通用航空大会）的品牌建设经验，共同发力推动装备制造业数字化进程。

参考文献

[1] 姜红．加快中国装备制造业发展的意义与对策［J］．边疆经济与文化，2004（11）：47-51.

[2] 邵慰．中国装备制造业竞争力提升策略研究［J］．中国科技论坛，2012（2）：48-52.

[3] 吕铁，刘丹．制造业高质量发展：差距、问题与举措［J］．学习与探索，2019（1）：111-117.

[4] 丁文珺，杜志明．我国制造业发展四十年：成就、新形势与转型思路［J］．经济纵横，2018（8）：70-79.

[5] 谭秀阁．陕西省装备制造业的发展机遇与挑战［J］．现代企业，2021（7）：70-71.

[6] 金华斌．基于“中国制造 2025”的我国高端装备制造业转型升级路径展望［J］．现代商业，2016（4）：41-42.

[7] 熊彼特．经济发展理论［M］．北京：商务印书馆，2000.

[8] Romer P. M. Increasing returns and long run growth［J］. Journal of Political Economy，1986，94（5）：1002-1037.

[9] Lucas Robert E. On the mechanics of economic development［J］. North-Holland，1988，22（1）：3-42.

[10] 罗斯托．经济成长的阶段［M］．北京：商务印书馆，2010.

[11] Kevin P. Gallagher，M. Shafaeddin. Policies for industrial learning in China and Mexico［J］. Technology in Society，2010，32（2）：81-99.

[12] 刘冰，王发明，毛荐其．基于全球技术链的中国产业升级路径分析［J］．经济与管理研究，2012（4）：58-63.

[13] 陆斌．转型经济中的产业价值链升级［J］．科技进步与对策，2012，29（12）：63-69.

[14] Isabel Alvarez，Raquel Marin. FDI and technology as levering factors of competitiveness in developing countries［J］. Journal of International Management，

2013，19（3）：232-246.

［15］Ruey Jer “Bryan” Jean. What makes export manufacturers pursue functional upgrading in an emerging market? A study of Chinese technology new ventures［J］. International Business Review，2014，23（4）：741-749.

［16］赵树宽，余海晴，姜红．技术标准、技术创新与经济增长关系研究——理论模型及实证分析［J］. 科学学研究，2012，30（9）：1333-1341.

［17］彭福扬，彭民安，李丽纯．知识产权保护、技术创新与经济增长方式转变——基于我国区域面板数据的实证研究［J］. 科技进步与对策，2012，29（24）：56-61.

［18］王海燕，郑秀梅．创新驱动发展的理论基础、内涵与评价［J］. 中国软科学，2017（1）：41-49.

［19］余学林．数据包络分析（DEA）的理论、方法与应用［J］. 科学学与科学技术管理，1992（9）：27-33.

［20］夏来保，魏亚平．基于 DEA 的经济新区投资绩效评价——以天津滨海新区为例［J］. 财会通讯（学术版），2006（9）：119-122.

［21］陈娟，李云燕，李艳红．河北省 R&D 活动投入与产出效率分析［J］. 商场现代化，2008（14）：232-233.

［22］Minghong Zhang，Xinke Yin. The effect of R&D alliances on the speed of innovation：Evidence from Chinese SMEs［C］//Proceedings of 2012 International Conference on Solid State Devices and Materials Science（SSDMS 2012 V25）. 2012：1170-1176.

［23］刘涛，金英淑，杨金帅，霍静娟．基于博弈交叉效率 DEA 模型的中国工业企业创新绩效测度［J］. 科技和产业，2017，17（9）：75-79.

［24］倪永良，唐娟莉．基于 DEA-Mquisitist 指数法的西部地区科技创新效率演化［J］. 科技与经济，2018，31（6）：46-50.

［25］李婉红，刘芳．剥离环境因素的中国高技术产业创新效率综合测度研究［J］. 科技进步与对策，2019，36（4）：75-81.

［26］Varum C. A.；Cibrão B.；Morgado A.；Costa J. R&D，structural change and productivity：The role of high and medium-high technology industries［J］. Economia Aplicada，2009，13（4）.

［27］Özcan Karahan. Intensity of business enterprise R&D expenditure and high-tech specification in european manufacturing sector［J］. Procedia-Social and

Behavioral Sciences, 2015 (195): 806-813.

[28] Chin-Chun Hsu, Keah-Choon Tan, Suhaiza Hanim Mohamad Zailani. Strategic orientations, sustainable supply chain initiatives, and reverse logistics [J]. International Journal of Operations & Production Management, 2016, 36 (1): 86-110.

[29] T. Stock, G. Seliger. Opportunities of sustainable manufacturing in industry 4.0 [J]. Procedia CIRP, 2016 (40): 536-541.

[30] 牟绍波，任家华，田敏．开放式创新视角下装备制造业创新升级研究 [J]. 经济体制改革，2013 (1): 175-179.

[31] 王章豹，孙陈．我国装备制造业行业技术创新效率测度研究 [J]. 中国科技论坛，2007 (8): 28-33.

[32] 张志元．供给侧改革背景下提高我国先进装备制造业竞争力研究 [J]. 当代经济管理，2016, 38 (12): 52-56.

[33] 纪国涛，吕富彪．辽宁省装备制造业产业创新能力提升对策研究 [J]. 科学管理研究，2017, 35 (2): 66-69.

[34] 韩增林，袁莹莹，彭飞．东北地区装备制造业官产学创新合作网络发展演变 [J]. 经济地理，2018, 38 (1): 103-111.

[35] 李伟庆．中国高端装备制造业核心技术突破机制研究 [J]. 商场现代化，2019 (19): 134-135.

[36] 胡有成．我国装备制造业技术创新体系中企业主体作用激活问题研究 [J]. 舰船科学技术，2017, 39 (9): 143-147.

[37] 李焱，原毅军．中国装备制造业全球价值链构成特征及发展对策 [J]. 国际经济合作，2017 (7): 53-56.

[38] 任芳慧．“中国制造 2025” 视角下秦皇岛环保装备制造业创新研究 [J]. 现代商贸工业，2019, 40 (2): 1-3.

[39] 董景荣，樊坚强，张文卿，童明余．不同技术来源对中国装备制造业技术创新的影响——基于企业所有制类型视角 [J]. 科技进步与对策，2020, 37 (3): 72-80.

[40] 俞立平．中国制造业创新绩效研究 [J]. 经济学家，2007 (4).

[41] 吕品，项日峰．中国装备制造业创新效率的测度 [J]. 产经评论，2013, 4 (2): 42-51.

[42] 綦良群，蔡渊渊，王成东．全球价值链的价值位势、嵌入强度与中

国装备制造业研发效率——基于 SFA 和研发两阶段视角的实证研究［J］. 研究与发展管理，2017，29（6）：26-37.

［43］唐金稳，江金波. 基于 DEA-Malmquist 指数的旅游装备制造企业生产效率测量——以 9 家旅游装备制造业上市公司为例［J］. 企业经济，2017，36（10）：107-113.

［44］杜文忠，胡燕萍. 基于聚类分析和 SE-DEA 模型的我国先进装备制造业发展效率研究［J］. 科技管理研究，2018，38（4）：166-174.

［45］李士梅，李安. 中国高端装备制造业创新效率的测度分析［J］. 社会科学战线，2018（6）：246-250.

［46］肖红，郝世绵. 基于 DEA 数据包络分析的安徽省装备制造业技术创新效率评价［J］. 价值工程，2019，38（9）：26-28.

［47］童纪新，徐倩，李莹. 基于五大空间布局的装备制造业技术效率评价与测度［J］. 中国科技论坛，2019（4）：84-92.

［48］梅洪常，马华骏. 重庆市高端装备制造业技术创新效率评价研究［J］. 科技管理研究，2019，39（10）：23-28.

［49］徐叶荣. 辽宁省装备制造业技术创新效率及影响因素研究［D］. 沈阳：沈阳理工大学，2021.

［50］张凯. 加快内蒙古现代装备制造业高质量发展对策研究——以包头市为例［J］. 北方经济，2021（8）：28-30.

［51］刘春芝，李晓杰. 辽宁高端装备制造业人力资源开发政策建议［J］. 沈阳师范大学学报（社会科学版），2019，43（3）：44-49.

［52］谢沛. 人力资本对装备制造业高质量发展的影响研究［D］. 西安：西北大学，2020.

［53］王智涵，王佳，李可欣，王盼. 人力资本对辽宁省装备制造产业升级的影响研究——基于 2008—2016 年面板数据的实证分析［J］. 现代商业，2018（34）：70-73.

［54］高文鞠，綦良群. 科技人才、全要素生产率与装备制造业高质量发展［J］. 中国科技论坛，2020（9）：84-95.

［55］魏晓楠. 人力资本影响装备制造业升级的效应分析［D］. 厦门：厦门大学，2017.

［56］高智，鲁志国. 产业融合对装备制造业创新效率的影响——基于装备制造业与高技术服务业融合发展的视角［J］. 当代经济研究，2019（8）：

71-81.

［57］崔璨．外商直接投资对重庆市装备制造业的技术溢出效应研究［D］．重庆：重庆师范大学，2018.

［58］张然．外商直接投资对中国装备制造业产业升级影响研究［D］．北京：首都经济贸易大学，2017.

［59］黄令．FDI对装备制造业技术进步的溢出效应［D］．重庆：重庆师范大学，2018.

［60］刘冬冬，董景荣，王亚飞．行业特征、要素禀赋结构与技术进步路径选择——基于中国装备制造业的实证检验［J］．科研管理，2017，38（9）：132-141.

［61］赵哲骐，杨春艳，王辰，豆洪青．基于知识产权视角的高端装备制造业发展关联研究——以宁波市为例［J］．宁波大学学报（理工版），2021，34（4）：115-120.

［62］袁娜．创新驱动战略下沈阳高端装备制造业发展对策研究［A］//中共沈阳市委，沈阳市人民政府．第十八届沈阳科学学术年会论文集［C］．中共沈阳市委，沈阳市人民政府：沈阳市科学技术协会，2021：4.

［63］郭慧姗．山西省装备制造业竞争力影响因素及提升策略研究［D］．临汾：山西师范大学，2019.

［64］缪晓朋．中国高端制造业面临的知识产权壁垒及应对策略研究［D］．武汉：华中科技大学，2018.

［65］李婧．环境规制与企业技术创新效率研究［J］．中国经济问题，2013（4）：38-44.

［66］余锐．政府补贴对装备制造业的影响［D］．成都：西南财经大学，2019.

［67］张明之．产业融合与产业集聚：新型工业化道路解读［J］．唯实，2003（4）：25-28.

［68］刘文勇．中国装备制造业集聚水平与成因的实证分析［J］．经济理论与经济管理，2011（6）：103-112.

［69］陈柳钦．产业集群与产业竞争力［J］．产业经济评论，2005，4（1）：157-169.

［70］焦勇．生产要素地理集聚会影响产业结构变迁吗［J］．统计研究，2015，32（8）：54-61.

［71］孙秋霞．一场关于制造业的革命［J］．中国科技奖励，2015（7）：28-29.

［72］陈瑾，何宁．高质量发展下中国制造业升级路径与对策——以装备制造业为例［J］．企业经济，2018，37（10）：44-52.

［73］谢永亮，余涛，毕海权．产学研教育体系下机械学科青年教师教学能力提升的探讨［J］．制冷与空调（四川），2020，34（1）：108-110.

［74］杨慧，汪伟，许悦，杨凤敏．产学研合作对促进地方经济发展的路径研究［J］．江苏科技信息，2021，38（20）：8-10.

［75］封凯栋，姜子莹，张立．产学研组织方式变革：路径依赖与改革前瞻［J］．学术研究，2020（10）：77-83.

［76］王灵，韩东林．产业转移视角下安徽省制造业技术创新效率评价———基于CPM与DEA［J］．技术经济，2011（8）：51-57.

［77］玛青，陆胤．“以产带学，以研促学”校企共建黄酒产业链实习实训基地的探索实践［J］．教育教学论坛，2020（10）：211-212.

［78］黄鲁成，张红彩．北京制造业行业的技术创新效率评价［J］．研究与发展管理，2006（3）：54-58.

［79］王鹏，王良健，王丽娟．基于DEA的湖南省制造业创新效率分析［J］．科技管理研究，2009（6）：172-175.

［80］王章豹，孙陈．我国装备制造业行业技术创新效率测度研究［J］．中国科技论坛，2007（8）：28-33.

［81］段婕，刘勇，王艳红．基于DEA改进模型的装备制造业技术创新效率实证研究［J］．科技进步与对策，2012（6）：65-69.

［82］傅天嫦，叶怡扬，田诗梦．论美国发展高端制造业［J］．经济研究导刊，2020（9）：179-181.

［83］谢园园，梅姝娥，仲伟俊．产学研合作行为及模式选择影响因素的实证研究［J］．科学学与科学技术管理，2011，32（3）：35-43.

［84］曹东坡，于诚，徐保昌．高端服务业与先进制造业的协同机制与实证分析——基于长三角地区的研究［J］．经济与管理研究，2014（3）：76-86.

［85］郑吉昌，夏晴．现代服务业与制造业竞争力关系研究——以浙江先进制造业基地建设为例［J］．财贸经济，2004（9）：89-93.

［86］陈建军，陈菁菁．生产性服务业与制造业的协同定位研究——以浙江省69个城市和地区为例［J］．中国工业经济，2011（6）：141-150.

［87］沈蕾，靳礼伟．我国科技服务业与制造业技术融合对产业结构升级的影响［J］．科技进步与对策，2015，32（8）：67-70.

［88］唐守廉，徐嘉玮．中美科技服务业发展现状比较研究［J］．科技进步与对策，2013，30（9）：41-47.

［89］江小涓，李辉．服务业与中国经济：相关性和加快增长的潜力［J］．经济研究，2004（1）：4-15.

［90］江静，刘志彪．世界工厂的定位能促进中国生产性服务业发展吗［J］．经济理论与经济管理，2010（3）：62-68.

［91］姚小远．论制造业服务化——制造业与服务业融合发展的新型模式［J］．上海师范大学学报（哲学社会科学版），2014，43（6）：60-71.

［92］赵昌文．创新型企业的金融解决方案：2011 中国科技金融案例研究报告［M］．北京：清华大学出版社，2012.

［93］钱水土，张宇．科技金融发展对企业研发投入的影响研究［J］．科学学研究，2017，35（9）：1320-1325.

［94］Robert G. King，Ross Levine. Finance and growth：Schumpeter might be right［J］. The Quarterly Journal of Economics，1993，108（3）：717-737.

［95］Gerard George，Ganesh N. Prabhu. Developmental financial institutions as technology policy instruments：Implications for innovation and entrepreneurship in emerging economies［J］. Research Policy，2003，32（1）：89-108.

［96］Barbara Weber，Christiana Weber. Corporate venture capital as a means of radical innovation：Relational fit，social capital，and knowledge transfer［J］. Journal of Engineering and Technology Management，2007，24（1）：11-35.

［97］Subash Sasidharan，P. J. Jijo Lukose，Surenderrao Komera. Financing constraints and investments in R&D：Evidence from Indian manufacturing firms［J］. Quarterly Review of Economics and Finance，2015（55）：28-39.

［98］郭燕青，李海铭．科技金融投入对制造业创新效率影响的实证研究——基于中国省级面板数据［J］．工业技术经济，2019，38（2）：29-35.

［99］陈瑞雪．我国科技金融助推高技术产业发展的实证研究［D］．青岛：中国海洋大学，2014.

［100］路启梅，马艳丽，许佳琦．科技金融影响制造业自主创新能力的实证分析［J］．金融理论探索，2019（6）：71-78.

［101］李晓丹，杨峙林．天津滨海新区科技金融发展的国内外比较与思

考［J］. 华北金融，2018（7）：51-56.

［102］张玉华，张涛. 科技金融对生产性服务业与制造业协同集聚的影响研究［J］. 中国软科学，2018（3）：47-55.

［103］丁日佳，刘瑞凝. 科技金融对制造业结构优化的双重效应研究——基于省级制造业面板数据的GMM估计［J］. 科技进步与对策，2020，37（12）：55-63.

［104］邓聚龙. 灰色系统理论与计量未来学［J］. 未来与发展，1983（3）：20-23.

［105］胡汉辉，邢华. 产业融合理论以及对我国发展信息产业的启示［J］. 中国工业经济，2003（2）：23-29.

［106］吕越，罗伟，刘斌. 异质性企业与全球价值链嵌入：基于效率和融资的视角［J］. 世界经济，2015，38（8）：29-55.

［107］胡雨朦. 制造业与生产性服务业融合：理论分析和水平测度［D］. 北京：中国社会科学院，2020.

［108］姜睿清. 基于产业融合的江西农业产业结构优化研究［D］. 南昌：南昌大学，2013.

［109］胡晓鹏. 嵌入互联网的现代服务业结构升级研究［J］. 企业经济，2020，39（11）：2，5-12.

［110］牛静，扈文秀，贾丽娜. 西安市科技服务业资源整合研究［J］. 科技进步与对策，2016，33（12）：73-77.

［111］牛亚莉. 数字经济条件下工业互联网与装备制造业深度融合的策略研究——以陕西省装备制造业为例［J］. 经济研究导刊，2020（24）：122-124.

［112］王康周，彭波，江志斌. 新一代信息通信技术在装备制造业服务化中的作用：基于我国4家企业的案例研究［J］. 中国机械工程，2018，29（18）：2259-2267.

［113］行金玲，张丹茹. 陕西装备制造业上市公司财务竞争力评价［J］. 西安工业大学学报，2018，38（4）：408-415.

［114］李明. 云技术在物流装备制造业服务化转型中的应用［J］. 物流工程与管理，2018，40（2）：95-97.

［115］冯娟娟. 湖南省装备制造业“服务型制造”转型路径研究［D］. 株洲：湖南工业大学，2018.

［116］吕慧文，王英. 装备制造业与现代服务业融合度测算［J］. 广义

虚拟经济研究，2016，7（1）：21-27.

［117］张昊．区域装备制造业与生产性服务业互动融合政策体系研究［D］．哈尔滨：哈尔滨理工大学，2018.

［118］沈冰．陕西装备制造业在全球产业链中的位置和变化研究［J］．西部金融，2018（11）：62-66，77.

［119］李丹．互联网背景下陕西省创新环境评价研究［D］．西安：西北大学，2018.

［120］Greenfield H. Manpower and the growth of producer service［M］. New York：Columbia University Press，1966.

［121］Vandermerwe，S. and Rada，J. Servitization of Business：Adding value by adding services［J］. European Management Journal，1988，6（4）：314-324.

［122］White，L. Stoughton and Feng L. Servicizing：The quiet transition to extend product responsibility［R］. Boston，Tellus Institute，1999，8（5）.

［123］Reiski，E. D. White，et al. Sterilizing the chemical supply chain［J］. Journal of Industrial Ecology，2000，19-31.

［124］朱青，王子龙．空间异质性视角下军民融合企业技术创新效率分析［J］．河南科学，2020，38（9）：1511-1522.

［125］李雯佳，张琳．“追赶超越”背景下陕西军民融合发展问题研究［J］．陕西行政学院学报，2017，31（3）：39-45.

［126］张胜，黄欢，郭英远，朱茜．陕西省军民科技资源开放共享的实现路径研究［J］．情报杂志，2017，36（9）：118，171-177.

［127］肖越．陕西省军民科技资源融合对策研究［J］．渭南师范学院学报，2014，29（14）：77-79，85.

［128］刘效广，杨乃定．陕西省军民融合推动国防科技工业自主创新的现状及对策［J］．西北工业大学学报（社会科学版），2011，31（1）：19-22.

［129］张萍，赵维．军民融合背景下陕西省装备制造业发展探析［J］．渭南师范学院学报，2014，29（10）：90-93.

［130］李利，王陶冶．广东省智能制造装备产业发展态势［J］．科技创新发展战略研究，2019，3（4）：55-58.

［131］王福君，沈颂东．美、日、韩三国装备制造业的比较及其启示［J］．华中师范大学学报（人文社会科学版），2012，51（3）：38-46.

[132] 满颖．美国高端装备创新发展的经验与启示［J］．全球科技经济瞭望，2019，34（3）：54-58，71.

[133] 王兴全．四川制造业发展现状研究［J］．南方农机，2019，50（13）：42-43.

[134] 刘春芝，孙莉莉．装备制造业发展及地方政府政策支持的省际比较——以辽、苏、粤三省为例［J］．沈阳师范大学学报（社会科学版），2017，41（6）：55-59.

[135] 李强．中国装备制造企业高质量发展研究［D］．长春：吉林大学，2020.

[136] 韩先锋，宋文飞，李勃昕．互联网能成为中国区域创新效率提升的新动能吗［J］．中国工业经济，2019（7）：119-136.

[137] 惠宁，刘鑫鑫，马微．互联网发展与我国区域创新能力的提升——基于互联网资源量与普及度双重视角的分析［J］．陕西师范大学学报（哲学社会科学版），2020，49（6）：68-87.

[138] 沈国兵，袁征宇．企业互联网化对中国企业创新及出口的影响［J］．经济研究，2020，55（1）：33-48.

[139] 杨慧梅，江璐．数字经济、空间效应与全要素生产率［J］．统计研究，2021，38（4）：3-15.

[140] 邱子迅，周亚虹．数字经济发展与地区全要素生产率——基于国家级大数据综合试验区的分析［J］．财经研究，2021，47（7）：4-17.

[141] 黄鹏，陈靓．数字经济全球化下的世界经济运行机制与规则构建：基于要素流动理论的视角［J］．世界经济研究，2021（3）：3-13，134.

[142] 王建冬，童楠楠．数字经济背景下数据与其他生产要素的协同联动机制研究［J］．电子政务，2020（3）：22-31.

[143] 弗里曼·K.，卢桑·F. 光阴似箭：从工业革命到信息革命［M］．北京：中国人民大学出版社，2007.

[144] 刘刚．基于网络空间的资源配置方式变革（上）［J］．上海经济研究，2019（5）：40-47.

[145] 韩会朝，徐康宁．智能化改造对我国企业生产率的影响研究［J］．南京社会科学，2020（4）：32-37，54.

[146] Evans P C，Annunziata M. Industrial internet：Pushing the boundaries of minds and machines［R］．General Electric Reports，2012.

[147] United Nations Conference on Trade and Development (UNCTAD). Digital Economy Report 2019: Value creation and capture: Implications for developing countries [R]. 2019.

[148] Brynjolfsson E, and McElheran K. Data in Action: Data-Driven Decision Making in US Manufacturing [R]. US Census Bureau, Center for Economic Studies, 2016.

[149] 杜传忠，张远．数字经济发展对企业生产率增长的影响机制研究 [J]. 证券市场导报，2021 (2): 41-51.

[150] Wamba S. F., Gunasekaran A., Akter S. Big data analytics and firm performance: Effects of dynamic capabilities [J]. Journal of Business Research, 2017, 70 (1): 356-365.

[151] 郭家堂，骆品亮．互联网对中国全要素生产率有促进作用吗? [J]. 管理世界，2016 (10): 34-49.

[152] 王姝楠，陈江生．数字经济的技术—经济范式 [J]. 上海经济研究，2019 (12): 80-94.

[153] 杨新铭．数字经济：传统经济深度转型的经济学逻辑 [J]. 深圳大学学报（人文社会科学版），2017, 34 (4): 101-104.

[154] Bell D. R., Choi J., Lodish L. What matters most in Internet retailing [J]. MIT Sloan Management Review, 2012, 54 (1): 27-33.

[155] 陈亚琦．互联网时代电子商务发展规律及其路径探析——基于时空分析视角 [J]. 河北学刊，2015, 35 (5): 219-222.

[156] 汪亚楠，徐枫，郑乐凯．数字金融能驱动城市创新吗 [J]. 证券市场导报，2020 (7): 9-19.

[157] 李唐，李青，陈楚霞．数据管理能力对企业生产率的影响效应——来自中国企业—劳动力匹配调查的新发现 [J]. 中国工业经济，2020 (6): 174-192.

[158] Bloom N., Sadun R., Van R. J. Management as a technology? [R]. Harvard Business School Working Papers, 2016.

[159] 费方域，闫自信，陈永伟，杨汝岱，丁文联，黄晓锦．数字经济时代数据性质、产权和竞争 [J]. 财经问题研究，2018 (2): 3-21.

[160] 荆文君，孙宝文．数字经济促进经济高质量发展：一个理论分析框架 [J]. 经济学家，2019 (2): 66-73.

［161］何枭吟．数字经济与信息经济、网络经济和知识经济的内涵比较［J］．时代金融，2011（29）：47．

［162］张雪玲，焦月霞．中国数字经济发展指数及其应用初探［J］．浙江社会科学，2017（4）：32-40，157．

［163］杨菠，赵雄飞，宁远明．高端装备制造业数字化转型的思考［J］．信息通信技术与政策，2021，47（1）：34-37．

［164］吕铁．传统产业数字化转型的趋向与路径［J］．人民论坛·学术前沿，2019（18）：13-19．

［165］鲁晓东，连玉君．中国工业企业全要素生产率估计：1999—2007［J］．经济学（季刊），2012，11（2）：541-558．

［166］何光辉，杨咸月．融资约束对企业生产率的影响——基于系统GMM方法的国企与民企差异检验［J］．数量经济技术经济研究，2012，29（5）：19-35．

［167］黄群慧，余泳泽，张松林．互联网发展与制造业生产率提升：内在机制与中国经验［J］．中国工业经济，2019（8）：5-23．

［168］温忠麟，叶宝娟．中介效应分析：方法和模型发展［J］．心理科学进展，2014，22（5）：731-745．

［169］王书斌．国家扶贫开发政策对工业企业全要素生产率存在溢出效应吗？［J］．数量经济技术经济研究，2018，35（3）：21-38．

［170］Philippe A.，Peter H. Joseph schumpeter lecture appropriate growth policy：A unifying framework［J］．Journal of the European Economic Association，2006，4（2）：269-314．

［171］杨继生，阳建辉．行政垄断、政治庇佑与国有企业的超额成本［J］．经济研究，2015，50（4）：50-61，106．

［172］杜传忠，金华旺．制造业产融结合、资本配置效率与企业全要素生产率［J］．经济与管理研究，2021，42（2）：28-40．

［173］李明，龙小燕．“十四五”时期我国数字基础设施投融资：模式、困境及对策［J］．当代经济管理，2021，43（6）：90-97．

［174］郭强，张舒，钟咏．“双一流”建设高校中外合作办学的路径反思［J］．高校教育管理，2021，15（3）：35-44．

重要术语索引

后　记

自2020年3月西北大学经济管理学院承接陕西证券研究院“打造关中装备制造业与科技融合发展新高地战略研究”课题，我们成立了陕西省关中装备制造业与科技融合发展新高地战略研究课题研究小组，至今已有一年半的时间。《“双循环”新格局下关中地区装备制造业与科技融合发展研究》一书，是我们科研团队集体合作的成果，从数据的收集到最后文稿形成的每一个环节，都凝聚了我们科研团队每一位成员的心血和汗水。

这里要特别感谢的是陕西财政研究院，他们从课题的立项、调研、初稿、终稿完成到出版给予了大力支持，张建申院长多次参与了课题研究报告的讨论与修改，陕西财政厅总经济师武永义研究员，陕西省财政厅孙国权处长、赵颖蕾处长、刘普庆处长都提出了具有创见性的宝贵意见。如果没有他们的鼎力支持和热忱关怀，研究报告的完成是不可能如此顺利的。

这本著作是西北大学经济管理学院王满仓教授、韩锦绵教授、刘希章副教授，带领葛晶博士、马芬芬博士，以及金其萍、杨扬、杨柳、朱敏婷、田乐彤、郭嘉敏、陈蓝霖、夏爽、岳东岐、胡杨浩等硕士研究生合作研究的成果，是集体智慧的结晶。其中，王满仓教授、韩锦绵教授、刘希章副教授负责整本书的框架构建，并提出修改意见，本书的具体分工如下：引言（韩锦绵），第一章（杨柳、朱敏婷），第二章（葛晶、杨柳、朱敏婷），第三章（王满仓、马芬芬），第四章（王满仓、金其萍），第五章（王满仓、杨扬），第六章（刘希章、马芬芬），第七章（刘希章、田乐彤、郭嘉敏），第八章（韩锦绵、陈蓝霖、夏爽），专题一（韩锦绵、陈蓝霖、夏爽），专题二（田乐彤、郭嘉敏），专题三（王满仓、杨扬），专题四（王满仓、金其萍），专题五（韩锦绵、岳东岐、胡杨浩）。这里特别向他们表示感谢，感谢他们为本书做出的贡献。同时，在研究工作及文稿撰写中，我们参考了众多国内外相关文献，在此，向这些文章的作者表示由衷的感谢。

这本书最后的出版，还得力于中国经济出版社的大力支持，特别是贺静编辑对本书出版的安排，对书稿的文字、图表、数据的细致修改与校对。感谢出版社编辑们付出的辛勤劳动与汗水。

最后，本书难免有不足之处，也恳请学界同人批评指正。